普通高等院校城市轨道交通"十四五"系列教材

城市轨道交通概论

(第3版)

姚林泉 汪一鸣 主编

肖为周 朱忠奎 陈甦 王志强 杨勇 谢门喜 鞠华 副主编

清华大学出版社
北京

内 容 简 介

本书是江苏省高等学校重点教材，主要介绍城市轨道交通的基本概念、基本知识和基本原理，内容深入浅出，图文并茂。全书分为6大模块共10章，第1、2章为绪论模块，介绍了高速铁路和城市轨道交通的发展及其主要形式；第3~5章为规划和土建模块，介绍城市轨道交通的规划设计、土建工程和轨道结构；第6章为车辆模块，介绍城市轨道交通车辆结构；第7、8章为供配电模块，介绍电力牵引和供电系统；第9章为通信、信号模块，介绍轨道交通通信系统和信号系统；第10章为运营管理模块，介绍城市轨道交通行车组织与运营管理。各章编有学习目标、思维导图、课程思政，以及思考题。

本书既可作为高等院校交通类相关专业的教材或教学参考书，也可作为从事轨道交通工程技术人员的参考资料和培训教材。

版权所有，侵权必究。举报：010-62782989，beiqinquan@tup.tsinghua.edu.cn。

图书在版编目(CIP)数据

城市轨道交通概论/姚林泉，汪一鸣主编. —3版. —北京：清华大学出版社，2022.11(2023.8重印)
普通高等院校城市轨道交通"十四五"系列教材
ISBN 978-7-302-61895-9

Ⅰ. ①城… Ⅱ. ①姚… ②汪… Ⅲ. ①城市铁路-轨道交通-高等学校-教材 Ⅳ. ①U239.5

中国版本图书馆CIP数据核字(2022)第175851号

责任编辑：许　龙
封面设计：常雪影
责任校对：王淑云
责任印制：沈　露

出版发行：清华大学出版社
　　　　网　　址：http://www.tup.com.cn, http://www.wqbook.com
　　　　地　　址：北京清华大学学研大厦A座　　邮　编：100084
　　　　社 总 机：010-83470000　　　　　　　　邮　购：010-62786544
　　　　投稿与读者服务：010-62776969, c-service@tup.tsinghua.edu.cn
　　　　质量反馈：010-62772015, zhiliang@tup.tsinghua.edu.cn
印 装 者：大厂回族自治县彩虹印刷有限公司
经　　销：全国新华书店
开　　本：185mm×260mm　　印　张：18　　　　字　数：435千字
版　　次：2012年8月第1版　2022年12月第3版　印　次：2023年8月第2次印刷
定　　价：50.50元

产品编号：098192-01

第3版前言
FOREWORD

近年来，无论是我国的地铁还是高铁建设，无论是线路与运营规模还是技术的创新都取得了举世瞩目的成就，城市轨道交通事业的发展方兴未艾。2019年9月19日发布的《交通强国建设纲要》（中发〔2019〕39号）指出，我国交通发展关键突破点之一是发展轨道交通，支撑绿色发展新格局。习近平总书记指出："要继续大力发展轨道交通，构建综合、绿色、安全、智能的立体化现代化城市交通系统。"习近平总书记的重要讲话指明了城市轨道交通的发展方向，建设智慧城轨是落实习近平总书记指示的具体行动实践。2020年3月，中国城市轨道交通协会发布了《中国城市轨道交通智慧城轨发展纲要》，指出面向中国城市轨道交通行业，建立智慧乘客服务体系，智能运输组织体系，智能能源系统体系，智能列车运行体系，智能技术装备体系，智能基础设施体系，智能运维安全体系、智能网络管理体系，构建高度集成的城轨云与大数据平台，建立系统完备的中国城市技术标准体系。《中国城市轨道交通智慧城轨发展纲要》的提出为我国城市轨道交通的建设和运营指出了新方向。

为了使教材内容能跟上轨道交通大时代发展的步伐，教材中的内容、数据及规范应该与目前国内外的轨道交通技术保持一致，因此需要对教材的相关内容及时修改和调整。本版教材在保留原版总章节结构的基础上，进行了修编。首先，增加了每章的学习目标、思维导图和课程思政；其次，考虑到现代化高科技手段在轨道交通行业更新换代，同时根据概论的总体性、基础性、先进性的特点，对第2版内容进行了重新梳理，更新补充了新的专业技术内容，修订了最新的数据资料，对内容和图片进行了部分增删；最后，为了方便教学，做了一些章节顺序上的调整和完善。

本书由苏州大学轨道交通学院姚林泉教授和汪一鸣教授任主编，学院的部分专业老师参加了本书的编写。第1、2、5章由姚林泉编写，第3章由肖为周编写，第4章由陈胜编写，第6章由朱忠奎和鞠华编写，第7章由杨勇编写，第8章由谢门喜编写，第9章由汪一鸣编写，第10章由王志强编写。本书参考了国内外大量书籍、文献和资料，在此谨向广大作者表示衷心感谢！

限于编写人员水平，书中难免存在疏漏和不妥之处，恳请广大读者批评指正。

作　者

2022年7月于苏州大学

第2版前言
FOREWORD

本书第1版中部分内容及数据是与当时国内的轨道交通技术和发展密切联系的。近几年来无论是我国的地铁还是高铁,无论是线路的规模还是技术的创新都取得了突飞猛进的发展,因此需要对部分内容及时修改,使内容能跟上轨道交通大时代发展的步伐。另外,通过教师使用本书过程中反馈的意见以及从教学效果的角度需要对内容进行修改和完善。因此,在保留原书风格的基础上,对原书作了修订,比较大的调整如下。

(1) 第1章增加了高速铁路的内容,包括轨道交通的由来与发展、世界以及中国高速铁路的发展,介绍当前我国高铁发展状况和规划,了解国家对轨道交通的发展战略。

(2) 第1章修改了我国城市轨道交通的发展和建设规划中的内容,更新了目前我国城市轨道交通的最新状况。

(3) 原版第1章中"1.1.2 城市居民出行特点"与"1.1.3 我国城市轨道交通的现状及存在问题"合并,并修改了部分内容,使内容更紧凑合理。

(4) 第2章"2.2 城市轨道交通的形式及特点"中关于有轨电车内容突出了现代有轨电车的发展和特点。

(5) 原版第7章中"7.3 三相异步电机电力牵引系统"与"7.4 三相永磁同步电机电力牵引系统"合并为"7.3 交流电力牵引系统",并对小节重新编排。先讲述交流牵引电机的原理,再讲述交流牵引控制系统及发展趋势。

(6) 第9章"9.1 通信系统"中增加了"9.1.4 新一代城市轨道交通无线通信技术"。

(7) 第9章"9.2 信号系统"中增加了"9.2.6 地铁车辆全自动无人驾驶信号系统"。

(8) 第10章"10.2 轨道交通成本效益分析"中删掉10.2.4、10.2.5小节的非重点内容,增加投融资模式简介内容,将该节改为"10.2.4 轨道交通投融资模式"。

(9) 第10章增加了"10.3 轨道交通运营筹备与管理规章"。

作 者

2018年10月于苏州大学

第1版前言
FOREWORD

自1863年世界上第一条地铁在伦敦开通以来,城市轨道交通经历了150多年的发展历史,受到了各国发达城市的高度重视,在大中城市的交通中发挥了巨大的作用。我国虽然于1965—1969年在北京修建了第一条地铁(1971年开始试运营,1981年正式运营),但真正的城市轨道交通建设应该是从20世纪90年代开始,特别是21世纪初迎来了全国大中城市的轨道交通建设热潮。迄今为止,除了已经运营的省级和副省级城市,如北京、上海、天津、广州、深圳、重庆、武汉、南京、大连、长春外,近几年部分地级城市,如苏州、无锡、宁波、东莞等,也都开始了城市轨道交通的建设,使已获国务院批准的城市约40座,发展非常迅猛。

随着我国城市化建设的快速发展,城市建设规模越来越大,人口越来越多,到2012年城市人口已经超过了农村人口,引起的城市交通问题也越来越突出。而城市轨道交通具有快捷、安全、准时、低能耗、轻污染、大运量等优点,是解决城市交通拥堵和降低污染问题最有效的交通工具,也是贯彻国家"公交优先"战略方针最有效的交通系统。

目前,我国城市轨道交通迎来了最好的发展时机,而且还将继续稳步发展。为支承城市轨道交通事业、降低建设成本,需要不断发展拥有自主知识产权的高新技术。为此,亟须培养大量具有专业理论与技能的城市轨道交通类人才。

因此,在高等院校中设立城市轨道交通学科的相关专业,开设城市轨道交通课程,已迫在眉睫。有一套好的教材,无疑将为培养专业人才提供保障。为了让不同专业的学生全面地了解城市轨道交通的基本原理和方法,苏州大学城市轨道交通学院组织编写了《城市轨道交通概论》一书,以补充该类课程教材的不足,满足教学需求。

本书共分10章,主要介绍了城市轨道交通的基本概念、基本知识和基本原理,内容深入浅出,图文并茂,既有广度又有深度。内容包括绪论、土木、车辆、供配电、通信与信号及运营管理等,每章附有思考题。

本书由苏州大学城市轨道交通学院姚林泉教授和汪一鸣教授任主编,学院的部分老师参加了本书的编写。第1、2、5章由姚林泉编写,第3章由肖为周编写,第4章由陈甦编写,第6章由朱忠奎和鞠华编写,第7章由杨勇编写,第8、9章由汪一鸣和谢门喜编写,第10章由王志强编写。

由于编者水平有限,编写时间较为仓促,书中难免存在疏漏和错误之处,欢迎广大读者提出宝贵意见。

作 者

2012年4月于苏州大学

目 录

第1章 轨道交通的产生与发展 …………………………………………… 1
  1.1 轨道交通概述 ……………………………………………………… 2
  1.2 轨道交通的由来与发展 …………………………………………… 4
  1.3 国外高速铁路的发展 ……………………………………………… 6
  1.4 中国高速铁路的发展 ……………………………………………… 7
  1.5 城市轨道交通的发展 ……………………………………………… 12
    1.5.1 国外城市轨道交通的历史与现状 ………………………… 12
    1.5.2 我国城市轨道交通的发展与建设 ………………………… 15
    1.5.3 申报城市轨道交通的要求 ………………………………… 19
  1.6 城市轨道交通系统 ………………………………………………… 22
  思考题 …………………………………………………………………… 23

第2章 城市轨道交通的分类与形式 ……………………………………… 24
  2.1 城市轨道交通的分类 ……………………………………………… 24
  2.2 城市轨道交通的形式及特点 ……………………………………… 26
    2.2.1 市域快速轨道 ……………………………………………… 27
    2.2.2 有轨电车 …………………………………………………… 28
    2.2.3 地铁 ………………………………………………………… 31
    2.2.4 轻轨 ………………………………………………………… 33
    2.2.5 独轨 ………………………………………………………… 34
    2.2.6 磁悬浮系统 ………………………………………………… 37
    2.2.7 自动导向交通 ……………………………………………… 41
  思考题 …………………………………………………………………… 45

第3章 城市轨道交通线网规划 …… 46

3.1 线网规划的意义 …… 47
3.2 线网规划的基本原则和主要内容 …… 48
　　3.2.1 线网规划的主要原则 …… 48
　　3.2.2 线网规划的范围和年限 …… 49
　　3.2.3 线网规划的主要内容 …… 50
　　3.2.4 线网规划的技术路线 …… 51
3.3 线网合理规模和结构形态 …… 52
　　3.3.1 线网合理规模 …… 52
　　3.3.2 线网结构形态 …… 54
3.4 线网客流预测 …… 60
　　3.4.1 客流预测的意义和目的 …… 60
　　3.4.2 客流形成机理分析 …… 60
　　3.4.3 客流预测模式和方法 …… 60
　　3.4.4 四阶段交通需求预测简介 …… 61
　　3.4.5 客流预测的主要内容 …… 62
3.5 车辆基地规划 …… 63
　　3.5.1 车辆基地基本功能 …… 64
　　3.5.2 车辆基地选址原则 …… 64
3.6 线网方案评价 …… 65
　　3.6.1 评价的主要任务 …… 65
　　3.6.2 评价指标体系 …… 65
　　3.6.3 评价方法 …… 66
思考题 …… 67

第4章 土建工程 …… 68

4.1 城市轨道交通线路 …… 68
　　4.1.1 线路分类 …… 69
　　4.1.2 线路设计 …… 71
4.2 城市轨道交通车站 …… 80
　　4.2.1 城市轨道交通车站分类 …… 80
　　4.2.2 车站设计 …… 83
　　4.2.3 换乘站 …… 89
　　4.2.4 车站内部文化 …… 93

4.3 城市轨道交通地下车站、区间隧道施工方法简介 ………………………… 94
    4.3.1 明挖法 ……………………………………………………………… 94
    4.3.2 盖挖法 ……………………………………………………………… 95
    4.3.3 暗挖法 ……………………………………………………………… 97
思考题 …………………………………………………………………………… 99

第 5 章 城市轨道交通的轨道结构 …………………………………………… 100

5.1 轨道结构的发展 ………………………………………………………… 101
5.2 钢轮钢轨的轨道结构 …………………………………………………… 103
    5.2.1 钢轨 ………………………………………………………………… 104
    5.2.2 轨枕 ………………………………………………………………… 109
    5.2.3 扣件 ………………………………………………………………… 110
    5.2.4 道床 ………………………………………………………………… 115
    5.2.5 道岔 ………………………………………………………………… 121
    5.2.6 车挡 ………………………………………………………………… 124
5.3 独轨和磁悬浮系统的轨道结构 ………………………………………… 126
    5.3.1 独轨轨道结构 ……………………………………………………… 126
    5.3.2 磁悬浮系统轨道结构 ……………………………………………… 128
思考题 …………………………………………………………………………… 129

第 6 章 城市轨道交通车辆 …………………………………………………… 130

6.1 轨道交通车辆概述 ……………………………………………………… 131
    6.1.1 总体概述 …………………………………………………………… 131
    6.1.2 城市轨道交通车辆分类 …………………………………………… 132
    6.1.3 城市轨道交通车辆基本组成 ……………………………………… 133
    6.1.4 城市轨道交通车辆主要技术参数 ………………………………… 134
6.2 城市轨道交通车辆转向架 ……………………………………………… 139
    6.2.1 转向架概述 ………………………………………………………… 139
    6.2.2 构架 ………………………………………………………………… 141
    6.2.3 轮对轴箱装置 ……………………………………………………… 142
    6.2.4 弹性悬挂装置 ……………………………………………………… 142
    6.2.5 基础制动装置 ……………………………………………………… 144
    6.2.6 牵引传动装置 ……………………………………………………… 145
6.3 城市轨道交通车辆车体 ………………………………………………… 146
    6.3.1 轨道车辆车体的类型及特征 ……………………………………… 146

  6.3.2 地铁车辆车体介绍 …………………………………………………… 146
  6.3.3 车体轻量化 …………………………………………………………… 147
 6.4 车钩缓冲装置与贯通道 …………………………………………………… 148
  6.4.1 车钩缓冲装置的基本结构与原理 …………………………………… 148
  6.4.2 车钩缓冲装置分类 …………………………………………………… 149
  6.4.3 城市轨道交通车辆常用车钩缓冲装置 ……………………………… 150
  6.4.4 贯通道 ………………………………………………………………… 152
 6.5 车辆检修 …………………………………………………………………… 153
  6.5.1 车辆检修制度 ………………………………………………………… 153
  6.5.2 车辆段 ………………………………………………………………… 154
  6.5.3 车辆检修设备 ………………………………………………………… 154
 思考题 ……………………………………………………………………………… 155

第7章 城市轨道交通牵引系统 ………………………………………………… 156

 7.1 概述 ………………………………………………………………………… 157
  7.1.1 电力牵引传动及控制技术 …………………………………………… 157
  7.1.2 电力牵引系统的主要类型和供电方式 ……………………………… 158
 7.2 直流电力牵引系统 ………………………………………………………… 158
  7.2.1 直流电机的基本结构 ………………………………………………… 158
  7.2.2 直流电机的工作原理 ………………………………………………… 159
  7.2.3 直流电机的励磁方式 ………………………………………………… 160
  7.2.4 直流牵引调速系统 …………………………………………………… 160
  7.2.5 直流牵引电机的电气制动 …………………………………………… 162
  7.2.6 直流牵引主回路及其控制 …………………………………………… 163
 7.3 交流电力牵引系统 ………………………………………………………… 164
  7.3.1 三相异步电机的基本结构和工作原理 ……………………………… 164
  7.3.2 三相永磁同步电机的基本结构和工作原理 ………………………… 168
  7.3.3 交流电机调速系统 …………………………………………………… 170
  7.3.4 交流 PWM 变频技术 ………………………………………………… 171
 7.4 电力牵引系统新技术应用 ………………………………………………… 173
  7.4.1 新型器件的应用 ……………………………………………………… 173
  7.4.2 永磁同步电机的应用 ………………………………………………… 173
  7.4.3 无速度控制技术的应用 ……………………………………………… 174
 思考题 ……………………………………………………………………………… 175

第8章　城市轨道交通供电 …… 176

8.1　供电制式与负荷 …… 177
8.1.1　供电制式 …… 177
8.1.2　负荷的特点 …… 177
8.2　供电系统结构 …… 177
8.3　列车受流方式 …… 179
8.3.1　架空接触网 …… 179
8.3.2　接触轨 …… 181
8.4　牵引供电系统 …… 182
8.5　动力照明系统与电力监控系统 …… 185
思考题 …… 186

第9章　城市轨道交通通信与信号 …… 187

9.1　通信系统 …… 188
9.1.1　通信系统概述 …… 188
9.1.2　通信网的结构 …… 188
9.1.3　各子系统介绍 …… 188
9.1.4　新一代城市轨道交通无线通信技术 …… 199
9.2　信号系统 …… 201
9.2.1　基础设备 …… 202
9.2.2　轨道电路 …… 204
9.2.3　联锁 …… 207
9.2.4　区间闭塞 …… 209
9.2.5　列车运行控制技术 …… 211
9.2.6　地铁车辆全自动无人驾驶信号系统 …… 213
思考题 …… 217

第10章　城市轨道交通行车组织与运营管理 …… 218

10.1　轨道交通行车组织 …… 219
10.1.1　轨道交通客流 …… 219
10.1.2　运输计划的编制 …… 222
10.1.3　列车运行图 …… 228
10.1.4　列车运行组织 …… 231
10.1.5　车站客运组织 …… 237

    10.1.6　票务管理 …………………………………………………………… 241
    10.1.7　轨道交通运营管理规章简介 ……………………………………… 244
  10.2　轨道交通成本效益分析 ……………………………………………………… 246
    10.2.1　成本分析 …………………………………………………………… 246
    10.2.2　收益分析 …………………………………………………………… 246
    10.2.3　票价制定 …………………………………………………………… 247
  10.3　轨道交通运营安全与应急处置 ……………………………………………… 247
    10.3.1　运营安全影响因素分析 …………………………………………… 248
    10.3.2　运营前期安全控制的主要工作 …………………………………… 251
    10.3.3　运营过程的安全防范 ……………………………………………… 252
    10.3.4　突发应急事件处置 ………………………………………………… 253
    10.3.5　城市轨道交通消防 ………………………………………………… 255
    10.3.6　城市轨道交通防恐、反恐事件简介 ……………………………… 256
  10.4　轨道交通网络化运营管理技术 ……………………………………………… 258
    10.4.1　网络化运营特征 …………………………………………………… 258
    10.4.2　资源共享 …………………………………………………………… 259
    10.4.3　轨道交通线网指挥中心 …………………………………………… 262
    10.4.4　线网指挥中心辅助决策系统及主要功能 ………………………… 264
    10.4.5　基于数据驱动的大客流管控方法 ………………………………… 265
    10.4.6　轨道交通智能调度 ………………………………………………… 268
  思考题 ………………………………………………………………………………… 269

参考文献 ……………………………………………………………………………… 270

第1章

轨道交通的产生与发展

学习目标：轨道交通不同于道路交通。通过本章学习，了解轨道交通的基本概念和特点；了解轨道交通的产生和发展，包括国内外高速铁路和城市轨道交通的发展状况；了解我国申报城市轨道交通的要求。

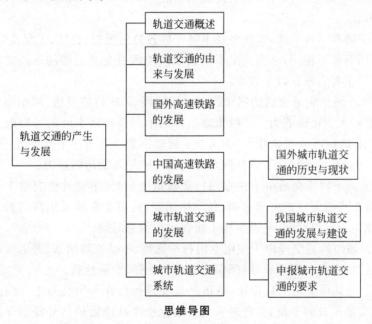

思维导图

课程思政：2017年，党的十九大报告首次明确提出要建设"交通强国"的发展战略。习近平总书记在第二届联合国全球可持续交通大会开幕式上的讲话再次指出：坚持交通先行、坚持创新引领、坚持交通天下的可持续强国交通战略。高速轨道交通我国起步晚，但通过引进、吸收、改造到创造自主知识产权，高铁总里程居世界第一，高速铁路已成了我国的名片。城市轨道交通建设方面，中国用近50年的时间超过了发达资本主义国家150多年的建设体量，目前交通里程位居世界第一，全世界运营里程前10的城市中国占7个。因此，有了正确的方向，有了快速增长的经济保障，有一大批科技人员的奉献，一定能实现由弱国到强国的中国梦，做到"强国有我在"。

1.1 轨道交通概述

轨道交通是一种独立的有轨交通系统,它可提供资源节约利用、环境舒适、节能减排、安全快捷的大容量运输服务,能够按照设计能力正常运行,与其他交通工具互不干扰,具有强大的运输能力、较高的服务水平和显著的资源环境效益。

运载人和物的车辆在特定的轨道上运行,轨道起了支承和导向作用的交通手段称为轨道交通。城市中,使用车辆在固定导轨上运行并主要用于城市客运的交通系统称为城市轨道交通。而人们常把担当长、大运输的铁路称为大铁路(或称干线铁路)。在我国,随着区域经济和城市群的发展,又把连接城市间的快速轨道交通或铁路客运专线称为"城际高铁",如京沪高铁、沪宁高铁、京津高铁、武广高铁等。

从城市发展的角度看,城市人口的多少、城市范围的大小,决定了城市规模的大小。按城市人口和城市规模,城市有大、中、小之分,不同规模的城市,其对交通运输的需求是不同的;城市的社会经济发展步伐不同,对交通的需求也是不一样的;不同需求等级的线路,会有不同运量和速度的交通运输系统与之相适应。因此,城市轨道交通作为交通运输方式之一,其建设和发展与城市的社会和经济发展紧密相关,与城市的人口、规模、形态及地理、气候、环境密不可分。

城市轨道交通有多种形式,其经济技术特征因各自的运能、速度、工程造价、营运费用及环境影响的不同而各不相同,从而满足不同城市或地区对交通运输的不同需求。但其共同的技术经济特征主要表现在以下方面:

(1) 大运量。城市轨道交通的列车行车时间间隔短、运行速度快、列车编组辆数多且密度大,因而具有较大的运输能力。一般市郊铁路的单向高峰每小时的运输能力最大可达到6万~8万人次;地铁可达到3万~7万人次;轻轨一般在1万~4万人次;有轨电车能达到1万人次。它们都远远超过了公共汽车等其他运输工具的运输能力。

(2) 快速。城市轨道交通由于在专用行车轨道上运行,不受其他交通工具或行人的干扰,车辆可以有较高的运行速度和启动、制动加速度,且由于普遍采用高站台,旅客乘降、换乘便利,大大压缩了站停时间,从而缩短了旅客出行的总时间。

(3) 准时。城市轨道交通由于使用专用行车通道,不受道路堵塞、恶劣气候等影响和干扰,可全天候运行,实行按图行车,时间保证的可靠性强、准确性高。

(4) 安全。与其他交通工具相比,城市轨道交通运行在专用线路上,没有平交道口,不受气候及其他交通工具的干扰,且普遍采用自动化程度高的通信信号控制设备,因此,极少发生交通事故,安全性非常好。

(5) 低运营成本。城市轨道交通由于采用先进的电力牵引技术,且轮轨摩擦阻力较小,其运营费用低,这也是政府选择交通运输方式的重要决策依据。

(6) 污染小。城市轨道交通由于采用电力牵引技术,与公共汽(电)车相比,基本不产生废气污染。且有利于减少小汽车及公共汽车的数量,从而减少废气的排放量。由于线路(如地铁)和车辆普遍采用了降噪措施,因此,其噪声对环境的污染也可以得到有效控制。

(7) 占地少。大城市人口集中、土地昂贵、地面拥挤。城市轨道交通则通过对地下和地上高架等空间的利用和开发,不占或少占地面街道,能有效缓解汽车等地面交通工具发展造成的道路拥挤和堵塞,有利于城市空间的科学合理利用。同时可以缓解城市中心城区的拥挤、堵塞状态,提高土地利用价值,增加城市景观。

(8) 舒适度高。城市轨道交通由于运行不受其他交通工具的干扰,其车辆运行特性较好,车辆、车站等场所一般都装有空调、通风、电梯、引导、自动售票等各种服务设施,使旅客的乘车环境和条件比公共汽(电)车要好且舒适。

总之,城市轨道交通具有快速、准点、安全、舒适、运量大、能耗小、节约土地资源、对环境友好等特点,符合建设资源节约型、环境友好型社会的要求,它应该成为大城市公共交通网络的骨干。由于轨道交通使用的是清洁能源——电能,没有尾气污染,因此被称为"绿色交通"。

城市轨道交通的建设和运营实践都证明,轨道交通的发展不仅能缓解大城市交通拥堵问题,还具有诸多社会功能,对提高居民生活质量和环境质量,调整城市布局结构和产业结构以及拉动城市社会经济持续发展都具有重要意义。为了保证我国城市轨道交通的又好又快发展,有必要对城市轨道交通的社会功能进行再认识。

(1) 城市轨道交通的基础性功能——缓解城市交通拥堵。大城市的交通拥堵日益严重,加快发展城市轨道交通是城市交通走出困境的必由之路。

(2) 城市轨道交通的先导性功能——优化城市布局结构。缓解城市交通拥堵是城市轨道交通的基础性功能,而引导城市布局结构的优化则是它的先导性功能。当前世界各国修建城市轨道交通的目的,除了缓解交通拥挤外,还有一个更重要的目的,就是引导城市发展的结构性优化,从摊大饼式的浸润型发展转变为伸开的手掌型的组团式轴向发展。组团式发展的骨架就是城市轨道交通线路,在这样的发展模式下,在市中心区与副中心、卫星城镇之间可以是草坪、树林,甚至农田,从而形成生态城市的格局。

(3) 有利于节约资源、改善环境。按照科学发展观的要求,城市社会经济的发展,需要有安全、高效、节能、环保、经济的交通运输系统提供支持;建设资源节约型、环境友好型社会,需要制定有利于资源节约和环境改善的交通政策。城市交通发展目标必须与城市的社会经济发展目标相协调,与城市可持续发展目标相一致。

(4) 促进社会经济发展。方便快捷的轨道交通系统,能提高市民的流动性和机动性,并大大提升沿线物业及房地产的开发价值,带动轨道交通沿线的旧城改造以及新城区的开发。轨道交通还具备发展轴作用,既有助于商贸向轨道交通沿线集聚,使城市形态发生积极变化,资源配置更加合理,并且有利于产业结构和消费结构的升级。

(5) 人防功能。我国对于轨道交通人防功能的定位是"以交通为主,实现人防及地下空间综合开发等多功能结合"。在地铁设计、规划以及建设过程中,遵照"平战结合"的总体原则,按国家有关标准,强制性规范,以达到兼顾人防的标准。由于轨道交通庞大的地下网络不仅增加了整个城市区域人防系统的连通性,而且连接车站的众多出入口又能够增加网络的辐射范围,形成了大面积的人防功能网,从而提高了大城市的总体防灾减灾能力。

(6) 文化功能。地铁车站建筑、站内装饰等都可以是文化的载体,最有名的要数莫斯科地铁和蒙特利尔地铁。伦敦地铁被认为是最有电影缘的地铁之一,曾有100多部电影和电视剧在这里取景。

与此同时,我们也要看到,与其他交通工具相比,城市轨道交通有一次性建设投资大、建设周期长、工程质量要求高、设备技术复杂,且路网结构一旦形成后就不易调整和变更等特点，对其规划、建设的前期工作要求高。因此，一定要有战略考虑，使规划建设的前期工作做细、做实、做深入，才能保证其发挥最大效益。

轨道交通一般分为运行于城市间的大铁路交通和在城市内运行的城市轨道交通。

1.2　轨道交通的由来与发展

交通是彼此相通，往来通达的意思。人类社会的存在和发展需要交通运输。交通是社会发展的基础，是社会生产流通、分配、消费以及人们工作、交往和旅游的先决条件。交通可分为水路交通运输系统、陆地交通运输系统和空中交通运输系统三种。在古代由于人类无法解决陆上交通运载物体与地面之间摩擦力的最根本困难，大量的运输靠木舟这种简陋的交通工具，此外就没有其他的交通手段了。与陆上交通有关的轮子则出现于公元前3500年，装有轮子的车辆变滑动摩擦为滚动摩擦，改进了人类陆上交通的工具。直到19世纪，道路尚无路面铺装，木制车轮也没有装置充气轮胎，特别是没有出现驱动车轮的动力机械，因此轮子出现后的漫漫数千年，人类的陆上交通没有发生根本性的改变。大宗货物的运输还依靠船运，如中国的南北大运河。直到17、18世纪工业革命，有了驱动轮子的动力，出现了蒸汽火车，极大地促进了生产力的提高。

其实在出现火车之前就有了轨道。轨道的出现是为了减小摩擦阻力，提供一个比较平滑的接触面，而且省钱——无须全部道路都进行加工。公元前6世纪，在古希腊有一条6 km长的Diolkos轨道用来运输船只，载运船只的车辆由奴隶拉着在石灰石刻成的轨道上行走。

马拉轨道车辆出现在古希腊、马耳他和罗马帝国，至少2000年之前，使用加工过的石材作为轨道。这种交通形式再次出现在欧洲是1550年，通常使用原木作轨道。18世纪铁轨出现在英国，英国土木工程师William Jessop设计了类似现在的铁轨和有轮缘的车轮。1802年开通了伦敦南部世界上第一条马拉的公共铁路。19世纪的道路是没有铺装的，充气橡胶轮尚未出现，要提高车辆的速度必须减小轮子和基础面之间的摩擦力，再者载客有一定的路线，在规定的路线上铺设轨道无疑是十分有利的，这就是1829年的伦敦、1831年的纽约街上出现了公共马拉或驴拉轨道车辆的原因，1860年公共马拉或驴拉轨道车辆更风靡北美各大城市。18世纪的工业革命是技术发展史上的一次飞跃，此间出现和发展的蒸汽机火车和内燃机汽车是现代交通运输发展的两个里程碑。

蒸汽机装在车辆上以后，载运量大大提高，1801年首辆蒸汽汽车在英国问世，出于对这种新交通工具运载威力的"惧怕"，也考虑重型车辆对道路的高要求，英国法律规定这个庞然大物不能在公路上行驶，只能运行在专用轨道上。在这种形势下火车的发展几乎是顺理成章的了。但在其发展过程中并不是一帆风顺，大致经历了三个阶段。

1. 轨道交通的第一次高潮

路上交通划时代的革命是从轨道交通出现开始的。人类文明的需要促进了轨道交通飞速发展，而轨道交通的进步又把人类社会提高到了新的高度，同时社会生产力对交通提出更进一步的要求。科学、技术、工艺给这种要求提供了可能，新的能源、新的动力机械孕育发展了新的交通工具。自1825年英国开通第一条铁路，立刻获得了世界各国的青睐，各国竞相修建（表1-1）。1840—1913年是世界铁路发展的"黄金时代"，由于铁路机车制造技术已相当成熟,轨道结构也不断改进定型,各国修建铁路的热情日益高涨,铁路发展速度明显加快。1840年世界铁路营业里程为8000 km,到1913年已达110万km,并垄断了陆上交通运输。在美国,98%的城市旅客周转量由铁路承担。铁路的霸主地位一直延续到1940年,达到了铁路发展的鼎盛时期,此时的营业里程高达135.6万km。铁路的发展促进了经济的发展,以美国为例:铁路改变了美国的面貌,加速了美国的发展,从某种意义上说,没有连接美国东西海岸的轨道交通大动脉,就没有今天美国的微软、硅谷和航天中心。

表1-1 世界部分国家出现第一条铁路的时间

国家	英国	美国	法国	比利时	加拿大	俄国	日本	中国*
年份	1825	1830	1832	1835	1836	1837	1853	1882

* 中国第一条自建的铁路是指1882年通车运行的唐胥铁路。

2. 轨道交通的衰落阶段

汽车的出现和飞机进入民用领域彻底改变了人们的交通行为。随着现代汽车制造业的飞速发展和高速公路网的形成,激发了"自主交通"的热忱,夺取了短途运输的份额;现代航空工业的发展夺走了中远距离的运输量;更由于铁路内部的"倾轧、竞争"以及"不思上进",没有及时将新科技新手段运用于轨道交通领域,轨道交通一度每况愈下,日薄西山,陷入了"夕阳产业"的窘境。美国充当了拆除铁路的急先锋。英国交通部门也曾提出一份"英伦三岛铁路改造计划",其中心内容就是要拆除全部铁路,改建为高速公路。资本主义国家一方面在其国内大拆铁路,改修公路,赶造飞机;另一方面又在所属的殖民地和经济落后国家大修铁路。1930年后,当时殖民地国家的铁路营运里程增加了40%,欧洲地区只增加19%,而美国却减少了9000 km。

3. 轨道交通的复苏与再发展阶段

私人汽车的发展使汽车的数量剧增,从而也使对土地的侵占加剧。人们在长期使用中发现轨道交通与汽车、飞机相比具有不可替代的优越性。

(1) 能耗。旅客运输中的能耗以铁路为1,则公共汽车为1.4,小汽车为7.5,飞机为6.9;货物运输中的能耗以铁路为1,则内河水运为1.6,载重汽车为9.6。

(2) 能源。轨道交通车辆可采用用煤、核能产生的电力等二次能源,而不一定要使用石油制品。

(3) 环保。采用电力牵引的轨道交通在环保(噪声、废气、尘埃)方面更具竞争力。

(4) 安全。和汽车、飞机相比,轨道交通的安全性也是公路、航空无法竞争的。日本新干线高速铁路运营以来已运送旅客70亿人次,无一人身事故。

(5) 速度。以往的铁路无法和飞机的速度相比,但1964年日本东海道新干线的出现,改变了人们的传统看法,东海道新干线联系了东京和大阪,全长515.4 km,高速列车运营的最高速度210 km/h,平均速度也达160 km/h,运营时间由刚开始的3 h 10 min缩短为现在的2.5 h。由于新干线的开通,维系两地的民航被迫关闭。法国TGV(是Trainà Grande Vitesse的简称,法语"高速铁路")于1989年12月创造了515.3 km/h的行车速度纪录。究竟飞机快还是火车快的问题又被提出来,迎来了新一轮城际高速轨道交通建设高峰。

1.3 国外高速铁路的发展

高速铁路（High-Speed Railway）简称高铁，就是铁路设计速度高、能让火车高速运行的铁路系统。世界上第一条正式运营的高速铁路系统是1964年建成通车的日本新干线，设计速度200 km/h，所以高速铁路的初期速度标准就是200 km/h。后来随着技术的进步，火车速度更快，不同时代不同国家就对高速铁路有了不同定义，并根据本国情况规定了各自的高速铁路级别的详细技术标准，涉及的列车速度、铁路类型等就不尽相同。

高铁的发展经历了以下不同时期。

1. 第一次浪潮（1964—1990年）

1959年4月5日，世界上第一条真正意义上的高速铁路日本东海道新干线破土动工，经过5年建设，于1964年3月全线完成铺轨，同年7月竣工，1964年10月1日正式通车。东海道新干线从东京起始，途经名古屋、京都等地终至(新)大阪，全长515.4 km，运营速度高达210 km/h，它的建成通车标志着世界高速铁路新纪元的到来。随后，法国、意大利、德国纷纷修建高速铁路。1972年继东海道新干线之后，日本又修建了山阳、东北和上越新干线；法国修建了东南TGV线、大西洋TGV线；意大利修建了罗马至佛罗伦萨线。以日本东海道新干线为首的第一代高速铁路的建成，大力推动了沿线地区经济的均衡发展，促进了房地产、工业机械、钢铁等相关产业的发展，降低了交通运输对环境的影响程度，铁路市场份额大幅回升，企业经济效益明显好转。

2. 第二次浪潮（1990年至20世纪90年代中期）

法国、德国、意大利、西班牙、比利时、荷兰、瑞典、英国等欧洲大部分发达国家，大规模修建国内或跨国高速铁路，逐步形成了欧洲高速铁路网络。这次高速铁路的建设高潮，不仅仅是铁路提高内部企业效益的需要，更多的是国家能源、环境、交通政策的需要。

3. 第三次浪潮（20世纪90年代中期至今）

在亚洲（韩国、中国）、北美洲（美国）、大洋洲（澳大利亚）世界范围内掀起了建设高速铁路的热潮。主要体现在：①修建高速铁路得到了各国政府的大力支持，一般都有了全国性或地区性的整体修建规划，并按照规划逐步实施；②修建高速铁路的企业经济效益和社会效益，得到了更广泛层面的共识，特别是修建高速铁路在节约能源、减少土地使用面积、减少环境污染、交通安全等方面的社会效益显著，以及能够促进沿线地区经济发展、加快产业结构的调整等。

虽然日本新干线的速度优势不久之后就被法国的TGV超过，但是日本新干线拥有目前最为成熟的高速铁路商业运行经验——近50多年没有出过任何事故。而且新干线修建之后对于日本经济的拉动也是引起世界高速铁路建设狂潮的原因之一。日本的东京至(新)大阪东海道新干线仅用8年时间就收回全部投资。近50多年来，新干线技术不断进步，已经构成了日本国内铁路网的主干部分。

第一条TGV是1981年开通的巴黎至里昂线。此后不过几个月，TGV就打败法国航空拥有了这条线路的最大客源。

1972年的试验运行中，TGV创造了当时318 km的高速轮轨时速纪录。从此TGV一直牢牢占据高速轮轨的速度桂冠，目前的纪录是2007年创下的574.8 km/h。另外，法国境内的加来至马赛 TGV 的平均时速超过 300 km，表现也非常稳定。

法国 TGV 的最大优势在于传统轮轨领域的技术领先。1996 年，欧盟各国的国有铁路公司经联合协商后确定采用法国技术作为全欧高速火车的技术标准，之后 TGV 技术被出口至韩国、西班牙和澳大利亚等国，是运用最广泛的高速轮轨技术。

德国的 ICE(Intercity Express)则是目前高速铁路中起步最晚的项目。ICE 的研究始于 1979 年，其内部制造原理和制式与法国 TGV 有很大相似之处，目前的最高时速是 1988 年创下的 409 km。德国与法国政府正在设计进行铁路对接，用各自的技术完成欧洲大陆上最大的两个国家铁路网的贯通，在此之后，德、法两国将构建极其方便快捷的短程高速交通系统。

ICE 起步较晚和进展比较落后的一个重要原因，是德国人在高速轮轨和磁悬浮的两线作战。由于磁悬浮在设计理念上的先天优势(没有固态摩擦)，德国的常导高速磁悬浮一直是其铁路方面科研的重点。磁悬浮的设计理念与传统意义上的轮轨完全不同，因此当法国的 TGV 顺利投入运行，而且速度不亚于当时的磁悬浮时，德国人才开始在高速轮轨方面奋起直追，但是至今仍与法国 TGV 技术有不小的差距。

在认识到建造高速铁路的优势后，美国奋起直追，不仅保留了原计划拆除的东北走廊电气化设施，而且在引进 TGV 技术的基础上，研制了具有美国特色的高速列车 Acela，该列车连接了波士顿、纽约、费城、华盛顿，是美国唯一一条高速铁路。

4. 第四次浪潮

超级高铁是新一代高铁技术储备库，目前中国、日本和美国等国家正在研究。

2015 年 4 月 17 日，"日本超导磁悬浮列车创时速 590 km 新纪录"报道：日本山梨磁悬浮试验线今后将转为运营线路，作为磁悬浮中央新干线使用，最高运营速度定为 505 km/h。东京品川站至名古屋站之间的路段预定在 2027 年开始运营。

2015 年 7 月 4 日，"马斯克的超级高铁或先在亚洲建成"报道：2013 年，Elon Musk 提出超级高铁计划，他认为超级高铁可以 1200 km 的超高时速远距离运送乘客。

中国正在研发真空管道磁悬浮技术，时速可达 4000 km，能耗不到民航客机 1/10，噪声和废气污染及事故率接近于零，这是真空管道磁悬浮列车的惊人优势所在。

1.4 中国高速铁路的发展

中国铁路在速度方面上分为高速铁路(250～380 km/h)、快速铁路(160～250 km/h)、普速铁路(80～160 km/h)三级。

中国高速铁路(China railway high-speed，CRH)有两层含义：①技术标准的中国高铁是指中华人民共和国几次铁路大提速新建设计开行 250 km/h(含预留)及以上动车组列车，且初期运营速度不小于 200 km/h 的客运专线铁路；②路网建设的中国高铁是指中华人民共和国境内所有设计速度达到 200 km/h 及以上的新线铁路和部分经改造达标后的既有线铁路。

1997 年(最高 140 km/h)、1998 年(最高 140～160 km/h)、2000 年、2001 年、2004 年(部分列车 200 km/h)和 2007 年(动车组)，中国铁路进行了 6 次大提速。2007 年 4 月 18 日，第一列中国高速动车组列车从北京开出。第六次铁路大提速宣告了我国城际铁路高速化的时代已经到来。此次推出的 200～250 km/h 的动车组，在集成、牵引、制动、车体、走行以及网络等关键技术上都有所创新。

1. 发展历程

中国高铁经历了预备阶段、过渡阶段、快速铁路阶段、高速铁路阶段和走出国门的发展历程。

（1）预备阶段。1998年5月,广深铁路电气化提速改造完成,设计最高速度为200 km/h。为了研究通过摆式列车在中国铁路既有线实现提速至高速铁路的可行性,同年8月广深铁路率先使用向瑞典租赁的X2000摆式高速动车组。由于全线采用了众多达到20世纪90年代国际先进水平的技术和设备,因此当时广深铁路被视为中国由既有线改造踏入快速铁路和高速铁路的开端。1998年6月,"韶山"8型电力机车于京广铁路的区段试验中达到了240 km/h的速度,创下了当时的"中国铁路第一速",成为中国第一种预备型高速铁路机车。

（2）过渡阶段。中国铁路高速化的过渡阶段始于1999年兴建的秦沈客运专线,于2003年开通运营。秦沈客运专线是中国铁路第一条客运专线,全长404 km,是中国铁路步入高速化的起点、中国铁路里程碑式的建设线路,也是我国高速铁路网的重要组成部分。2002年,自主研制的"中华之星"动车组在秦沈客运专线创造了当时"中国铁路第一速"321.5 km/h。

（3）快速铁路阶段。2004年1月,国务院常务会议讨论并原则通过历史上第一个《中长期铁路网规划》,以大气魄绘就了超过1.2万km"四纵四横"快速客运专线网。

2004—2005年,中国北车长春客车股份、唐山客车公司、南车青岛四方,先后从加拿大庞巴迪、日本川崎重工、法国阿尔斯通和德国西门子引进技术,联合设计生产高速动车组。2007年4月18日,实施中国铁路第六次大提速和新的列车运行图,快速铁路达6003 km,采用CRH动车组。繁忙干线提速区段达到200～250 km/h的速度,这是世界铁路既有线提速最高值。

（4）高速铁路阶段。2008年2月26日,中国铁道部和科技部签署计划共同研发运营时速380 km的新一代高速列车。同年8月1日,中国第一条具有完全自主知识产权国产"和谐号"CHR3型动车组列车、世界水平的350 km/h高速铁路京津城际铁路通车运营,极大地缩短了我国两大直辖市之间的时空距离,也创造了394.3 km/h的纪录。随后,京广高铁武广段、郑西高铁、沪宁高铁、沪杭高铁、京沪高铁等高速铁路先后建成通车。图1-1为"和谐号"动车。

图1-1 中国"和谐号"动车

2009年12月26日,世界上一次建成里程最长、工程类型最复杂的350 km/h武广高铁开通运营。

2010年2月6日,世界首条修建在湿陷性黄土地区,连接中国中部和西部的350 km/h郑西高速铁路开通运营。

2011年6月30日,中国建设里程最长、投资最大、标准最高的高速铁路京沪高铁正式开通运营。京沪高铁最高速度可达到380 km/h,设计运行速度为350 km/h,全线共设21个车站,自北京南站至上海虹桥站只需4.5 h即可抵达。为减少对耕地的占用,京沪高铁80%的线路是桥梁结构,特别是长度超过1 km的特大铁路桥被普遍应用。

2012年12月1日,世界上第一条地处高寒地区的高铁线路——哈大高铁正式通车运营,全长921 km的高铁线路,将东北三省主要城市连为一线,从哈尔滨到大连冬季只需4 h 40 min。哈大高铁以冬季速度200 km/h的"中国速度"行驶在高寒地区,成为一道亮丽的风景线。

2014年11月25日,装载"中国创造"牵引电传动系统和网络控制系统的中国北车CRH5A型动车组进入"5000 km正线试验"的最后阶段。这是国内首列实现牵引电传动系统和网络控制系统完全自主创新的高速动车组,标志着中国高铁列车核心技术正实现由"国产化"向"自主化"的转变,中国高铁列车实现由"中国制造"向"中国创造"的跨越,将大力提升中国高铁列车的核心创造能力,夯实中国高铁走出去的底气。

2021年,中国铁路新线投产规模创历史最高纪录,铁路营业里程突破15万km。高速铁路营业里程超过4万km,稳居世界第一。

(5)"复兴号"阶段。新一代标准动车组"复兴号"是中国自主研发、具有完全知识产权的新一代高速列车,它集成了大量现代国产高新技术,牵引、制动、网络、转向架、轮轴等关键技术实现重要突破,是中国科技创新的又一重大成果。"复兴号"运营最高速度可达400 km/h,标准速度为350 km/h,是世界上最快的运营高速列车。图1-2为复兴号CR400AF型电力动车组,外号"红飞龙"。

"复兴号"与"和谐号"相比主要有以下差别。

首先,在知识产权上,"复兴号"不同于"和谐号",是我国具有完全知识产权的高速列车;其次,在速度上,"复兴号"京沪高铁路线的速度是最快的,标准速度在350 km/h,其他高速动车速度在300 km/h;再有,在使用寿命上,"复兴号"无论是设备上,还是造车身设计,都是最为先进的,其使用寿命可达30年;在使用感上,"复兴号"使用起来更方便、更舒适。比如,座椅之间的距离更大,每个座位都有充电插座,全车都有WiFi覆盖。

图1-2 "复兴号"CR400AF型电力动车组

2016年7月,中国标准动车组试验最高速度实现420 km/h。2017年6月25日,中国标准动车组正式被命名为"复兴号",次日"复兴号"在上海虹桥站、北京南站双向首发。同年的9月21日,"复兴号"率先恢复350 km/h的运营速度,使中国再次成为世界上高速运营速度最快的国家。

2021年6月25日,随着拉萨至林芝铁路开通运营,"复兴号"高原内电双源动车组开进西藏,历史性地实现"复兴号"对31个省(区、市)的全覆盖。已投用19款车型,速度覆盖160~350 km/h不同等级,包括8~18辆多种编组型式,可适应−40℃高寒地区和海拔5100 m高原地区不同运用环境。根据不同地区、不同行驶环境,配备相应标准动车组。

2019年年底,我国第一条智能化高铁线路——京张高铁正式开通。具有完全自主知识产权的"复兴号"智能动车组率先在京张高铁投用,与标准版"复兴号"动车组相比,增加了旅客服务、列车运行、安全监控等方面的智能化功能,受到广大旅客和列车运营维护人员的欢迎。

截至2021年6月,"复兴号"智能动车组扩大至京沪、京广、京哈、徐兰及成渝高铁开行,覆盖京、津、冀、辽、吉、黑、沪等18个省级行政区,辐射京津冀、长三角、粤港澳大湾区及成渝双城经济圈等地区。与京张高铁投用的"复兴号"智能动车组相比,新投用的"复兴号"智能动车组再一次进行了优化升级,不仅能够提供智能化的旅客服务,还能够实现智能运维、智能行车。

(6)走出国门。中国已经成功拥有世界先进的高铁集成技术、施工技术、装备制造技术和运营管理技术,具有组团出海的实力,可以挑战任何竞争对手。中国高铁具有三大优势:技术先进、安全可靠;价格低、性价比高;运营经验丰富,中国每建设一条铁路其标准至少保证20年不落后。

中国高速列车保有量3375多列,为世界最多;列车覆盖200~380 km/h各个速度等级,种类最全。施工成本和效率方面,中国企业更具优势。据测算,国外企业修建高铁平均成本为0.5亿美元/km以上,中国只需约一半,且中国企业的工期短,施工效率又是外国企业的一倍以上,成本低,标准却更高。安全性能上,中国标准与欧洲标准基本一致,施工标准远高于欧标。中国铁路装备最大的优势,一是性价比高,二是交货能力强。

近年来,中国高铁已成为中国最新科技大幅进军海外的标杆,在海外高歌猛进,凭借高性价比和成功的运营经验,在全球市场接连斩获订单,如土耳其安伊高铁、莫斯科—喀山高铁等。有数据显示,中国中车的业务量在铁路装备行业、轨道交通装备行业已居全球第一,中国高铁占世界超过30%的市场份额。

2. 发展规划

2016年7月,国家发展改革委、交通运输部、中国铁路总公司联合发布了《中长期铁路网规划》(以下简称《规划》),勾画了新时期"八纵八横"高速铁路网的宏大蓝图。根据《规划》提出的发展目标,到2025年,铁路网规模达到17.5万公里左右,其中高速铁路3.8万公里左右,网络覆盖进一步扩大,路网结构更加优化,骨干作用更加显著,更好发挥铁路对经济社会发展的保障作用。

展望到2030年,基本实现内外互联互通、区际多路畅通、省会高铁连通、地市快速通达、县域基本覆盖。

"八纵"通道包括沿海通道、京沪通道、京港(台)通道、京哈—京港澳通道、呼南通道、京昆通道、包(银)海通道、兰(西)广通道。

(1)沿海通道。大连(丹东)—秦皇岛—天津—东营—潍坊—青岛(烟台)—连云港—盐城—南通—上海—宁波—福州—厦门—深圳—湛江—北海(防城港)高速铁路(其中青岛至盐城段利用青连、连盐铁路,南通至上海段利用沪通铁路),连接东部沿海地区,贯通京津冀、辽中南、山东半岛、东陇海、长三角、海峡西岸、珠三角、北部湾等城市群。

(2)京沪通道。北京—天津—济南—南京—上海(杭州)高速铁路,包括南京—杭州、蚌埠—合肥—杭州高速铁路,同时通过北京—天津—东营—潍坊—临沂—淮安—扬州—南通—上海高速铁路,连接华北、华东地区,贯通京津冀、长三角等城市群。

(3) 京港(台)通道。北京—衡水—菏泽—商丘—阜阳—合肥(黄冈)—九江—南昌—赣州—深圳—香港(九龙)高速铁路;另一支线为合肥—福州—台北高速铁路,包括南昌—福州(莆田)铁路。连接华北、华中、华东、华南地区,贯通京津冀、长江中游、海峡西岸、珠三角等城市群。

(4) 京哈—京港澳通道。哈尔滨—长春—沈阳—北京—石家庄—郑州—武汉—长沙—广州—深圳—香港高速铁路,包括广州—珠海—澳门高速铁路。连接东北、华北、华中、华南、港澳地区,贯通哈长、辽中南、京津冀、中原、长江中游、珠三角等城市群。

(5) 呼南通道。呼和浩特—大同—太原—郑州—襄阳—常德—益阳—邵阳—永州—桂林—南宁高速铁路。连接华北、中原、华中、华南地区,贯通呼包鄂榆、山西中部、中原、长江中游、北部湾等城市群。

(6) 京昆通道。北京—石家庄—太原—西安—成都(重庆)—昆明高速铁路,包括北京—张家口—大同—太原高速铁路。连接华北、西北、西南地区,贯通京津冀、太原、关中平原、成渝、滇中等城市群。

(7) 包(银)海通道。包头—延安—西安—重庆—贵阳—南宁—湛江—海口(三亚)高速铁路,包括银川—西安以及海南环岛高速铁路,连接西北、西南、华南地区,贯通呼包鄂、宁夏沿黄、关中平原、成渝、黔中、北部湾等城市群。

(8) 兰(西)广通道。兰州(西宁)—成都(重庆)—贵阳—广州高速铁路,连接西北、西南、华南地区,贯通兰西、成渝、黔中、珠三角等城市群。

"八横"通道包括绥满通道、京兰通道、青银通道、陆桥通道、沿江通道、沪昆通道、厦渝通道、广昆通道。

(1) 绥满通道。绥芬河—牡丹江—哈尔滨—齐齐哈尔—海拉尔—满洲里高速铁路,连接黑龙江及蒙东地区。

(2) 京兰通道。北京—呼和浩特—银川—兰州高速铁路。连接华北、西北地区,贯通京津冀、呼包鄂、宁夏沿黄、兰西等城市群。

(3) 青银通道。青岛—济南—石家庄—太原—银川高速铁路(其中绥德至银川段利用太中银铁路),连接华东、华北、西北地区,贯通山东半岛、京津冀、太原、宁夏沿黄等城市群。

(4) 陆桥通道。连云港—徐州—郑州—西安—兰州—西宁—乌鲁木齐高速铁路。连接华东、华中、西北地区,贯通东陇海、中原、关中平原、兰西、天山北坡等城市群。

(5) 沿江通道。上海—南京—合肥—武汉—重庆—成都高速铁路,包括南京—安庆—九江—武汉—宜昌—重庆、万州—达州—遂宁—成都高速铁路(其中成都至遂宁段利用达成铁路),连接华东、华中、西南地区,贯通长三角、长江中游、成渝等城市群。

(6) 沪昆通道。上海—杭州—南昌—长沙—贵阳—昆明高速铁路,连接华东、华中、西南地区,贯通长三角、长江中游、黔中、滇中等城市群。

(7) 厦渝通道。厦门—龙岩—赣州—长沙—常德—张家界—黔江—重庆高速铁路(其中厦门至赣州段利用龙厦铁路、赣龙铁路,常德至黔江段利用黔张常铁路),连接海峡西岸、中南、西南地区,贯通海峡西岸、长江中游、成渝等城市群。

(8) 广昆通道。广州—南宁—昆明高速铁路,连接华南、西南地区,贯通珠三角、北部湾、滇中等城市群。

1.5 城市轨道交通的发展

1.5.1 国外城市轨道交通的历史与现状

1843年英国人皮尔逊提出在英国修建地下铁道的建议,1860年英国伦敦开始修建世界上第一条地铁,采用明挖法施工,为单拱砖砌结构,1863年1月10日建成通车,线路长6.4 km,用蒸汽机车牵引。

世界第一条地下铁道的诞生,为人口密集的大都市如何发展公共交通取得了宝贵的经验,特别是到1879年电力驱动机车的研究成功,使地下客运环境和服务条件得到了空前的改善,地铁建设显示出强大的生命力。从此以后,世界上一些著名的大都市相继建造地下铁道。1863—1899年,有英国的伦敦和格拉斯哥、美国的纽约和波士顿、匈牙利的布达佩斯、奥地利的维也纳以及法国的巴黎共5个国家的7座城市率先建成了地下铁道。

伦敦自1863年创建世界上第一条地下铁道以来,历经150多年的发展,通过不断提高技术水平,伦敦地铁系统已成为当今世界上的先进技术范例之一,尤其是地铁实现了电气化后,伦敦的地铁几乎每年都有新进展。目前,伦敦地铁已有12条线路,总长度约410 km(地下隧道171 km),共设置车站275座,地铁车辆保有量总数约419辆,年客运总量已突破8.5亿人次。图1-3为伦敦地铁车辆。

受伦敦成功建设地下铁道的影响,美国纽约也于1867年建成了第一条地铁。随着纽约城市规模的扩大,城市人口不断增加,到1900年市区人口已有185万人,同时地铁建设也在不间断地发展。现在纽约已发展成为世界上地铁线路最多、里程最长的著名城市。目前,纽约地铁线路共31条,总长度约443.2 km,其中地下隧道258 km,共设置车站504座。地铁车辆保有总数约6561辆,年客运总量已突破10亿人次。图1-4为纽约地铁。

图1-3 伦敦地铁车辆

图1-4 纽约地铁

法国巴黎也是最早修建地铁的城市之一,但比英国要晚37年。为举办"凡尔赛展览会"而修建的巴黎第一条地下铁道从巴士底通往马约门,全长约10 km,它为巴黎地铁网络的不断发展和完善打下了基础。时至今日,巴黎市区已拥有地铁线路14条主线和2条支线,其中2条为环线,有4条地铁采用橡胶轮体系的VAL车辆。地铁线路总长度约221.6 km,地下隧道约175 km,共设置车站380座,车辆保有总数约347辆,年客运量总数也已突破12

亿人次。巴黎的地区快速地铁(RER)非常发达,运营线路共有 363 km,其中 14 km 与地铁共线,249 km 为城市快速铁路(SNCF)。RER 的年客运量约 4 亿人次。图 1-5 为巴黎地铁车站。

在进入 20 世纪的最初 24 年里(1900—1924 年),在欧洲和美洲又有 9 座大城市相继修建了地下铁道,如德国的柏林、汉堡,美国的费城以及西班牙的马德里等。

柏林的第一条地铁开通于 1902 年。发展至今,市区地铁已四通八达,有的线路已采用自动化运行技术。目前,柏林已有 10 条地铁线路,线路总长度约 146 km(其中地下隧道约占 90%),共设置车站 173 座,车辆保有量约 2410 辆,年客运总量约 6.6 亿人次。图 1-6 为柏林地铁。

图 1-5　巴黎地铁车站

图 1-6　柏林地铁

西班牙也是欧洲较早修建地下铁道的国家之一。1919 年,马德里的第一条地铁线路开始运行,现在已发展到 12 条地铁主线和 1 条支线,线路总长度约 281.58 km,共设车站 281 座,车辆保有总数约 1012 辆,年客运总量约 4 亿人次。图 1-7 为马德里地铁。

1925—1949 年,其间经历了第二次世界大战,各国都着眼于自身的安危,地铁建设处于低谷,但仍有日本的东京、大阪,苏联的莫斯科等少数城市在此期间修建了地铁。日本东京的第一条地铁线路于 1927 年建成通车。虽然日本的地铁也是效法欧洲技术建设而成,但它们在修建地铁的同时,着重开发主要车站及其邻近的公众聚集场所,这些场所能促进地下商业中心的建设,而且与地下车站连成一片,使地铁这一公益性基础设施获得了新的活力,取得了较好的经济效益和社会效益。

图 1-7　马德里地铁

1927 年 12 月东京第一条也是亚洲第一条地铁通车。目前,东京地铁已拥有 13 条地铁线路,线路总长度约 312.6 km,共设置车站 230 座,车辆保有总数约 2450 辆,年客运总量已突破 25 亿人次,是当今世界上地铁客运量最大的城市之一,发达程度居世界前五名。图 1-8 为东京地铁。

1932 年莫斯科的第一条地铁开始动工,线路全长约 11.6 km,共设置车站 13 座,到

图 1-8 东京地铁

1935 年 5 月建成通车运营。其建设速度之快,在当时是空前的。以后莫斯科的地铁建设就一直没有中断过,即使在第二次世界大战期间也没有停顿。发展至今,莫斯科已拥有地铁线路 12 条,线路总长度约 305.7 km,地铁车站总数为 185 座。莫斯科地铁站一直被公认为是世界上最漂亮的地铁车站,其建筑造型各异、华丽典雅。每个车站都由国内著名建筑师和艺术家设计,各有其独特风格,建筑格局也各不相同,采用五颜六色的大理石、花岗岩、陶瓷和五彩玻璃镶嵌出各种浮雕、雕刻和壁画装饰,艺术水平较高,照明灯具十分别致,使旅行者有身临富丽堂皇的宫殿之感,因此享有"地下的艺术殿堂"之美称。而所有地铁终点站都与公共汽车、无轨电车和轻轨系统相衔接,有几个车站还与铁路火车站相连接,为旅客提供了方便的换乘条件。目前,莫斯科地铁系统保有车辆总数约 4000 辆,年客运量已突破 26 亿人次。图 1-9 为莫斯科地下宫殿。

图 1-9 莫斯科地下宫殿

第二次世界大战以后,1950—1974 年的 24 年间,世界上地铁建设蓬勃发展。在此期间,有加拿大的多伦多、蒙特利尔,意大利的罗马、米兰,美国的费城、旧金山,苏联的列宁格勒、基辅,日本的名古屋、横滨,韩国的首尔以及中国的北京等约 30 座城市相继建成了地铁。具有代表性的地铁项目有:日本的名古屋,第二条地铁线路于 1957 年建成通车,现有 5 条地铁线路,线路总长度约 76.5 km,共设 61 座车站,车辆保有总量约 730 辆,年客运量已突破 6 亿人次。加拿大的蒙特利尔,第一条地铁线路于 1966 年建成通车,现在已有 4 条线路,线路总长度约 66.25 km,共设车站 68 座,车辆保有总量约 760 辆,年客运总量约 3.5 亿人次。蒙特利尔的地铁主要采用橡胶轮胎走行系统,以法国的 VAL 技术为基础,列车在表面光滑的混凝土轨道上行驶,客运效率和乘坐舒适度都很高。线路布局充分考虑了与周围环境的协调,乘客换乘其他交通工具极为方便。新建地铁车站的建筑风格各不相同,建筑雄伟、辉煌而明快,为城市开辟了良好的地下活动空间。每座车站都与周围环境融为一体。在公园中，车站与树林绿茵配合成协调优美的景观；在商业繁华区，站台的高度往往与林荫人行道的高度相同，而且可直接相通；有的车站还可直接通向办公大楼或大饭店的厅廊。这些精心设计，给人们的出行和换乘创造了极为方便的条件。

墨西哥城与首尔是世界上地铁发展最快的城市。墨西哥城在短短的10年间修建了150 km地铁，到2000年已开通21条地铁线路，全长400 km，承担全城客运量的58%。首尔地铁1971年开始建设，1974年建成通车，到2000年共建成8条地铁，线路长度达285 km。

至21世纪初，全世界已有40个国家80多座城市建成地下铁道，全世界地铁运营线路里程已逾5000 km，有16座城市的地下铁道运营线路长度超过了100 km，其中，纽约和伦敦的地铁线路超过了400 km，巴黎地铁接近300 km，目前还有20多个国家的30多个城市正在建设或筹备建设地下铁道。

轻轨交通是在有轨电车的基础上发展起来的。1879年柏林工业展览会展出了第一辆以输电线供电的电动车。1886年美国亚拉巴马州的蒙哥马利市开始出现有轨电车系统，而世界上第一个真正投入运行的有轨电车系统是弗克尼的里兹门德有轨电车系统。此后有轨电车系统发展很快。在20世纪20年代，美国的有轨电车线路里程总长达25 000 km。到了20世纪30年代，欧洲、日本、印度和我国的有轨电车有了很大的发展，但旧式有轨电车行驶在城市道路中间，行车速度慢、噪声大、舒适度差。随着汽车的迅速发展，西方私人小汽车大量涌上街道，于是各城市又纷纷拆除有轨电车，到1970年只剩下8个城市还保留着有轨电车。但汽车数量的过度增加，使城市交通经常造成交通堵塞，行车速度下降，空气、噪声污染严重。到20世纪60年代初，西方一些人口密集的大城市，除考虑修建地下铁道外，又重新把注意力转移到有轨交通上来。在这一时期，欧洲一些经济发达的国家，为满足城市公共交通客运量日益增长的需求，就着手在旧式有轨电车的基础上，利用现代化技术，改造和发展有轨电车系统，提高其技术水平和服务质量，因而出现了轻轨交通系统。到20世纪80年代，国际上一些大城市已相继建了现代化技术水平很高的轻轨交通系统，如美国的萨克拉门托市，1987年3月建成一条穿越市中区的轻轨线路，全长29.4 km，共设车站27座，行车间隔1.5 min，自建成到1987年9月，已运送乘客达百万人次。当今世界上投入商业运营技术最先进的轻轨交通系统是加拿大温哥华市的轻轨交通系统，于1986年建成，线路全长22.5 km，其中有13 km为高架结构，车辆总数为14辆，行车间隔3～5 min，信号系统由计算机控制，全部列车以无人驾驶全自动控制方式运行。图1-10为温哥华的轻轨交通。

图1-10 温哥华轻轨交通

1.5.2 我国城市轨道交通的发展与建设

1906年，天津第一条有轨电车线路运营，成为我国第一个拥有有轨电车的城市。1908年3月5日，上海第一条有轨电车路线正式通车营业，线路长6 km，上海成为国内第二个拥有有轨电车的城市。同年，大连第一条有轨电车线路竣工运营。1924年12月17日，北京从前门至西直门的有轨电车线路开通,北京是继天津、上海、大连之后,我国第四座修建有轨电车的城市。随后,沈阳、哈尔滨、长春和香港等城市也相继修建了有轨电车线路。到1911年,上海共开通8条有轨电车线路,总里程为41.1 km,电车总计65辆。图1-11为上海早期的有轨电车。

我国的城市轨道交通建设经历了曲折的过程,目前正处在大发展、大建设时期。中华人民共和国成立后,我国城市轨道交通主要经历了缓慢发展期和快速发展期两个阶段。

1. 1949年至20世纪80年代末——缓慢发展期

从1949年中华人民共和国成立到1978年的30年间,有轨电车渐行渐远,纷纷退出历史舞台,地铁建设处于起步阶段,我国的城市轨道交通处于时断时续的缓慢发展期。

一方面,由于机动性强的汽车大量涌上街头,大部分城市的老式有轨电车线路被相继拆除,至今,我国内地只有长春和大连等少数城市仍保留着有轨电车交通;另一方面,北京在20世纪60年代开始兴建具有交通和人防双重功能的中国第一条地铁线路,并于1971年1月投入试运营,从而开创了我国地铁建设的先河。但这一阶段地铁建设基本处于起步阶段,形式比较单一,贯彻以"战备为主、兼顾交通"的指导思想,建设以人防设施为主的地铁。进入20世纪80年代,北京建设了第二条地铁线,运营里程达到54 km,天津建设了地铁1号线7.4 km,于1980年8月投入运营,在一定程度上缓解了城市道路交通的拥堵,但尚未形成城市轨道交通网络。图1-12为北京第一条地铁线车辆。

图1-11 上海早期的有轨电车

图1-12 北京第一条地铁线车辆

2. 20世纪80年代末至今——快速发展期

改革开放以来,我国国民经济保持持续快速增长,城市化进程明显加快,对城市运输的需求日益增加。进入20世纪90年代,随着改革开放的逐步深入,社会和经济迅速发展,城市居民收入水平不断提高,居民出行次数逐年增加,我国城市交通需求剧增,导致道路交通供给能力严重不足,交通拥堵已成为城市社会经济发展的一个制约因素。为适应城市发展的需要、缓解城市交通的紧张状况,从20世纪90年代开始,我国政府加大对城市交通基础设施的投入,强调轨道交通对解决城市交通问题和引导城市发展的作用,城市轨道交通开始进入能力扩张与质量提高并进的发展阶段。加快建设以大容量轨道交通为骨干的公共交通系统,成为这一阶段城市发展的主要特点。在20世纪90年代末,轻轨交通也开始得到了发展。

由于地下铁道造价昂贵,很多城市的经济实力还难以承受;而轻轨交通具有"造价低、用得起、见效快"的优点,对于经济实力不很雄厚的大、中城市而言,发展轻轨交通是非常适当的。我国现有百万以上人口的城市增长迅速,其中非农业人口数占全国总数的一半以上。这些百万人口以上的大城市中,不少公共交通线路上的单向小时运量已超过1万人次,有的甚至达到近2万人次。而轻轨交通单向高峰小时客运量为1万～3万人次,足以大大缓解我国大、中城市的交通拥挤状况。因此,在百万人口以上的大城市中,发展轻轨交通具有广阔的市场前景。

改革开放以来我国城市轨道交通发展大致经历了三个阶段。

(1) 第一阶段为开始建设阶段(20世纪80年代末至90年代)

以上海地铁1号线(21 km)、北京地铁复八线(13.6 km)、北京地铁1号线改造、广州地铁1号线(18.5 km)建设为标志,我国真正以交通为目的的地铁项目开始建设,随着上海、广州地铁项目的建设,包括沈阳、天津、南京、重庆、武汉、深圳、成都、青岛等在内的大批城市开始上报建设轨道交通项目。图1-13为上海地铁1号线车辆。

图1-13 上海地铁1号线车辆

(2) 第二阶段为调整整顿阶段(1995—1998年)

我国的城市轨道交通在20世纪60年代起步后,由于种种原因,中间停顿了很长一段时间,因此我国城市轨道交通的有关技术发展缓慢,距世界先进水平有相当距离,特别在车辆、信号以及自动售检票等专业领域尤其明显。因此,20世纪90年代前期,上海、广州等地开始修建地铁时,技术装备基本依赖进口,产生了造价高(每千米综合造价在7亿元左右)、建设周期长、维护费用高等负面影响。

另外,由于地铁建设发展迅猛,许多地方不考虑经济的承受能力和社会发展的实际需要,城市轨道交通建设带有很大盲目性。针对工程造价高、轨道交通车辆全部引进、大部分设备大量引进等问题,1995年12月国务院办公厅发出60号文件,通知除北京、上海和广州的在建地铁外,所有地铁项目一律暂停审批,并要求做好轨道网络发展规划和高新技术装备的国产化工作。在这一期间的近3年时间内,国家暂停了对城市轨道交通项目的审批。

(3) 第三阶段为蓬勃发展阶段(1999年至今)

1997年年底,国家发展和改革委研究了城市轨道设备国产化实施方案,提出深圳地铁1号、4号线一期工程(19.5 km)、上海明珠线(即现在的3号线 24.5 km)、广州地铁2号线(23 km)、南京地铁1号线(17 km)一期工程作为国产化的依托工程,于1998年批复上述4个项目立项,轨道交通项目重新开始启动。

2021年中国开通轨道交通的城市数量从2015年的26个增长到51个,在6年期间开通轨道交通的城市数量几乎翻倍。在51个开通运营城市轨道交通的城市中,上海的运营里程最长,达831 km,北京的运营线路最多,有27条。表1-2给出了2015—2021年国内城市轨道交通运营发展数据,增幅逐年明显提高。

表 1-2　2015—2021 年国内城市轨道交通运营发展数据

年份	2015	2016	2017	2018	2019	2020	2021
城市数量/个	26	30	34	35	40	44	51
线路/条	105	124	149	171	190	233	269
里程/km	3618	4152.8	5032.7	5761.4	6730.3	7545.5	8708
车站数/座	2092	2468	3050	3412	4007	4660	5216
客运量/亿	140	161.5	183.1	212.8	238.8	175.9	237.1

在这一阶段，随着国家积极财政政策的实施，国家从资金上给予城市轨道交通建设以有力支持；同时通过技术引进，国际先进制造企业与国内企业合作，实现了城市轨道交通车辆与设备的本土化、国产化，使城市轨道交通工程的造价大为降低。目前，国内城市轨道交通每千米的平均建设成本为 5 亿元。国内城市轨道交通交通发展势在必行。

截至 2021 年年末，北京、上海、广州、天津、深圳、武汉、南京、苏州、杭州、成都、重庆、沈阳、大连、长春、西安、宁波、昆明、福州、郑州、南昌、青岛、长沙、哈尔滨、佛山、无锡、兰州、东莞、南宁、合肥、石家庄、贵阳、厦门等 51 个内地城市先后建成并开通运营轨道交通，运营线路长度达到近 1 万 km。已有 24 个城市的长度超过 100 km，其中上海、北京、广州、成都 4 个城市的线路长度超过 500 km，上海位居榜首。表 1-3 给出了国内轨道交通部分开通城市统计情况。

表 1-3　国内轨道交通（不含有轨电车）部分开通城市统计表（截至 2021 年 12 月 31 日）

序号	城市名	首次开通年份	运营线路/条	通车里程/km	序号	城市名	首次开通年份	运营线路/条	通车里程/km
1	上海	1993	20	831	21	南宁	2016	5	128
2	北京	1971	27	783	22	沈阳	2010	4	117
3	广州	1997	15	590	23	无锡	2014	4	114
4	成都	2010	12	519	24	长春	2002	5	107
5	武汉	2004	11	435	25	厦门	2017	3	98
6	南京	2005	11	427	26	贵阳	2017	2	87
7	深圳	2004	12	419	27	济南	2019	3	84
8	杭州	2012	12	410	28	哈尔滨	2013	3	80
9	重庆	2004	11	402	29	石家庄	2017	3	77
10	青岛	2015	6	284	30	徐州	2019	3	64
11	天津	1984	8	274	31	佛山	2010	2	54
12	西安	2011	8	258	32	福州	2016	2	54
13	苏州	2012	5	210	33	常州	2019	2	54
14	郑州	2013	7	206	34	呼和浩特	2019	2	49
15	大连	2003	5	201	35	绍兴	2021	1	47
16	宁波	2014	5	183	36	洛阳	2021	2	44
17	长沙	2014	5	161	37	东莞	2016	1	38
18	合肥	2016	5	156	38	乌鲁木齐	2018	1	28
19	昆明	2012	5	139	39	兰州	2019	1	26
20	南昌	2015	4	129	40	太原	2020	1	24

在经济发达地区加快发展，进入"城市轨道交通网络化"，同时已从"城市网"发展到"城际网"，主要有广州及珠三角区域、上海及长三角区域、北京及京津塘渤海湾区域等。

除了线路和运营里程大幅增加外,我国的轨道交通也由原先只有地铁一种形式向多样化发展。已建成的轨道交通系统中,不仅有天津、长春的轻轨,还有北京、上海的郊区铁路,重庆的跨座式单轨,广州的直线电机列车,上海的高速磁悬浮列车,以及上海、苏州、常州等城市的现代有轨电车等。

由于国家发展和改革采取有效措施,扶持国内轨道车辆制造企业,并通过引进、消化吸收、再创新,大力开展国产化工作。近10年来,我国城市轨道交通技术装备国产化取得了明显的成效,特别是在车辆领域,出现了北车集团长春轨道客车股份有限公司、南车集团株洲电力机车有限公司、南车集团四方机车车辆股份有限公司等具有设计、制造、集成能力的轨道车辆生产基地。2015年,经国务院同意,南车与北车股份有限公司合并成立中国中车股份有限公司,简称"中车"。

1.5.3　申报城市轨道交通的要求

我国的城市轨道交通项目建设,仍然是所在城市建设史上最大的公益性基础设施,是一项涉及面广、综合性强、影响久远的系统工程。因此,城市轨道交通的建设是城市发展中的百年大计,对城市布局和发展模式都将产生深远的影响。然而,在我国城市轨道交通建设中,一些地方出现不顾自身财力,盲目投资建设城市轨道交通项目的现象。有的未经国家审批,擅自新上城市轨道交通项目;有的盲目攀比,擅自提高建设标准,造成投资浪费;有的项目资本金不足,债务负担沉重,运营后亏损严重。针对这些问题,为了加强城市轨道交通建设的管理,促进其科学、健康地发展,2003年,国务院颁布了《关于加强城市快速轨道交通建设管理的通知规定》(国办发〔2003〕81号),从城市轨道交通的建设条件、建设规划、工程造价、安全管理、投资管理、设备国产化、审批程序等方面分别作出了明确的规定。

《国务院办公厅关于加强城市快速轨道交通建设管理的通知》(国办发〔2003〕81号)印发以来,我国城市轨道交通总体保持有序发展,对提升城市公共交通供给质量和效率、缓解城市交通拥堵、引导优化城市空间结构布局、改善城市环境起到了重要作用。但同时,由于城市轨道交通投资巨大、公益性特征明显,部分城市对城市轨道交通发展的客观规律认识不足,对实际需求和自身实力把握不到位,存在规划过度超前、建设规模过于集中、资金落实不到位等问题,一定程度上加重了地方债务负担。为贯彻落实党中央、国务院决策部署,坚决打好防范化解重大风险攻坚战,促进城市轨道交通规范有序发展,2018年又出台了《国务院办公厅关于进一步加强城市轨道交通规划建设管理的意见》(国办发〔2018〕52号),国办发〔2003〕81号文同时废止。新文件主要内容如下。

一、总体要求

(一)指导思想。以习近平新时代中国特色社会主义思想为指导,全面贯彻党的十九大和十九届二中、三中全会精神,统筹推进"五位一体"总体布局和协调推进"四个全面"战略布局,牢固树立和贯彻落实新发展理念,按照高质量发展的要求,以服务人民群众出行为根本目标,持续深化城市交通供给侧结构性改革,坚持补短板、调结构、控节奏、保安全,科学编制城市轨道交通规划,严格落实建设条件,有序推进项目建设,着力加强全过程监管,严控地方政府债务风险,确保城市轨道交通发展规模与实际需求相匹配、建设节奏与支撑能力相适应,实现规范有序、持续健康发展。

（二）基本原则。量力而行，有序推进。坚持实事求是，从实际出发科学开展前瞻性规划研究工作，以城市财力和建设运营管理能力为实施条件，合理把握建设规模和节奏，切实提高城市轨道交通发展质量，确保与城市发展水平相适应。

因地制宜，经济适用。坚持近远期结合，统筹考虑交通、环境、工程等各方面因素，选择适宜的轨道交通系统制式和敷设方式，宜地面则地面、宜地下则地下，合理确定建设标准，着力提高综合效益。

衔接协调，集约高效。坚持多规衔接，加强城市轨道交通规划与城市规划、综合交通体系规划等的相互协调，集约节约做好沿线土地、空间等统筹利用，发挥轨道交通对城市交通运输发展的支撑引导作用。

严控风险，持续发展。坚持底线思维，牢固树立安全发展理念，强化城市政府主体责任，加强安全生产和运营管理，加大防范化解地方政府债务风险工作力度，进一步推动城市轨道交通建设、运营模式创新，增强可持续发展能力。

二、完善规划管理规定

（三）严格建设申报条件。城市轨道交通系统，除有轨电车外均应纳入城市轨道交通建设规划并履行报批程序。地铁主要服务于城市中心城区和城市总体规划确定的重点地区，申报建设地铁的城市一般公共财政预算收入应在300亿元以上，地区生产总值在3000亿元以上，市区常住人口在300万人以上。引导轻轨有序发展，申报建设轻轨的城市一般公共财政预算收入应在150亿元以上，地区生产总值在1500亿元以上，市区常住人口在150万人以上。拟建地铁、轻轨线路初期客运强度分别不低于每日每千米0.7万人次、0.4万人次，远期客流规模分别达到单向高峰小时3万人次以上、1万人次以上。以上申报条件将根据经济社会发展情况按程序适时调整。

（四）强化规划衔接提高建设规划质量。城市政府根据城市总体规划、土地利用总体规划、城市综合交通体系规划，合理制定城市轨道交通线网规划，确定城市轨道交通近期建设线路，加强对居民区、商业区、交通枢纽等客流密集区域的覆盖，做好城市轨道交通规划线路沿线土地预留和控制，防止其他建设对城市轨道交通走廊空间的侵占。在此基础上，根据相关规划和城市发展需要、财力等情况制定城市轨道交通分期建设规划，规划期限一般为5～6年。建设规划要合理选择轨道交通系统制式、敷设方式，科学确定建设规模、项目时序、资金筹措方案，确保建设期和运营期的政府支出规模与财力相匹配，着力提升投资效益。强化城市轨道交通与其他交通方式的衔接融合，城市轨道交通规划要与国家铁路、城际铁路、枢纽机场等规划相衔接，通过交通枢纽实现方便、高效换乘。要加强节地技术和节地模式创新应用，鼓励探索城市轨道交通地上地下空间综合开发利用，推进建设用地多功能立体开发和复合利用，提高空间利用效率和节约集约用地水平。编制城市轨道交通建设规划时，应同步组织开展规划环境影响评价，由生态环境主管部门按程序审查环境影响报告书。要统筹城市轨道交通建设与人才培养，将人才培养和保障措施纳入建设规划。

（五）严格建设规划报批和审核程序。省级发展改革部门会同城乡规划主管部门、住房城乡建设部门进行城市轨道交通建设规划初审，按程序向国家发展改革委报送建设规划。城市轨道交通首轮建设规划由国家发展改革委会同住房城乡建设部组织审核后报国务院审批，后续建设规划由国家发展改革委会同住房城乡建设部审批，报国务院备案。国家发展改革委、住房城乡建设部要会同有关部门按照职责分工严格审核把关，未达到城市轨道交通建设申报条件的建设规划一律不得受理；对符合申报条件的建设规划，要认真审核规划建设规模及项目资金筹措方案，确保建设规模同地方财力相匹配。省级政府有关部门要进一步强化初审责任，确保城市财力、负债水平、建设规模、建设方案、项目时序等符合相关规定和规划要求。

（六）强化建设规划的导向和约束作用。已经国家批准的城市轨道交通建设规划应严格执行，原则上不得变更，规划实施期限不得随意压缩。在规划实施过程中，因城市规划、工程条件、交通枢纽布局变化等因素影响，城市轨道交通线路功能定位、基本走向、系统制式等发生重大变化的，或线路里程、地下线路长度、直接工程投资（扣除物价上涨因素）等较建设规划增幅超过20%的，应按相关规定履行建设规划调整程序。建设规划调整应在完成规划实施中期评估后予以统筹考虑，原则上不得新增项目。原则上本轮建设规划实施最后一年或规划项目总投资完成70%以上的，方可开展新一轮建设规划报批工作。

三、有序推进项目实施

（七）规范项目审批。城市轨道交通项目（不含有轨电车）由省级发展改革部门根据国家批准的城市轨道交通建设规划，按照相关程序审批（核准），未列入建设规划的项目不得审批（核准），严禁以市政配套工程、有轨电车、工程试验线、旅游线等名义违规变相建设地铁、轻轨项目。已审批（核准）建设城市轨道交通项目的城市要合理把握建设节奏，着力优化项目设计，合理控制工程造价，有效降低工程总投资。城市政府和相关企业不得不顾条件提前实施项目、随意压缩工期，对前期工作未完成、建设条件不具备、遇有特殊工程地质灾害且不能保证施工安全的项目，应根据实际情况暂缓实施，建设工期可相应顺延。有轨电车项目由省级发展改革部门负责审批（核准），并做好与相关规划的统筹衔接。

（八）强化项目建设和运营资金保障。城市政府应建立透明规范的资本金及运营维护资金投入长效机制，确保城市轨道交通项目建设资金及时足额到位。除城市轨道交通建设规划中明确采用特许经营模式的项目外，项目总投资中财政资金投入不得低于40%，严禁以各类债务资金作为项目资本金。强化城市政府对城市轨道交通项目全寿命周期的支出责任，保障必要的运营维护资金。支持各地区依法依规深化投融资体制改革，积极吸引民间投资参与城市轨道交通项目，鼓励开展多元化经营，加大站场综合开发力度。规范开展城市轨道交通领域政府和社会资本合作（PPP），通过多种方式盘活存量资产。研究利用可计入权益的可续期债券、项目收益债券等创新形式推进城市轨道交通项目市场化融资，开展符合条件的运营期项目资产证券化可行性研究。

四、强化项目风险管控

（九）严控地方政府债务风险。进一步加大财政约束力度，按照严控债务增量、有序化解债务存量的要求，严格防范城市政府因城市轨道交通建设新增地方政府债务风险，严禁通过融资平台公司或以PPP等名义违规变相举债。对举债融资不符合法律法规或未落实偿债资金来源的城市轨道交通项目，发展改革部门不得审批（核准）；对列入地方政府债务风险预警范围的城市，应暂缓审批（核准）其新项目。城市政府要合理控制城市轨道交通企业负债率，对企业负债率过高的应采取有效措施降低债务，并暂停开工建设新项目。

（十）坚守安全发展底线。把安全作为发展城市轨道交通的生命线，落实城市政府和企业安全责任，严格安全准入，强化勘察设计，强化源头管控。建立健全施工企业和业主企业安全生产管理制度，加强安全生产标准化建设。落实企业的人才培养主体责任，深化产教融合、校企合作,提升从业人员素质。强化城市政府安全监管执法,逐步形成覆盖城市轨道交通项目建设运营全过程的风险管理机制,坚决防范重特大生产安全事故发生。

五、完善规划和项目监管体系

(十一)加强监管能力建设。健全部门间协同联动监管机制,国家发展改革委、住房城乡建设部等有关部门要建立城市轨道交通监管数据库,加强信息共享,运用大数据等技术手段提升监管水平,发挥行业协会作用,及时动态掌握城市轨道交通建设规划实施情况。省级政府有关部门要强化属地监管责任,城市政府有关部门要按权责明确责任分工、加强监管。地方政府要建立常态化安全检查制度和重点工程检查、抽查制度,加强项目稽查,强化工程质量终身责任制,完善城市政府负责的项目竣工验收制度。国家和省级发展改革部门要完善建设规划实施的中期评估机制,建立建设规划执行情况和建成投运线路经济社会效益分析的后评价机制。

(十二)建立健全责任机制。坚持国家统筹、省负总责、城市主体的原则,明确有关部门和地方政府责任。国务院有关部门要加强对城市轨道交通规划建设工作的统筹和指导,省级政府有关部门对建设规划实施履行全过程监管责任,城市政府对项目建设和本级政府债务风险管控负主体责任。建立健全责任主体信用记录,将违规信息纳入全国信用信息共享平台,建立"黑名单"制度,对规划编制、评估、审查、项目设计等单位未履行相关职责并造成重大影响的,实行警示、禁入等联合惩戒措施;对违法违规审批、建设城市轨道交通项目的部门、企业及其责任人,要依法依规追责问责。

1.6 城市轨道交通系统

城市轨道交通系统是城市交通的子系统,是集多种设施、多专业、多工种于一体的复杂系统。随着交通技术的发展,城市轨道交通系统从单一的线路布置、单方式运行发展到采用先进技术建成的复杂而通畅的地下和高架网络,与城市地面交通和对外交通形成一体,为城市建设引入了立体化布局的概念。

城市轨道交通系统是技术复杂、涉及面广、投资巨大的系统工程,是轨道交通方式、轨道交通技术及轨道交通运营管理的集成,是城市客运综合交通系统的骨干。从轨道交通系统的相关设施看,由车辆、线路、车站、供电、通信信号以及环控系统等设施组成,它们的协同合作是为用户提供满意服务的保证。这些设施结合运营组织管理系统是城市轨道交通系统的基本构成,如图1-14所示。从其系统结构来看,主要包括硬件系统和软件系统两部分,其系统组成如图1-15所示。

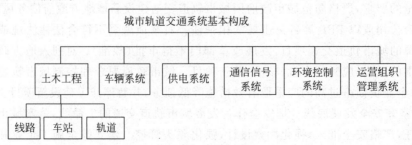

图1-14 城市轨道交通系统基本构成

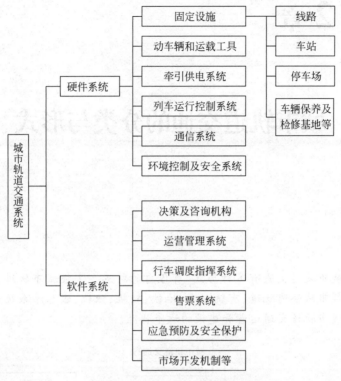

图 1-15　城市轨道交通系统组成

思考题

1. 叙述中国高速铁路的发展过程。
2. 中长期高速轨道交通网规划中,"八纵八横"指什么？
3. 解决城市交通拥堵的主要途径是什么？
4. 什么是轨道交通、城市轨道交通？
5. 城市轨道交通具有哪些优缺点？
6. 城市轨道交通的社会功能是什么？
7. 城市轨道交通系统有哪些基本构成？
8. 你乘坐过哪些交通工具？哪些属于轨道交通？谈谈乘坐这些交通工具的体会。
9. 叙述世界及中国城市轨道交通的发展过程。

第 2 章

城市轨道交通的分类与形式

学习目标：城市轨道交通有多种形式，有各自的特点。掌握城市轨道交通的分类方法和主要形式；掌握市域快速轨道、有轨电车、地铁、轻轨、独轨、磁悬浮系统等形式的发展和特点；了解我国城市轨道交通运营和建设的城市状况。

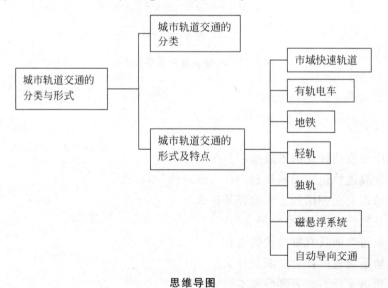

思维导图

课程思政：我国的城市轨道建设近期一直在快速发展，各种形式的城市轨道交通在我国都有体现，同一城市也会有不同的轨道交通形式相互补充。城市轨道交通技术不断改进，逐步向智慧化轨道交通发展。采用什么形式一定要根据地质条件、人口数量、客流量、经济发展等因素量力而行，不可盲目开发建设。因此，在做决策时要实事求是，因地制宜，克服好大喜功的毛病。

2.1 城市轨道交通的分类

随着城市轨道交通技术的不断进步和发展，出现了许多新的城市轨道交通形式，一般可以分为市域快速轨道（市郊铁路）、地铁、轻轨、独轨、有轨电车、自动导向系统、磁悬浮等形式。通常也可根据以下不同的标准对城市轨道交通基本类型进行分类。

1. 按交通运能分类

交通运能即交通容量，也就是线路输送客流的最大能力，指单向每小时的断面最大乘客通过量。按照不同的交通运能，轨道交通可以分为高运量、中运量和低运量三个系统。

高运量轨道交通系统指高峰每小时单向运输能力达到3万人次以上，属于该种类型的主要有市郊铁路、重型地铁和轻型地铁等；中运量轨道交通系统指高峰每小时单向运输能力为1.5万～3万人次，属于该种类型的主要有微型地铁、高技术标准的轻轨和独轨；低运量轨道交通系统指高峰每小时单向运输能力为0.5万～1.5万人次，属于该种类型的主要有低技术标准的轻轨、自动导向交通系统和有轨电车。

2. 按敷设方式分类

根据不同的敷设方式，轨道交通系统可分为地下（隧道）、高架和地面三种形式。大运量轨道交通在交通较为繁忙的地区多采用隧道和高架形式，在市郊可采用全封闭的地面形式；中运量轨道交通可兼有三种敷设形式，且通常不与机动车混行；低运量轨道交通系统一般采用地面形式，可与机动车混行，运行效率较低。

3. 按路权分类

路权是指轨道交通系统运行线路与其他交通的兼容程度。轨道交通系统可分为独立路权、半独立路权和共有路权三种基本类型。它们与按线路隔离程度分类的全隔离（全封闭）、半隔离（半封闭）和不隔离（不封闭）三种系统相对应。

独立路权的轨道交通系统属于全封闭系统，与其他交通完全隔离，不受平交道路与人车的干扰，一般用于高、大运量及每小时1.6万人次以上的中等运量轨道交通系统，如图2-1所示。

半独立路权的轨道交通系统属于半封闭系统，沿行车路线采用缘石、隔离栅、高差等措施与其他交通实体隔离，但在交叉路口仍与横向的人车平交混行，受信号系统控制，一般用于每小时1.6万人次以下的中等运量轨道交通系统，如图2-2所示。

图2-1 独立路权的轨道交通系统

图2-2 半独立路权的轨道交通系统

共有路权的轨道交通系统属于开放式系统，代表地面混合交通，不具有实体分割，轨道交通与其他交通混合出行，在路口按照规定驾停，也可享有一定的优先权，诸如用道路标线或特殊信号等保留车道，有轨电车通常采用这种形式，如图2-3所示。

图 2-3　共有路权的轨道交通系统(香港有轨电车)

4．按导向方式分类

根据不同的导向方式,轨道交通系统可分为轮轨导向及导向轮导向。钢轨钢轮系统(地铁、轻轨、有轨电车)属轮轨导向类型,由钢轮轮缘和钢轨之间的作用力来提供导向力,启动较快,如图 2-4 所示;独轨(单轨)及新交通系统等胶轮车辆属导向轮导向类型,如图 2-5 所示。

5．按轮轨支承形式分类

轮轨支承形式,即车辆与转移车道表面之间的垂直接触方式与运行方式。从这一标准出发,轨道交通系统可分为钢轮钢轨系统、胶轮混凝土轨系统以及特殊系统。钢轮钢轨系统包括市郊铁路、地铁、轻轨、有轨电车;胶轮混凝土轨系统主要是指独轨及自动导向系统;而特殊系统则包括支承面置于车辆之上的悬挂式单轨系统、磁悬浮式轨道交通系统等。按轮轨数又可分为双轨系统和单轨系统。

图 2-4　钢轮钢轨系统

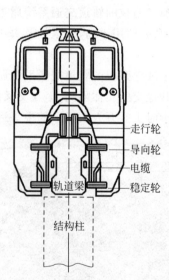

图 2-5　独轨导向轮导向系统

2.2　城市轨道交通的形式及特点

2007 年 6 月国家颁布了《城市公共交通分类标准》,该标准把城市轨道交通分成 7 类:

市域快速轨道系统、有轨电车、地铁系统、轻轨系统、独轨系统、磁悬浮系统和自动导向轨道系统。本节按城市轨道交通的不同类型来论述它们的特点。

2.2.1 市域快速轨道

1. 概述

市域快速轨道即市郊铁路,是指把城市市区与郊区,尤其是远郊区、卫星城镇连接起来的城市轨道交通系统。一般和干线铁路没有联络线,但设备与干线铁路相同。线路大多建在地面上,其运行特点接近干线铁路,只是服务对象不同。其他交通工具要花费很长时间才能到达的地区,利用铁路可以形成快速、准时的运输网络,满足市民通勤或出行的需要。市郊铁路的运行速度远远大于其他交通工具,一般可达到 100 km/h,法国市郊铁路的列车时速甚至可以高达 120 km/h,乘客只用 30 min 就可以从远郊到达市中心,如此快捷的运送速度吸引了大量的客流。

市郊铁路主要为通勤者提供运输服务,有时也称为通勤铁路(commuter rail)或地区铁路(regional rail)。伦敦、巴黎也都有较大规模的市郊铁路运输网络。在加拿大、澳大利亚及亚洲和欧洲的一些国家也都有一些市郊运输铁路。

根据中国城市轨道交通协会公布的《2018 中国内地城轨交通线路概况》显示,已有南京、成都、北京、兰州、上海和郑州等城市的市郊快轨开通运营,总里程 502 km。其中,南京的市域轨里程达到 170.8 km,排名全国第一。近年来,随着基础设施投资建设步伐不断加快,我国在轨道交通领域取得快速发展,但市郊铁路一直是国内整个交通体系发展中的一个短板。2017 年国家发改委等部门发布的《关于促进市域(郊)铁路发展的指导意见》指出,"当前时期要加快市域(郊)铁路发展"。

《城市公共交通分类标准》(CJJ/T 114—2007)中对市域快速轨道交通进行了明确的定义:市域快速轨道系统是一种大运量的轨道运输系统,客运量可达 20 万~45 万人次/日(一般不采用高峰小时客运量的概念)。市域快速轨道交通(简称市域快轨)适用于城市区域、重大经济区之间中长距离的客运交通,其功能是满足城镇发展和人口分布相对均衡的组团式城市空间结构或者都市圈外围组团以及卫星城与城市核心区的交通出行需求。市域快轨既能为城市中心区和郊区之间的长距离出行提供服务,又能为城市中心区的密集出行提供服务,是城市轨道交通网络中的主要骨架线路,并将逐步成为市区和郊区新城、新镇之间的快速联系通道。市域快轨是城市交通系统的重要组成部分,与地铁、轻轨一起构建起城市交通的主骨架,一起引导城市发展,促使城市的布局更加合理化,对促进城市外围土地开发和城市总体规划的实现具有重要的作用。

市域快速轨道交通的主要形式:以市域快速轨道交通线穿越城市中心;市域快速轨道交通线终止于中心城外围;市域快速轨道交通线终止于城区中心。

2. 市郊铁路的特点

市郊铁路具有以下特点:

(1) 市郊铁路运行速度虽比干线铁路低,但启动、制动加速度远高于干线列车,略低于地铁列车。

(2) 线路长,站间距大。线路一般在 40~80 km,市区内站间距 1.5~3 km,郊区站间距 3~5 km。

（3）运营速度高，可达到 80 km/h 以上。

（4）运营效率、能源消耗、投资费用以及土地利用等指标明显优于其他交通形式。市郊铁路的运送能力单向每小时高达 6 万～8 万人次（通常在 1.5 万～4 万人次），属于城市轨道交通中的高运量系统；每一单位运输量的能源消耗是汽车的 1/7 左右；投资额是地铁的 1/10～1/5。

（5）市郊铁路编组灵活，可适应通勤出行的时间集中性和方向性，根据客流大小，调整编组数及发车间隔，有较高的加减性能和较好的运行秩序，能实现高效运输。在高峰期，市郊铁路可按 1～12 辆编组。

（6）市郊铁路的建设对城市形态合理发展也具有良好的作用。一方面，市郊铁路运量大、运距长、准点率高，可有效缓解目前城区向外扩展过程中新开发区与市中心区的道路交通拥挤，解决卫星城居民的通勤通学问题，提高新开发居住区、工业区的吸引力，刺激市郊进一步开发，有利于卫星城的形成；另一方面，市郊铁路的建设加快了城市中心区向新建成区和郊区扩展，减少市中心区人口，为旧城改造减少拆迁工作量，有利于中心区改建。

3. 市域快速轨道交通的功能和作用

（1）配合和引导城市发展。市域快速轨道交通的形成和发展源于城市的布局和发展规划。巴黎的 RER 就是随着 20 世纪 50 年代末城市人口的集中化和郊区的城市化而建成的，其主要目的就是支持新城的建设。同时，市域快速轨道交通也会引导城市的发展，加强郊区与中心区的交通联系，对城市一体化的发展起到积极的作用。以东京为例，日本东京的郊区居民是沿着辐射状的城市轨道交通线发展起来的，并在城市轨道交通终点站产生了城市次中心。

（2）满足和方便城市客运交通需求。

① 满足郊区人口急速增长产生的客流需求。经济现代化带来城市人口的急剧增长，特别是郊区人口增长很快，市区和郊区之间大量的人口集散，给城市交通造成了沉重的压力，为缓解这种紧张状态，许多大城市相继规划城市市域快速轨道交通。以巴黎为例，巴黎的 RER 市域快速轨道交通与 28 条辐射式市域铁路形成一个功能完整的市域铁路网，运送大量而集中的上下班乘客。

② 满足通向机场、风景点等客流较为集中线路的旅游旅行需求。从国内外市域快速轨道交通的情况看，几乎每个大城市都有通向机场和风景点的市域快速轨道交通，轨道交通系统加强了这些集散点与市中心的联系，极大方便了旅客的换乘。

（3）优化城市轨道交通的整体网络。完善的城市轨道交通网络应具有较高的网络覆盖密度，且在同种类型的轨道交通线路组成的完整网络中，各条轨道交通线路间具有良好的衔接和方便的换乘条件，同时，还须与其他的轨道交通系统（即铁路、高速铁路、城际铁路等）相互协调配合与衔接。市域快速轨道交通恰好能起到这样的作用，它将成为整个城市轨道交通网络中的骨架线路。

2.2.2 有轨电车

1. 概述

有轨电车是一个由电力牵引、轮轨导向、单车或两辆铰接运行在城市路面线路上的低运量城市轨道交通系统。有轨电车与地铁、轻轨的区别比较大，其最主要的区别是不享有独立的路权,钢轨面与地面持平,与地面其他车辆共同使用同样的道路,与横向道路也是平面交叉(非高低相错)。因此,除了在轨道上行驶这一特点外,有轨电车更类似于一般的公共交通车辆,如图 2-6 所示。

2. 特点

有轨电车与其他轨道交通相比,其主要的特点如下:

(1) 建造成本低。对于中型城市来说,有轨电车是实用廉宜的选择。每千米路面有轨电车线所需的投资只是每千米地下铁路的 1/20～1/3。

(2) 建设难度低。无须在地下挖掘隧道。

(3) 安全系数高。相较其他路面交通工具,路面有轨电车能更有效减少交通意外的比率。

(4) 环保系数高。有轨电车因为以电力推动,车辆不会排放废气,是一种无污染的环保交通工具。

图 2-6　费城的有轨电车

(5) 可共同使用车道。有轨电车路轨占用路面,路面交通要为有轨电车改道,并让出行车线;采用槽型轨,汽车和有轨电车可以共用一条马路。这也极易与地面道路车辆冲突而引起道路交通堵塞,隔离程度和安全程度较低。

(6) 行驶速度较慢。有轨电车的速度一般较地铁慢,除非有轨电车行驶的大部分路段是专用的。

(7) 载客能力较小。有轨电车每小时可载客约 7000 人,而地下铁路每小时载客可达 12 000 人。

(8) 架设电缆占道。需要设置架空电缆。超级电容供电和地下轨供电还处于试验阶段。

(9) 噪声大。有轨电车采用钢轮钢轨系统,又没有隔音措施,所以引起的噪声较大。

3. 发展历程

有轨电车是城市轨道交通工具中有着悠久历史的轨道交通形式。世界上第一辆有轨电车于 1881 年诞生于柏林,这辆原始的有轨电车只能载 24 名乘客,车厢是敞开的,它在城市道路的轨道上行驶,轨顶面和路面相平,不享有独立的路权,速度不到 19 km/h,电机功率仅 4.5 马力(约 3.3 kW),电流通过轨道输送到电机,两条轨道形成电流的回路。到 1883 年,开始采用架空线来输送电流,再通过轨道形成电力回路,车辆也做了许多改进。有轨电车作为公共交通工具,逐渐为大众所接受,很快得到广泛应用,并在 20 世纪初期已经成为城市公共交通的主要方式。在汽车尚未统治路面交通时,有轨电车迅速在各城市中蔓延。以美国为例,1912 年美国拥有 2.5 万人口以上的 376 个城市中,有 370 个城市采用有轨电车作为城市公共交通工具,有轨电车的数量最多时达到 8 万多辆,线路总长度达到 2.5 万 km。

有轨电车诞生不久,很快便传到中国。1906 年,天津第一条有轨电车线路运营,成为我国第一个拥有有轨电车的城市。1908 年 3 月 5 日,上海第一条有轨电车路线正式通车营业,线路长 6 km,上海成为国内第二个拥有有轨电车的城市。同年,大连第一条有轨电车线路竣工运营。1924 年 12 月 17 日,北京前门至西直门的有轨电车线路开通,北京是继天津、上海、大连之后,我国第四座修建有轨电车的城市。随后,沈阳、哈尔滨、长春和香港等城市也相继修建了有轨电车线路。到 1959 年,上海的有轨电车多达 360 辆,线路总长度为 72.4 km。

到了20世纪50年代,随着汽车工业的蓬勃发展,城市公共交通开始向汽车转化。一方面,越来越多的人拥有私人汽车,使私人交通的比例不断增加,公共交通的比例相应下降,由于有轨电车和其他路面交通工具共有路权,当交通日益繁忙,有轨电车就失去了其优越性;另一方面,有轨电车的噪声太大、舒适性差、技术落后,许多城市的有轨电车遭到废弃。世界上很多城市都拆除了有轨电车线路。伦敦、纽约等大城市先后在20世纪五六十年代完全取消了有轨电车。

有轨电车曾是很多城市交通工具,20世纪六七十年代,很多城市都摒弃了它,然而,有轨电车在另一些国家仍受到重视,又开始扩建和新建有轨电车。这一时期,苏联和东欧国家的有轨电车客运比例虽有所下降,但绝对数量仍有所增加。西欧的一些国家如德国、瑞士等,有轨电车在城市公共交通中仍保持了一定的地位。墨尔本拥有全球最大的有轨电车网络(图2-7),不仅保留而且加以利用,殖民地电车餐厅(the colonial tramcar restaurant)始于1983年,是全球第一家,也是唯此一家开设在有轨电车上的高级餐厅。我国一些城市的有轨电车大多来自国外。1975年,上海拆除了最后一条有轨电车路线。不过,我国东北几个城市仍保留着有轨电车(如长春、大连);另外,香港的有轨电车仍然担任着交通作用,但在城市公共交通中所占的比例则已降到了最低水平。

图2-7　墨尔本的有轨电车

4. 现代有轨电车

有轨电车在街道上消失以后不久,人们便发现,这些腾出来的道路空间很快便被汽车挤占。私人汽车的迅猛发展,造成城市道路交通日趋阻塞,城市的空气污染日益严重,给城市的生活质量和经济发展带来了极其严重的不良后果,促使人们不得不重新研究城市的交通政策。人们重新认识到:轨道交通的运能大而占用道路面积小,是解决交通拥堵问题的有效手段。由于采用电力驱动而不排放有害气体,特别有利于改善城市的大气环境。那些保留有轨电车的城市,积极采用先进技术来改造老式的有轨电车(如大连),以适应现代城市的要求。利用现代先进技术进行的有轨电车建设又得到了重视,被纳入新的城市轨道交通范畴。

现代有轨电车与旧式有轨电车的不同之点主要是它不但具有鲜明的现代外貌色彩,而且车辆重量轻(轴重仅9 t左右)、速度快,车厢内设有空调。现代有轨电车系统一般包括普通电车、铰接电车、双铰接电车。有轨电车的车辆宽度通常受城市道路可容纳性的限制。

现代有轨电车具有运行可靠、舒适、节能、环保等特点,且其技术特性已与轻轨基本无异,如今作为城市新兴的一种先进的公共交通方式,已完成了从传统到现代化的转变,在世界范围被普遍推广。如法国斯特拉斯堡、瑞士日内瓦、西班牙巴塞罗那以及我国的大连、天津、上海、苏州、常州等几十个城市都在修建或计划修建现代化的有轨电车。现代有轨电车已成为中小城市公共交通的骨干模式。

2012—2020 年,我国现代化有轨电车规划已超过 2500 km,工程总投资预计达 3000 亿元,车辆市场规模达 600 亿元,年均需求 75 亿元。

上海市首条现代化有轨电车线路——张江有轨电车一期工程在 2009 年建成通车。一期线路全长约 10 km,起点与地铁 2 号线张江高科站"零换乘",线路位于张江功能区的核心区域——高科技园区范围内,总投资 6 亿元。张江有轨电车沿线覆盖了张江工业园区内主要产业基地、科研院所、医院和生活区域。全线共设 15 个站点,平均站距 600 m 左右。

与传统的双轨电车"铛铛车"相比较,张江有轨电车采用单轨导向技术,不像传统有轨电车或地铁有两根钢轨,选用目前世界上先进的法国劳尔有轨电车系统,为低地板、轨道导向、胶轮承重和驱动,3 节车厢编组,总载客量约 167 人/列,最高时速可达 70 km,如图 2-8 所示。法国劳尔电车流线型的车身非常时尚,双开拉门方便携带行李的乘客乘车,地板面高仅为 26 cm。车厢内上、中、下区都设置了扶手,让包括儿童在内的乘客都能拉住扶手站稳,辅助扶手牢固地安装在车体结构上,紧急制动时也可承受乘客的推力。入门处,电车还设计了轮椅预留区,方便残疾人、老人搭乘。劳尔电车系统车辆采用"橡胶轮胎车辆+导向轨道"技术,电车的风挡玻璃和侧向玻璃都由 3 层安全玻璃组成,绝对抗压。劳尔电车系统噪声低,据测量,在距车辆 7.5 m 处的噪声为 71 dB,大大低于普通公交车 80 dB 的声控要求。

图 2-8 上海张江有轨电车

2.2.3 地铁

1. 概述

地铁是地下铁道的简称。"地铁"并不专指在地下隧道中运行的技术制式,而是泛指高峰每小时单向运输能力在 3 万~8 万人次,地下、高架、地面线路三者结合的大容量快速轨道交通。通常在市中心为地下隧道线,市区以外为高架或地面线。早期的地铁线路大部分都设在地下,这也是地铁专有名词的由来。然而,地铁不但可以在地下行驶,而且可以在地面或高架上行驶,它采用全封闭线路,享有独立路权。如图 2-9 所示为行驶在高架上的巴黎地铁。

20 世纪 70 年代以来,地铁吸收了轻轨的一些技术优点,为了减少造价,只在市区建筑物密集的地段设在地下。根据资料分析,地铁系统中地面和高架线路所占的比例越来越大。地铁线路沿主要交通干道布线,在商业、文化、政治中心和交通枢纽附近布置地下车站,在城乡接合部和郊区等建筑场地,环境允许的情况下,线路和车站均建在地面和高架上。在世界范围内,地铁地下部分约占 70%,地面和高架部分约占 30%,甚至有的城市地铁系统全部采用高架形式,只有部分城市地下铁道系统是完全在地下的。如首尔在 1978—1984 年建造的地铁 2、3、4 号线,总长 105.8 km,其中地下线路 83.5 km,高架部分长 22.3 km,占全长的 21%。

图 2-9　地铁在高架上行驶

国外的研究表明:人口超过 100 万的特大城市建设地铁是比较合适的,但如果在特定线路上,由于城市的特殊交通需求,人口在 50 万～100 万的城市也可考虑建设地铁;有关文献也指出,如果设计线路日客流量大于 15 万人次或单向高峰每小时客流量为 2 万～3 万人次,修建地铁也是比较合适的。当然随着科学技术的发展,地铁车辆日益小型化、轻型化,建设费用不断降低,地铁的适应范围会不断扩展,为更多的城市所接受。

2．特点

地铁之所以在世界范围内得到广泛的发展,一个很重要的原因就在于它在城市道路交通中具有不可比拟的优势。

(1) 运量大。地铁是一种大容量的城市轨道交通系统,单向每小时运送能力可达 3 万～8 万人次,因而在客流密集的城市中心地带建设地铁可以明显疏散公交客流,分担绝大部分城市公共交通流量。

(2) 速度快,可靠性强。地铁运营速度快,一般为 35～40 km/h,而最大车速可达 80 km/h,典型的发车时间间隔为 2 min。地铁具有可信赖的准时性和速达性,地铁线路与道路交通隔绝,有自己的专用线路,不受气候、时间和其他交通工具的干扰,不会出现交通阻塞而延误时间,因而在保证准时到达目的地方面具有独特的优越性,对居民出行具有很大的吸引力。

(3) 安全性高。地铁具有专用车道,因而与其他交通方式无相互干扰,安全性高。

(4) 污染少,噪声小,舒适性强。由于地铁的动力主要是电能,因而无废气排放;地铁采用了新的轨道板技术降低了噪声;车站及车厢内的环境舒适,具有很强的舒适性。

(5) 占地面积少。在城市发展空间日益狭小的今天,地铁充分利用了地下空间,节约地面宝贵的土地资源为人类所用,这在一定程度上也刺激了地铁的发展。

(6) 上下车方便。地铁车站都是沿线设置,车站的站台高度与车厢地板相当,乘客可以直接跨入车厢。

(7) 建设成本高,建设周期长。虽然地铁具有很多其他交通方式并不具备的优势,但其缺点也相当突出,主要是建设成本高,制约着地铁的进一步发展。地铁的绝大部分线路和设备处于地下,而由于城市地下各种管线纵横交错,极大地增加了施工工程量,而且在建设中还涉及隧道开挖、线路施工、供电、通信信号、水质、通风照明、振动、噪声等一系列技术问题，以及考虑防灾、救灾系统的设置等，都需要大量的资金投入，因此，地铁的建设费用相当高。我国大城市中心区每千米地铁造价达5亿～8亿元人民币。即使对于工业发达国家来说，大量建设地铁所需的建设费用也是难以承担的。同时，由于施工工程量大，使得建设周期长。

（8）地铁还有一个致命的弱点，即一旦发生火灾或其他自然灾害，乘客疏散比较困难，容易造成人员伤亡和财产损失，对社会造成不良影响。因此，要做好安全防范措施及紧急人员疏散预案。

2.2.4 轻轨

1. 概述

轻轨源自有轨电车，因此在欧洲和北美的发展过程中，轻轨与有轨电车在很长时间区分并不严格，但近年来轻轨独立路权的比例越来越高，在城市交通严峻形势下，亟待轻轨发挥更大的作用。另外，随着车辆技术发展和制式多样化，各种新型城市轨道交通也纳入了轻轨系统范畴，轻轨概念逐渐宽泛。

随着私家汽车20世纪50年代在欧美的快速发展，道路变得越来越拥挤，老旧有轨电车不准时、噪声大的缺点日益凸显，欧美很多城市废弃了原有的有轨电车。但欧洲的一些国家，如奥地利、比利时、荷兰、德国和瑞士，认识到建立与小汽车相竞争的公共交通更重要，它们发展高性能的铰接车辆，并建立专有路权、专用信号来升级有轨电车或改造既有铁路，使得这种系统在速度、可靠性、舒适度、安全性等方面比传统的有轨电车更优越。1978年3月，国际公共交通联合会（UITP）在比利时首都布鲁塞尔召开会议，确定了这种升级的车辆系统，并大量采用专有路权和平交道口的新型有轨电车交通的统一名称，英文为light rail transit，缩写为LRT，中文翻译成"轻轨交通"，简称"轻轨"。

轻轨相对于地铁车辆（轴重为14 t和16 t），因其车辆轴重较轻（在11 t以内）和对轨道施加的载荷较轻而得名。根据我国《城市轨道交通工程项目建设标准》，轻轨是泛指高峰时单向客运量每小时在1万～3万人次的中等运量轨道交通系统，包括准地铁（运量略小于地铁）和现代有轨电车，而且轻轨的走行形式既可以是钢轮钢轨也可以是胶轮独轨。

轻轨的道床、轨道结构、运行车辆和运行管理系统与地铁基本相同，而且也有独立的路权，也可以在地下、地面或高架上行驶。轻轨与地铁相比，列车编组车辆少、运营线路短、行驶速度慢、行车间隔略长，其管理模式有所不同。因此，轻轨与地铁的最根本区别是运量不同。

目前，蓬勃发展的轻轨交通集各种先进技术于一身，无论是轨道、车辆，还是通信信号、供电、环控系统，都采用了现代化程度较高的技术设备，因而，可以快速、安全、便捷地完成中等客运量的旅客运输任务。

典型的轻轨系统一般可运行到离市中心20 km处，每小时客流量在2万人次，一般用于中等城市或交通状况较好的大城市内高密度地区的交通出行或特大城市市区外围卫星城、旅游景区、经济开发区等与市区联系的交通干线，采用电气牵引方式，填补了轨道交通单向每小时运送能力1万~3万人次的空缺,整体上完善了轨道交通系统。由于其造价低、无污染、乘坐舒适、建设周期短而被许多国家的大、中城市所接受,近年来不断得到发展和推广。

2. 特点

轻轨除了具有轨道交通的共同特点外,还具有以下特点:

(1) 造价低,建设周期短。一般而言,行驶于专用车道的轻轨系统拥有90%以上地铁的速度和可靠度,却只需要地铁1/3以下的建设成本和运营成本,且施工容易、工期较短。

(2) 适应性强。既可作为中小城市轨道交通网络的主干线,如新加坡的MRT、吉隆坡的轻轨以及苏州轨道交通,也可作为大城市或特大城市轨道交通网络的补充,如巴黎地铁系统中的轻轨交通、上海轨道交通中的3号线(明珠线),填补了轨道交通中等运量的空缺,整体上完善了轨道交通系统。

(3) 轻轨车辆较新颖。有单节四轴车、双节单铰接六轴车和三节双铰接八轴车。采用铰接车辆使车辆节间贯通,既有利于乘客均匀分布,又增加了载客量。每组车可以单行,也可联挂编列,并能通过较小半径曲线和较大坡度地段,适应能力强。

(4) 一般车站设施比较简单。地面车站上主要建筑就是装有风雨棚的站台。站台高度与车厢地板相当,有利于乘客上下车,减少停站时间。

2.2.5 独轨

1. 概述

独轨系统从运输能力角度讲,属中运量的轻轨系统,由于其走行方式和结构形式比较特殊,近来人们更倾向于将它单列出来,以区别于一般以轮对(双轨)为支承和导向的轨道交通系统。

独轨交通又称为单轨交通(monorail transit),是指车辆在一根轨道上运行的一种城市轨道交通系统。按车辆跨坐于其上或悬挂于其下行驶,分为跨座式独轨(straddle monorail)和悬挂式独轨(suspended monorail)两种类型,如图2-10~图2-13所示。跨座式独轨系统,车辆骑行于轨道梁的上方,车辆除底部的走行轮外,在车体的两侧下垂部分尚有水平安装的导向轮和稳定轮,夹行于轨道梁的两侧,保证车辆沿轨道安全平稳地行驶,如图2-5所示。悬挂式独轨交通,车辆悬挂于轨道梁下方行驶,如图2-14所示。轨道梁为下部开口的箱形钢梁,车辆走行轮与导向轮均置于箱形梁内,沿梁内设置的轨道行驶。

图2-10 希尔顿的跨座式独轨

图2-11 乌伯塔的悬挂式独轨

图 2-12　日本的悬挂式独轨

图 2-13　日本的悬挂式独轨车站

(1) 跨座式独轨。独轨列车通常由 4 个或 6 个车厢固定编组而成。分先头车及中间车两种，先头车具有驾驶室，配置在列车的首尾。跨座式独轨车厢分为"标准型"及"大型"两种，主要的区别在于车厢容量。随车厢种类的不同，轨道梁断面亦相应不同。例如，采用大型车厢时，其轨道梁则需采用 850 mm×1500 mm 的断面。标准型车厢的尺寸为 13 m×2.98 m×3.61 m。

车体采用轻量设计，由铝合金制成，无易燃性。车厢内部座位的配备大致与地铁车厢的标准相同。每个车厢每侧有 2 个车门，先头车端部另有 1 个逃生门，各车厢之间为直接相通。各项电路控制及零件与一般铁路车厢一样，安装在车厢地板下面。每个车厢具有 2 个双轴转

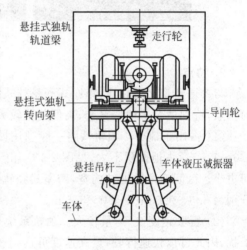

图 2-14　悬挂式独轨的悬挂结构

向架，每个车架包含 10 个橡皮轮胎，即 4 个驱动轮、4 个导向轮、2 个稳定轮；除行驶轮内充氮气外，其余各轮均灌充一般空气。为了防止爆胎，另备有辅助胎。

(2) 悬挂式独轨。悬挂式独轨车辆分为大型和中型两种。列车通常由 4 个或 6 个车厢固定编组而成。与跨座型一样，分先头车和中间车两类车厢，大型先头车(附有驾驶室)尺寸为 16.8 m×2.66 m×2.95 m，中型先头车的尺寸则为 13.3 m×2.51 m×2.95 m。

车体亦采用轻量设计，以铝合金焊接而成。车内配置大致与地铁车厢相同，唯所有电气设备均安装在车顶。车体悬吊系统由被覆在轨道内的两轴转向架吊撑，转向架包含驱动轮与导轮，均为橡胶轮胎，同时另有辅助轮以防爆胎。

独轨交通是与轻轨交通共同发展起来的另一种轨道交通方式，虽然它们的起步相同、发展史相同，但独轨铁路远远没有像轻轨交通那样受到人们的青睐，只是在日本的一部分城市进入了实用阶段。一般用于市区内的客流运送或作为市区通往机场、码头等大型对外交通枢纽以及用于娱乐场所的客运交通干线。

根据重庆市山城丘陵的地理特点，选择噪声低、爬坡能力强、转弯半径小的跨座式独轨交通系统，我国第一条独轨交通于 2000 年在重庆开始修建。东起重庆市区商业中心校场

口,西至大搜口区钢铁基地新山村,全线长 17.54 km,共设 17 座车站,于 2004 年 1 月完成。全线建成后的客运能力可达到高峰每小时运送 3 万人次。重庆轻轨交通线是我国自行设计、施工的第一条跨座式独轨交通线,分左右线双向行驶,高架轨道梁桥贯穿全线,占总长的 83.2%,如图 2-15 所示。

图 2-15　重庆的跨座式独轨

2．特点

与普通轨道交通相比,跨座式和悬挂式独轨交通具有以下一些钢轮钢轨系统无法替代的特点,特别适合于地形复杂、高低起伏较大、对防振降噪要求较高的场合。

(1) 占用土地少。独轨铁路一般利用城市道路中央隔离带设置结构墩柱,柱径一般在 1.0～1.5 m,占地面积不大,见图 2-16。由于采用单一轨梁,相对于城市轻轨轨道所占的空间更小。区间双线轨道结构宽,跨座式独轨约为 5 m,悬挂式独轨约为 7 m,而地铁和轻轨则分别为 8.5～9.0 m 及 8.0～8.5 m。

(2) 行驶速度快,运量较大。独轨系统是立体型交通,不会受到其他交通工具及行人的干扰,因此可以快速行驶,最高速度可达到 80 km/h,平均运送速度一般在 30～40 km/h,略低于地铁及轻轨的速度。国外独轨列车一般由 4～6 辆组成,列车运输能力为每小时 0.5 万～2 万人次。东京羽田机场线采用大车型、重型轨道结构,可达到每小时 4 万人次的运量,如图 2-17 所示。

图 2-16　独轨的轨道结构　　　　图 2-17　东京与羽田机场之间的独轨

(3) 转弯半径小,爬坡能力强,能适应复杂地形要求。独轨交通的车辆使用橡胶轮胎,具有较强的爬坡能力,最大坡度可达 10%,线路容许采用的弯道半径为 30～50 m,属于小半径曲线,这是其他轨道交通无法达到的(实际应用中采用60‰纵坡,100 m最小曲线半径)。因此,独轨交通在大坡道和小半径曲线的区段能发挥它的优势,可以适应复杂地形的要求,适宜在狭窄街道的上空穿行。

(4) 建设工期短,造价低。独轨系统作为由高架发展而来的快速轨道交通,减少了拆迁工作量,土方工程量不大,建设成本较低。造价远低于地铁,一条独轨铁路的造价一般仅相当于地铁造价的1/3。另外,独轨交通轨道结构比较简单,标准轨道梁可在工厂预制,现场拼装,既保证了精度,又便于施工,从而可缩短建设工期。

(5) 维修保养容易,运营管理费用低。独轨交通的车辆和轨道容易检查和维修保养,轨道使用寿命长,运营管理费用相对也较低。

(6) 能确保运输安全。由于车辆与轨道的特殊结构,跨座式独轨的车辆在轨道梁两侧有起稳定作用的导向轮,而悬挂式独轨车辆走行于箱形梁内,均没有脱轨的危险,能确保运行安全。

(7) 乘坐舒适。由于橡胶车轮和空气弹簧转向架的采用,列车运行平稳、噪声低,再加上空调等现代化设备的装设,旅客乘坐环境舒适,视野开阔,眺望条件好,在城市中运行可兼有游览观光的作用。

(8) 对日照及城市景观影响小。由于高架独轨占用空间小,沿线不会投下很大的遮光阴影,并且对城市景观还能起到一定的点缀作用。

(9) 对居民正常生活干扰小。与许多城市交通的高架桥不同,独轨交通系统在遮挡阳光、电磁波、夜间头灯强光、噪声等方面对沿线居民生活的干扰较小。

当然,独轨系统也有许多缺点。

(1) 事故救援较困难。列车在空中行驶,万一发生故障,虽然事故列车可采用其他动力牵引至邻近车站,或采用本线或相邻线路列车将乘客接走等方式解救乘客,但救援工作毕竟复杂,而且乘客只能被动等待救援。不过由于当代技术可靠性高,安全保障系统一般都很可靠,正常状态下事故发生的概率是极小的。日本单轨系统已运行40年,从未发生过重大安全事故;德国乌伯塔市的悬挂式单轨已运营100多年,也未发生过重大事故,2002年乌伯塔市隆重纪念悬挂式单轨安全运营100周年。

(2) 道岔构造比较复杂。跨座式单轨道岔形体比较笨重,转换一次道岔的时间一般都需要10 s以上,而且列车还须减速通过道岔,降低了列车平均运速并延长了折返时间,使增加行车密度受到了制约。独轨系统的行车间隔难以低于2.5 min,因此增加运量只能靠加大列车编组。比较而言,悬挂式独轨的道岔转换要比跨座式独轨简单。

(3) 能耗大,胶轮寿命短且承载受限。独轨交通由于采用橡胶轮胎在混凝土梁上行驶,其滚动摩擦阻力为钢轮钢轨的5~8倍,故能耗相对较高。同时,胶轮耐磨性差,使用寿命比钢轮短。另外,独轨系统受轮胎承载力的限制,每一橡胶车轮的承载力不超过5.5 t,其载客量和车辆长度均受到一定的限制。

(4) 有粉尘污染。胶轮行驶磨耗产生的橡胶粉尘及集电器与导电轨滑行摩擦产生的金属粉尘,对大气也会产生微量的污染。

2.2.6 磁悬浮系统

1. 概述

在钢轮钢轨的轨道交通中,由于钢轨与钢轮间具有黏着力(或摩擦力),借由列车动力车头加速产生的向前牵引力克服摩擦阻力而前进;速度越快,黏着力越小,列车牵引力也越小,同时速度越快,空气阻力越大。当列车速度到达牵引力等于阻力时,速度便无法再提高。根据前述空气阻力与附着摩擦力相互影响的物理特性,铁路工程界以数学模型推算的结果认为,传统的钢轮钢轨铁路列车的极限时速很难超过 375 km。实际上,这个临界速度已经被法国高速铁路试验所打破:2007 年 4 月 10 日,法国阿尔斯通公司研制的 V150 超高速列车,以 574.8 km/h 的速度打破了 1990 年 5 月 18 日创造的 515.3 km/h 的世界纪录。但这一黏着极限速度肯定存在。因此,要使列车速度再提高,不外乎减小列车前进的阻力,或不采用黏着力来驱动列车前进,亦即列车不与轨道或地面接触而放弃使用车轮。而磁悬浮列车正好可以克服传统轮轨结构的摩擦。

磁悬浮列车是利用电磁铁产生的地磁力浮起列车以及推动列车前进的现代交通工具。

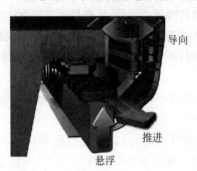

图 2-18　磁悬浮列车工作原理

电磁铁在通电时产生磁性,当两块电磁铁的磁性相同时,它们之间产生斥力;当磁性相异时则产生吸力。这种电磁力就是磁悬浮列车得以浮起的原动力。由于它运行时悬浮于轨道之上,因而轮轨之间没有摩擦,这样就能突破轮轨黏着极限速度的限制,可填补火车和飞机之间的速度空白,可望创造出地面交通的最高速度。磁悬浮列车主要由悬浮系统、推进系统和导向系三大部分组成。尽管可以使用与磁力无关的推进系统,但在目前的绝大部分设计中,这三部分的功能均由电磁力来完成,如图 2-18 所示。

交通工具的速度是乘客考虑的关键因素之一,由于各种交通工具的速度排列往往是不连续的,有些存在断档,有些存在交叠,而交叠的部分就呈现相互竞争的态势。磁悬浮作为陆地上最高速的运输工具,其主要功能是与飞机竞争。以日本为例,东京-大阪间的新干线铁路票价为飞机的 93%,而乘客比例却分别为 84% 和 16%。日本市民认为,旅行时间如果在 3 h 内,铁路运输相对其他运输方式就有充分的竞争力,所以 3 h 内能够行驶的路程越长,这个距离带中铁路运输市场的占有率就会越高。而以磁悬浮系统的速度来看,3 h 能够行驶上千千米,而这恰恰是飞机的适应距离。

2. 特点

磁悬浮交通的主要特点如下:

(1) 速度快,占地少,使用电能,对环境友好,这些优势与高速铁路类似。

(2) 由于列车悬浮在轨道上,所以对轨道冲击小、振动小、噪声低,也比高速铁路更节能。

(3) 列车爬坡能力强。

(4) 从安全性角度来看,相关研究表明,德国磁悬浮系统的安全性大约是飞机的 20 倍、传统铁路的 250 倍和汽车的 700 倍。

(5) 由于不存在黏着极限速度,从长远看,可代替飞机以避免空中线路过于繁忙,并降低燃料消耗。

(6) 磁悬浮技术的不足之处主要是当前造价偏高。以日本为例,东京—大阪超导磁悬浮线每千米造价预计约合人民币 1 亿元,东部丘陵线每千米造价约合人民币 9.4 亿元,而新干线高速铁路每千米造价约合人民币 5 亿元。在日本，磁悬浮线路的造价大约是高速铁路的 2 倍。

3. 磁悬浮技术的发明和研究

磁悬浮技术的研究源于德国。1922 年，工程师开普尔（H. Kemper）提出了磁悬浮原理，并于 1934 年获得了"没有车轮的磁悬浮车辆"的专利。由于战争，这一发明被拖延。进入 20 世纪 70 年代，日本、德国开始研究开发磁悬浮列车技术。

日本于 1972 年成功进行了 22 t 重的超导磁悬浮列车试验，时速达到 50 km。1977 年 12 月，在宫崎磁悬浮试验线上，列车最高时速达到了 204 km；1979 年 12 月又进一步提高到 517 km；1982 年 1 月，磁悬浮列车的载人试验获得成功。1995 年，载人磁悬浮列车试验的最高时速达到 411 km。为了进行东京至大阪间修建磁悬浮线路的可行性研究，1990 年又着手建设山梨磁悬浮试验线，首期 18.4 km 长的试验线于 1996 年全部建设完成。2003 年 12 月，日本铁道公司在山梨试验线上创造了时速 581 km 的陆上列车速度世界纪录。

1984 年，德国在埃姆斯兰德建成一条全长 31.5 km 的常导磁悬浮列车试验线，至今磁悬浮列车已更新了三代。近几年研制成功的 TR-08 型磁悬浮列车其最高速度可达 450 km/h。

苏联曾研制出一辆 18 t 的磁悬浮列车，并在一条 600 m 长的线路上进行运行试验。

中国于 1991 年开始对磁悬浮列车进行有计划的研究。国防科技大学、西南交通大学、铁道科学研究院、中国科学院电工所等单位独立或合作研制出了小型试验样车。

4. 磁悬浮技术的分类

磁悬浮技术按是否利用超导电磁铁分为超导和常导两类，超导以日本的 MLX 型为代表，常导以德国的 TR 型和日本的 HSST 型为代表，如图 2-19 所示。日本的中低速磁悬浮 HSST 型采用的是常规电磁材料所构成的两大电磁铁之间的吸引力使列车浮起，所以称为"常导"磁悬浮技术，此系统由车上的支持磁铁（定子）及轨道上的转子组成。这种悬浮方式具有自动恢复车辆悬浮高度的功能，不用控制就可以稳定悬浮。超导按温度不同又可以分为两种，日本研究的 MLX 型是低温超导（-269℃，液氮冷却），利用浸入低温槽内的超导材料制成电磁线圈，由于此时电阻为零，可产生更强磁场，然后依靠两大电磁铁之间的斥力使列车浮起，所以称为"超导"磁悬浮技术。美欧等国专家正在研究相对高温超导的新技术（液氮冷却），这种超导磁悬浮技术可望在 10 年后进入实用化阶段。

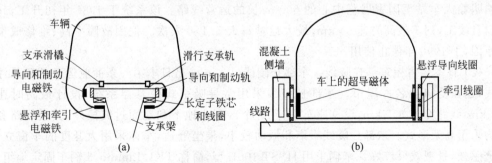

图 2-19 磁悬浮方式
(a) 常导吸引式悬浮；(b) 超导排斥式悬浮

磁悬浮技术按速度可分为高速磁悬浮（时速约 500 km/h）和中低速磁悬浮（时速约

图 2-20 上海磁悬浮列车

100 km/h)两类,前者用于干线交通与地区交通,后者用于城市交通。由于超导磁悬浮列车只有当时速超过 150 km 才能浮起,所以超导都是高速磁悬浮。常导磁悬浮包括高速和中低速两种类型,上海浦东磁悬浮线采用的是常导高速磁悬浮技术,最高运行速度为 430 km/h,如图 2-20 所示。日本名古屋东部丘陵线采用的是常导中低速磁悬浮技术,最高运行速度为 100 km/h。超导磁悬浮列车的悬浮高度约 100 mm,常导磁悬浮列车只有 10 mm,超导对轨道的精度要求低于常导,但低温超导应用难度大,常导则容易实现。超导磁辐射对人体有害,需进行磁屏蔽,常导则不需要磁屏蔽。

5. 磁悬浮列车工作原理

磁悬浮列车前进的动力也是电磁力,它是由直线电机提供的。直线电机的工作原理如同将旋转电机的定子和转子剖开展平,即把转子与定子的半径想象为无穷大,这时转子的转动就改变为向前推进的平动了。

电磁力不仅能支承车体重量、推动列车前进,而且能用来导向。当车体没有左右位移时,导向线圈内无电流流通,也没有能耗;如果车体有左右偏移时,在导向线圈内则有与左右位移成比例的电流流通,产生复原力,从而保证磁悬浮列车在前进过程中始终与导轨的方向保持一致。

从以上磁悬浮列车工作原理的简介中可知,悬浮、导向、直线电机等系统及其控制机构是磁悬浮技术的核心,无论在常导及超导磁悬浮系统中,这些技术还在不断发展、进步。

6. 磁悬浮技术的应用

世界上正式投入运营的磁悬浮线有三条,即英国伯明翰线、日本名古屋东部丘陵线和上海磁悬浮线。前两条是中低速磁悬浮线,上海磁悬浮线是世界上第一条投入商业运营的高速磁悬浮线。

(1) 英国伯明翰线。英国进行过时速为 50 km 的低速磁悬浮列车试验,并建设了一条从伯明翰火车站至国家展览中心的 600 m 长的运营线路。该系统于 1981 年初开工,1984 年 5 月竣工,列车最高时速 54 km,最大运量每天 5.1 万人次。但因故障率高、维修成本高等原因,于 1996 年停止使用。

(2) 日本名古屋东部丘陵线。东部丘陵线(Linimo)是日本第一条商业运营的磁悬浮交通线,建在爱知县名古屋市。东部丘陵线采用常导吸引式磁悬浮系统,设计最高时速为 100 km,线路全长 8.9 km,设 9 座车站,除一个区间为地下和地面过渡段外,其余线路和车站均采用高架形式。东部丘陵线噪声和振动较小,乘坐舒适,车体采用大开度的车窗立面,通透感强,景观效果较好。车辆采用 HSST 100L 型,简称 TKL Linimo,3 辆车固定编组,悬浮高度 8 mm。每列车额定载客 244 人,实际载客约 360 人,其中座席 104 人,设计最小行车间隔 5 min,每小时单向额定运能约 3000 人次。目前,高峰时期行车间隔为 6 min,非高峰时期行车间隔为 10 min,每小时单向额定运能约 2400 人次。虽然全线车站多为高架形式,但都采用了全封闭式的屏蔽门,提高了安全度,也改善了候车环境。

(3) 上海浦东磁悬浮线。上海浦东磁悬浮线从浦东机场至地铁 2 号线龙阳路站,全长 30 km,总投资 100 亿元人民币,于 2004 年 5 月正式投入商业试运营。最高运行时速 430 km,全程单向运行时间 7 min 20 s。由于磁悬浮列车的电气、电子部件和轨道长定子都位于列车环抱的封闭空间内,强大的磁力线是处于自封闭的环境中,即处于悬浮导向间隙内,因此磁场对外界环境影响极小。由测试数据可知,磁悬浮列车乘客受到的磁场影响甚至小于电视。国家环保总局 2005 年 8 月的验收结果认为:磁悬浮列车车厢、车站站台、轨道梁下、沿线环境敏感点、变电站,其工频磁感应水平分量和垂直分量、工频电场强度、综合电场强度均符合国家有关标准要求。

(4) 其他国产磁悬浮线。2005 年在长沙进行国产低速磁悬浮列车的测试工作,到 2016 年低速磁悬浮列车长沙磁悬浮快线开始正式投入运营,线路全长 18.55 km,起于长沙南站,终于长沙黄花机场,时速为 100 km,成为我国第一条完全国产的磁悬浮线路。接着,2017 年我国又在北京开通了全国第三条磁悬浮线路,北京磁悬浮线相比长沙磁悬浮在速度上有了很大的提升,北京磁悬浮线的时速可达 160 km。之后我国研发人员又发展了一种更为高效的悬浮技术,就是高温超导磁悬浮技术。2019 年世界第一台时速 600 km 的采用高温超导高速磁悬浮技术的样车进入测试阶段。2020 年中国自主研制的采用高温超导高速磁悬浮技术的样车试跑成功。我国在高速磁悬浮技术上实现了重大的突破。2021 年 1 月,我国自主研发的时速 600 km 的高速磁浮样车在青岛组装完成,这意味着我国的高速磁悬浮技术已经相当成熟,成功攻克了关键核心技术,系统解决了速度提升、复杂环境适应性、核心系统国产化等难题,实现了系统集成、车辆、牵引供电、运控通信、线路轨道等成套工程化技术的重大突破。

2.2.7 自动导向交通

1. 概述

自动导向(轨)交通(automated guideway transit,AGT)系统是指利用导轨导向、完全自动控制,沿着具有专用权的固定轨道载运人员运行的新型轨道交通系统。一般指小范围、小区域、沿一定轨迹、单一方向的运输。固定轨道可采用地下或高架方式,也可以敷设于地面,但必须与街道中的车辆及行人完全隔离。自动化导向交通系统从列车发出开车信号到列车启动、加速运行,以及到站前的减速停车等,均由计算机进行控制,一般情况下不需要驾驶人员介入。因此,车辆可以实现无人驾驶和较小的运行间隔。

这种交通模式最早出现在美国,当初为一种穿梭式往返运送乘客的短距离交通工具,故曾被称为"水平电梯",因轨道线路一般采用高架形式,也称为"空中巴士"或"快速交通"。在逐渐发展成一种城市客运交通工具后,一般便统称为"客运系统"(people mover system,PMS)。法国与日本将 AGT 技术进一步发展并应用于城市地区的中运量大众运输,在法国称 VAL(vehicule automatique leger),日本则以"新交通系统"统称 AGT 技术类型的中运量运输系统。

2. 自动导轨系统的分类

当前,作为客运交通工具的自动导轨系统在不同的国家被分为多个类别。

1) 美国的客运系统

(1) 穿梭/环形短途运输系统(shuttle/loop transit, SLT)。这是 AGT 系统中最简单的一种,分穿梭与环形运输两种。穿梭式系统使用较大型车厢(容量约 100 人),通常具有站位,沿固定路线行驶;从甲地驶到乙地,再从乙地驶回甲地,如此来回输运,其作用如同高楼中的自动电梯,故又称水平电梯。除可做两点间直接输运外,中途亦可设站。环路式则沿环状路径绕圈行驶,中途设站停留。

(2) 团组快速交通(group rapid transit, GRT)。这种系统的主要服务对象为具有相同出发地点与目的地的团组型乘客,通常使用载运量为 12~70 人的中型车厢,故可视为一种自动行驶的公共汽车。其与 SLT 不同之处在于:因容量较小,除可有较密的班次外,还可设置分岔路线,以便选择性地绕行主线,收集支线的乘客。运行班次间隔为 3 s~1 min,服务方式可分定时排列班次或中途不停留的区间快速运输。1974 年 1 月启用的美国达拉斯机场的 PMS 系统,以及 1975 年通车的西弗杰尼亚大学摩根镇(Morgan Town)运人系统均属 GRT 的应用例子。

(3) 个人快速交通(personal rapid transit, PRT)。从技术层次及载运形态而言,这种系统才是真正的运人系统。其主要特色为在精密计算机自动化控制系统的管制下,使用 2~6 人容量的小型车厢,在复杂的路网中运载乘客,并经由岔道转出或进入主干线。

通过以上分析可知,穿梭/环形短途运输系统(SLT)虽然在技术应用层面上较简单,但它可提供机场或都市特定区内的往复或环流交通功能,也可以在各种活动中心(如购物中心、运输中心、娱乐园区等)间做串联式的联络服务,因此其运载容量不但高于团组快速交通(GRT)与个人快速交通(PRT),且可以通过联挂成列车的方式来适应中运量的运输需求。

2) 日本的新交通系统

自动导轨运输系统在日本被称为"新交通系统",主要取意于这种系统是最近几十年间研发的成果,凭借高度自动化的新颖科学技术,所以有别于传统的运输技术。20 世纪 60 年代后期,当美国极力发展 AGT 技术时,日本已开始注意这种新技术的研究。1968 年,首先由东京大学着手进行一个类似美国 PRT 的"CYS"(computer-controled vehicle system)计划,即"计算机控制的车辆系统"。图 2-21 所示为日本的新交通系统。

图 2-21 日本的新交通系统

3) 法国的 VAL 系统

VAL 系法文 vehicule automatique leger 的缩写,意即"轻型自动化运行车辆",如图 2-22 所示。VAL 现在已成为法国中运量自动导轨运输系统的代名词。中国台湾地区台北木栅线采用的就是 VAL 系统(图 2-23)。

虽然 AGT 系统比其他城市轨道交通系统的输送能力小,但建设费用较低,并且由于使用了橡胶轮胎,噪声小,因此,在日本 AGT 系统已成为深受欢迎的新型交通系统,它填补了铁路与公共交通之间的运量空隙。新交通系统的运输能力为 2000~20 000 人次/h,车速最

图 2-22 法国的 VAL 系统

图 2-23 台北木栅线采用的 VAL 系统

高可达 50~60 km/h,额定速度在 30~40 km/h,每辆车厢定员在 60~70 人,以 4~6 辆为一编组运行,运行间隔可通过计算机控制,根据需求的变动进行调整。此外,建于道路上空的 AGT,其道路路幅在一般线路需有 2.5~3.0 m 的宽度,车站部分需有 3.0~3.5 m 的宽度。

3. AGT 系统的特点

自动导轨交通由于全自动化运作,以及车辆体型相对短小、重量轻及其构造具备的特点,使其具有许多一般中运量轨道交通难以相比的优点。计算机控制的自动导轨交通,可以使行车间隔缩小至 1 min,实现高密度、小编组、安全快速运行,克服了常规地面交通运行密度高但速度不快、地铁等轨道交通速度快而难以达到高密度运行的缺点,可使乘客快速、准点、安全地到达目的地,并且可以缩短乘客候车时间,舒适乘行,从而进一步提高了客运服务质量。从功能角度分析,自动导轨交通还具有以下优点:

(1) 自动化驾驶可以准确地按运行指令运作,反应快速,准确度很高,可以避免人工驾驶因长时间操作而引起的疲劳和思维迟钝,造成驾驶失准和失误;而且自动化控制有一系列安全保障配置,可以防超速、防追尾等,安全性高。

(2) 自动化运行可以使行车安排和调度具有很强的科学性和灵活性,能够恰当、经济地满足运营需求。特别是对客流变化幅度很大的线路,如沿线有突发性客流的场所,像剧院、展览会等,此系统可以迅速补添车次或改变列车编组,以满足和适应及时运送乘客的需要。

(3) 在行车指挥、车站管理、电力调度、防灾报警、售检票及数据统计等方面广泛采用了计算机系统,不仅极大地提高了功效,而且由于列车无驾驶人员,车站及许多设备无人或只需要很少人员值守,大大节省了人力,这对于人力占成本比例很高的经济发达国家具有更重要的意义。

(4) 基于应用高水平自动化技术,列车可以采用高密度、小编组运行。由于列车节数少,所需站台长度短,因此可以减少车站建设费用,对于地下车站还可以减少通风、空调、照明等设备的数量及能源消耗。

自动导轨交通不仅车辆体型小,而且车体材料采用轻质金属,因此重量也很轻,可采用较小的隧道断面和较窄的高架桥体,由于减轻了高架结构的负荷,因此可以较大幅度地降低土建工程造价,车体的重量轻还能节省牵引动力的能耗。

(5) 列车采用电力牵引,不会产生废气污染;同时,又因采用橡胶车轮,对车内和周围环境产生的噪声和振动影响都非常小,噪声值一般不超过 75 dB,在线路附近往往感觉不到列车通过,因此采用这种交通方式有利于环境保护。从景观看,由于车辆体型不大,地面工程结构体量相对也较小,如外观造型设计得当,易融入周围环境,产生较好的景观效果。

(6) 车辆采用橡胶车轮,车轮与轨面的黏着性能好,与钢轮钢轨相比能产生较大的摩擦力,可缩短加减速度时间,增大爬坡能力,使车辆最大爬坡能力高达 7%,无乘客的情况下可达 10%。

(7) 列车最小平面曲线半径仅为 30 m,又具有较大的爬坡能力,因此可以适应较为复杂的地形。在城市内易于避开现有的建筑物,减少拆迁工程量,可降低建设成本和有利于保护有价值的历史文化建筑。

(8) 自动导轨交通行车密度调节范围大,并能以极高的密度运行,车体大小和列车编组又可以在一定范围内改变和调整,所以使用范围较大。除可作为城市中运量轨道交通外,还可用于运行距离短、行车密度高、客运量较大的接驳运输,如用于机场、博览会和游乐园等场合的内部交通等。

自动导轨系统这种交通制式也存在一些缺点:由于采用橡胶车轮在表面粗糙的板式轨道上行驶,磨耗较大,不如一般轨道交通采用的钢轮钢轨那样经久耐用,车轮使用寿命相对较短,同时运行能耗也相应加大。此外,该系统采用充气橡胶车轮,还需要有预防爆裂以及发生爆裂后的安全措施和装置。露天的线路,在雨雪天行车易打滑。自动导轨交通采用的充气橡胶车轮,其载客能力相对较低,使这种交通制式扩大载运量也受到了一定限制。

以上介绍了城市轨道交通各种形式的特点,在城市公共交通系统中,各种交通形式如同人体的各类血管,缺一不可。城市轨道交通制式的合理选择关系到未来轨道交通带来城市发展的程度,应当充分考虑各城市不同的经济基础、城市布局及特点、客流强度、客流性质、线路特征以及城市轨道交通基本特征、技术特点、投资成本等来确定最终采用的综合城市轨道交通系统。表 2-1 是城市轨道交通的基本特征。

表 2-1 城市轨道交通的基本特征

形式	地铁	轻轨	有轨电车	市郊铁路	独轨	自动导向交通	磁悬浮交通
支承导向	钢轮双轨	钢轮双轨	钢轮双轨	钢轮双轨	绞轮单轨	胶轮导轨	常导、超导
运量等级	大运量	中运量	小运量	大运量	中运量	小运量	中运量
车厢编组数	6~10 节	2~6 节	1 节或铰接	8~12 节	2~6 节	1~6 节	4~6 节
平均运行速度/(km/h)	60~130	35~110	15~20	50~100	30~80	25~30	100~500
线路空间位置	地下线路为主	混合线路	地面线路	地面线路	地面或高架线路	地面或高架线路	地面或高架线路
路权形式	全封闭	半封闭 全封闭	半封闭	半封闭	全封闭	全封闭	全封闭

续表

形式	地铁	轻轨	有轨电车	市郊铁路	独轨	自动导向交通	磁悬浮交通
小时流量/万人次	3～8	1～3	0.4～1	1.5～4	0.5～3	0.5～1.5	
发车间隔/min	2～5	4	2	3	3	2	

思考题

1. 城市轨道交通的主要形式有哪几种？
2. 地铁、轻轨和有轨电车最主要的区别是什么？
3. 独轨（单轨）交通系统有哪些特点？
4. 城市快速运输系统包含哪些内容？各有什么特点？
5. 轨道交通按区域性进行分类可以分成哪些？
6. 分析不同轨道交通类型的重要指标差异有哪些？

第 3 章

城市轨道交通线网规划

学习目标：线网规划是轨道交通建设项目立项的依据。通过本章的学习，了解线网规划的意义、主要内容和技术路线；理解线网规划的基本原则、线网规模的影响因素、客流预测主要思路和线网方案的评价；掌握合理线网规模的计算方法、轨道交通线网结构形态的特点。

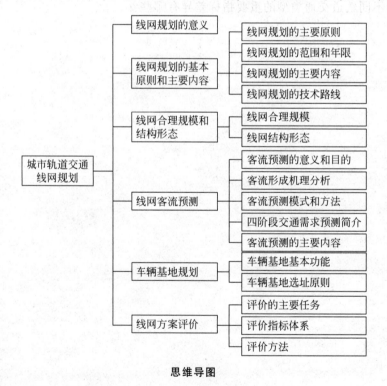

思维导图

课程思政：线网规划是保证城市轨道交通建设科学性、合理性、经济性和可实施性的关键环节，它强调轨道交通系统的整体性，在引导大城市可持续发展上起龙头作用。规划要坚持超前谋划、系统思维、把握重点，将规划建设与未来长远发展紧密衔接、统筹安排，牢记"规划科学是最大的效益，规划失误是最大的浪费，规划折腾是最大的忌讳"。

城市轨道交通是一项投资大、周期长、涉及面广、影响深远的大工程，其建设直接影响城市的基本布局和功能定位，对城市发展有极强的引导作用，有利于促进城市结构调整、土地利用布局优化，对城市交通结构、经济发展及城市环境都有巨大的影响。轨道交通一旦建成，就很难再进行改造、扩建，因此，作为城市轨道交通建设的前期工作——线网规划，就显得非常重要，它是保证城市轨道交通建设科学性、合理性、经济性和可实施性的关键环节。

城市轨道交通系统是城市交通系统的子系统，而城市交通系统又是城市这个开放系统的子系统，城市轨道交通的发展必须和城市的发展相适应。有资料表明，过去西方一些城市对线网规划研究并不系统，主要利用市场经济杠杆来决定城市轨道交通建设方案。例如，不少早期建成城市轨道交通网络的城市中，往往在中心区局部有多条城市轨道交通线路集中在一条交通走廊内，重合很长的距离。这种情况不仅使得线网结构不合理，而且造成工程难度增加，致使投资增加，甚至造成城市中心区土地畸形发展。虽然这些城市目前已经普遍意识到没有进行科学的长远规划所带来的"贻害"，但限于线网已经基本形成规模，对这种规划的完善也仅仅是"补丁"式的。目前，我国正处于城市化快速发展期，考察发达国家城市化进程中的经验教训，不难发现，一个没有统一规划的盲目发展的城市势必带来一系列难以解决的问题，例如交通阻塞、环境污染、生活质量下降等，这些"城市病"日益引起世界范围的广泛关注。经过反思，人们开始认识到造成这些恶果的最根本原因在于只重视短期效应，没有从可持续发展的角度来看待城市的发展，缺少长远的、宏观的、统一的规划。因此，世界各国越来越重视城市的规划问题。一个没有规划蓝图的城市被认为是一个没有发展潜力的城市。现代都市的一个显著特征是公共交通方式正逐步成为城市交通的主流，尤其是大容量快速轨道交通因为具有污染小、速度快、安全准点等优点，日益得到人们的青睐，发展前景广阔。因此，科学合理的城市轨道交通线网规划对未来的城市发展具有重要意义。

3.1 线网规划的意义

城市轨道交通线网规划是城市综合交通规划中的一项专项规划，是指依据城市国土空间总体规划和城市综合交通规划，在分析城市交通发展规律和影响因素的基础上，来确定适应未来城市交通需求的轨道交通线网规模、结构布局、技术制式和建设时序，并提出城市轨道交通设施用地的规划控制要求，其意义和作用主要体现在以下几个方面：

（1）支持城市国土空间总体规划的实施和发展。交通系统是城市发展方向的关键，它影响到城市结构和城市形态。城市轨道交通作为城市客运的骨干系统，其建设将影响城市土地发展的空间方向和功能水平，对城市土地的发展有强大的刺激作用。以瑞典首都斯德哥尔摩轨道交通为例，新城建设环绕在斯德哥尔摩中心周围，通过放射状的区域轨道交通系统与市中心相连，如图3-1所示。因此，城市国土空间总体规划中的发展目标需要轨道交通系统的规划支持，这些发展目标主要包括城市土地发展方向和格局、交通发展战略目标两方面。

（2）有利于城市科学制定经济发展规划。城市轨道交通是有史以来最大规模的城市基础设施建设项目，耗资巨大，而且其线网建设一般都是持续数十年甚至上百年的浩大工程，无论在强度和时间方面都会对城市经济发展产生巨大的影响。所以，如果没有一个稳定、合

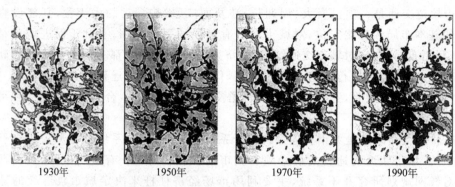

图 3-1 斯德哥尔摩：轨道交通引导的区域发展(1930—1990 年)

理的线网规划和修建计划,将会影响城市制定经济发展计划和合理安排财政支出。

(3) 有利于城市各项基础设施的建设。凡在城市轨道交通沿线兴建的城市建筑、道路立交桥、共同管沟及大型地下管线,只要与城市轨道交通工程在规划设计上进行协调配合,做到统一规划、综合设计、分步建设,就可起到事半功倍的作用。有了线网规划,城市建设与城市轨道交通建设就可以相互协调、有机配合、协调发展。

(4) 为控制轨道交通建设用地提供基础。线网规划为城市规划部门控制城市轨道交通工程建设用地提供依据。城市轨道交通工程需要较长的规划筹备和建设周期,其用地范围有严格的技术要求,如果不进行线网规划预留城市轨道交通走廊和用地,将面临未来施工过程中交通疏解困难、施工难度增大、拆迁费用高涨等难题。

(5) 为快速轨道工程立项建设提供依据。城市轨道交通系统的建设大体可分为立项、可行性研究、初步设计、施工图设计、工程项目建设、运营接管等几个阶段。在第一阶段——立项阶段准备的项目建议书包括以下内容:

① 城市轨道交通线网总体规划;
② 项目建设的必要性和可行性;
③ 项目建设的工程概况;
④ 客流初步预测;
⑤ 工程投资概算和经济评价;
⑥ 项目的资金筹措。

因此,线网规划是轨道工程立项建设的依据,可以为政府部门提供可靠的决策依据。

可见,城市轨道交通线网规划具有重大意义。线网规划的优劣直接影响城市交通结构的合理性、工程项目的经济效益及社会效益。一个合理的线网规划不仅能为政府部门提供可靠的决策依据,而且还能促进城市有效利用地上、地下空间,引导城市可持续发展。

3.2 线网规划的基本原则和主要内容

3.2.1 线网规划的主要原则

作为城市公共交通骨干的轨道交通系统,要最大限度地满足居民的出行需求,改善城市交通拥堵的现状,提高轨道交通的分担率。因此,线网的规划要遵循一定的原则。

（1）线网布局要与城市主客流方向一致。城市轨道交通首先要满足的是居民现在的和未来的交通需求，解决城市交通拥堵、居民乘车难和出行时间长等问题。因此，线网规划应研究城市现状和未来土地发展方向、城市结构形态、人口分布特点、就业岗位分布特征、道路交通情况等，目的是了解和预测城市现状和未来居民出行的主客流方向，使轨道交通能最大限度地承担交通需求大通道上的客流，真正实现轨道交通的骨干作用，提高轨道交通的经济效益和社会效益。

（2）规划线路要尽量经过或靠近大型客流集散点。大型客流集散点主要有对外交通枢纽点（如火车站、飞机场、码头和长途汽车站等）、文化娱乐中心（如足球场、大剧院等）、商业中心、大型生活居住小区、大学城和大型生产厂区等，轨道交通线路要尽量经过或靠近这些客流集散点，一来可以增加轨道交通客流，二来方便居民直达目的地，减少换乘，提高可达性。

（3）路网布设要均匀，线路密度要适量，乘客换乘要方便。从工程的实施来讲，近期建设项目与远期建设项目有换乘关系的，要基本稳定，以便使先期建设的线路为后期建设项目预留好条件，如果这种相互关系处理不好，要么造成近期投资浪费，要么造成远期实施困难，或花费昂贵的费用加固既有线，致使工程投资增加。

（4）线网规划要合理确定建设标准和形式。不同的城市轨道系统的建设投资、适应的服务水平、运行指标各不相同，因此，轨道交通线网规划应结合城市特点，充分考虑城市轨道交通多元化的趋势，合理确定轨道交通网络中各线路的建设标准和形式。

（5）线网规划要考虑资源共享。一个城市规划的轨道交通线路往往长达数百千米，规划的轨道交通线路有十几条，考虑到城市用地的局限性，往往会将轨道交通各种资源进行共享，即两条或多条轨道交通线路合用同一资源，如车辆段和主变电站等。以车辆段为例，车辆段（场）是轨道交通车辆停放和检修的场所，占地面积大。在轨道交通建设初期，一条轨道交通线路常配一个车辆段，但随着轨道交通建设线路条数的增加，受城市用地的限制，每建设一条轨道交通线路就增加一个车辆段难以实现。这就要求在线网规划阶段，统筹考虑车辆段在整个轨道交通线网中的位置和规模，节约使用土地，合理布局车辆段，降低轨道交通系统整体资金投入。

3.2.2 线网规划的范围和年限

1. 线网规划的范围

线网规划的研究范围应与城市国土空间总体规划范围一致，并应符合下列规定：

（1）城市规划区应为线网规划编制的重点范围，即城市轨道交通线路最为集中、规划难点也最为集中的区域。

（2）在市域范围，应结合市域城镇发展和交通需求特征，研究规划建设城市轨道交通系统的必要性，需要规划建设城市轨道交通系统的城市，规划范围应增加市域空间层次。市域城镇连绵地区超出城市行政辖区范围的城市，可将城市行政辖区范围以外的城镇连绵地区作为规划编制的协调范围。

2. 线网规划的年限

从规划年限来看，线网规划可划分为远期规划和远景规划。

远期规划年限应与城市国土空间总体规划的年限一致，其规划年限一般为 20 年左右，主要研究规划年限内修建线路的具体走向、修建顺序以及对城市发展的影响。在远期规划年限内，城市国土空间总体规划提出的城市发展规模、空间布局、土地使用以及各项建设的综合部署是具有确定性和法定性的，以城市国土空间总体规划为依据确定的城市轨道交通线网规划方案是稳定的。

远景规划是根据城市总体的远景发展规划、城市用地控制范围、预测的远景城市人口规模和就业岗位分布等基础资料，对远景城市轨道交通线网布局提出总体框架性方案，其规划年限一般为50年左右。城市国土空间总体规划对远景年发展仅作出预测性安排，城市发展规模、空间布局、土地使用等具有不确定性。因此，远景城市轨道交通线网规划布局也具有较大的弹性，对远景城市轨道交通线网布局仅提出总体框架性方案的要求。

线网规划考虑的年限越长，研究涉及的范围越广，得到的结果也更为宏观，因而应遵循"近期适细，远期可粗"的规划原则。

3.2.3 线网规划的主要内容

城市轨道交通系统投资大、建设周期长，对社会影响深远。如何确保城市轨道交通系统良好的社会效益和经济效益，科学、合理地制定线网规划是至关重要的一步。

线网规划属于宏观性、长期性、控制性、指导性规划，其主要任务是协调城市国土空间总体规划和综合交通规划对城市轨道交通的总体要求，对城市轨道交通线网起到宏观控制作用。线网规划涉及的专业面广，综合性强，技术含量高。从实践操作来看，线网规划的主要内容可以分为三部分：前提与基础研究、线网架构的研究和线网实施规划的研究。

1. 前提与基础研究

前提与基础研究是调查线网规划所需的背景资料，主要是指城市国土空间总体规划和城市综合交通规划情况。调查的城市国土空间总体规划背景资料具体包括城市的经济现状和经济增长能力、城市现状和未来土地的发展方向、城市结构形态、城市现有人口数量和分布特点、未来各年限预测的人口数量和分布情况以及城市现有和未来的就业岗位分布等。调查的城市综合交通规划背景资料具体包括城市各项相关的交通政策、城市对外交通的现状和未来分布特征、城市现有的道路线网情况以及各种城市交通方式的现状及未来期望的出行分担率情况等。除此之外，调查的资料还应包括城市工程地质情况、城市文物古迹的分布情况等。

线网规划所需的背景资料涉及面广，包括各个领域的方方面面，其中还有一部分资料具有不确定性。因此，对调查所得的资料要进行反复分析和论证，最大限度地确保资料的可靠性和有效性，从中总结出指导线网规划的技术政策和规划原则。

2. 线网架构的研究

线网架构研究是线网规划的核心内容。这部分研究主要以理性分析为主，主要内容包括线网合理规模的研究、线网方案的构思、线网方案的客流分析以及线网方案的综合评价。通过匡算线网的合理规模，分析线网的形态结构，测试线网的客流情况，确定初步的线网方案。对确定的线网方案再进行反复评价和优化，最终确定较优的规划方案。

3. 实施规划的研究

线网规划研究所确定的较优的规划方案要最终得以实施，还需进一步研究实施规划。

城市轨道交通系统专业性强,线网是否可行受很多工程和经济条件的限制,往往一个条件不能满足就影响整个系统建设的可行性,因此必须以方案规划的形式提出具体的安排。实施规划是城市轨道交通规划可操作性的关键,主要研究内容包括建设顺序、工程条件和附属设施的规划。具体内容包括各条轨道交通线路的建设先后顺序、线路的敷设方式、主要换乘节点的方案研究、附属设施(如车辆段)规模大小和具体选址研究、城市轨道交通线网的运营管理规划、联络线分布研究以及城市轨道交通与其他交通方式之间的衔接和换乘等。由于规划可实施性研究是保证线网可行性的重要因素,如果一个研究内容不满足条件,就应重新调整优化,因此,这部分研究与之前的方案架构研究是一个循环过程。

3.2.4 线网规划的技术路线

线网规划涉及的影响因素众多,而各因素之间又相互影响,仅仅靠专家经验和少数几次定性定量分析难以获得满意的线网方案,因此,必须在"方案设计—分析评价—比较筛选"的循环过程中,有效地将定性分析和定量分析有机结合起来,不断提高规划者自身的认识,最终得出更有价值的线网方案。技术路线是线网规划的基本程序和主要指导思想,它体现了线网规划各阶段的工序流程,反映各工序之间的逻辑关系、研究内容和阶段成果。线网规划工作的一般技术路线如图3-2所示。

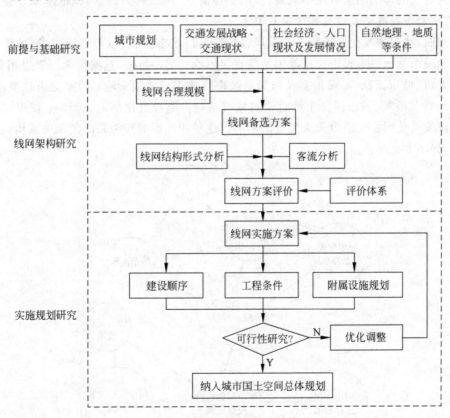

图3-2 线网规划的技术路线

3.3 线网合理规模和结构形态

3.3.1 线网合理规模

在进行城市轨道交通线网规划时,一个十分重要的问题就是如何根据城市的现状及其发展规划、城市的交通需求和城市经济的发展水平等,从宏观上合理地确定城市轨道交通线网的规模。所谓合理规模,实际上就是城市轨道交通方式合理的供给水平。由于交通需求和交通供给是动态的平衡过程,因此合理规模也是相对的。

城市轨道交通线网规模对线网建设的效益及城市交通状况的改善有着极大影响。网络规模过小,远期城市交通需求得不到满足;网络规模过大,不仅增加初期投资,而且会增加建成后的运营负担。城市轨道交通线网规模的合理确定,是城市规划部门、政府部门及轨道交通运营部门共同关心的问题。它为后续确定线路布局、网络结构及优化,以及估算总投资量、总输送能力、总经营成本和总体效益等工作的开展奠定基础。因此,合理的轨道交通规模不仅是线网规划的宏观控制量,而且是一项至关重要的投资依据,是决策者决策的辅助依据。

1. 线网规模的影响因素

线网规模的影响因素有城市规模、城市交通需求、城市财力因素、城市基础设施投资比例、城市交通发展战略及政策和国家政策等。

一方面,线网规模受城市形态及布局、城市人口、城市面积、城市交通需求、城市国民生产总值和城市基础设施投资比例等因素的直接影响。另一方面,这些影响因素也相互制约,如城市人口、城市面积、城市形态及布局对城市交通需求造成影响;国家交通政策、城市交通发展战略及政策、城市国民生产总值对城市基础设施投资比例造成影响;城市交通发展战略及政策又受国家交通政策大环境的影响。这种相互影响和关联的复杂关系构成了一个大系统,如图 3-3 所示。

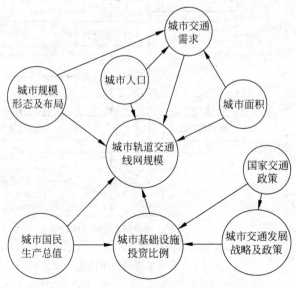

图 3-3　线网规模与其影响因素之间的相互关系

线网规模的影响因素众多,但每个因素的影响作用却不同。有资料表明,城市交通需求和城市基础设施投资比例是城市轨道交通线网规模最直接的影响因素,城市形态及布局、城市人口、城市面积通过城市交通需求对线网规模产生间接的控制作用,城市规模、国民生产总值和城市交通发展战略及政策则决定了城市基础设施投资比例,体现了城市经济实力对线网规模的影响。

2. 线网合理规模的确定方法

线网合理规模主要从"需求"与"可能"两大方面分析。"需求"是以城市用地布局、人口分布、出行强度和出行总量分析为基础,根据城市交通方式构成及其比例,分析城市轨道交通规划需求的规模;同时,以城市结构形态为基础,分析线网合理密度和服务水平需求的规模。"可能"是从城市国民经济总产值中提取一定比例建立专项建设资金,分析城市财政经济的承受能力和工程的正常实施进度。

一般可用负荷强度法和线网密度法来推算线网的合理规模。

(1) 负荷强度法。负荷强度是指轨道交通线网每日单位长度(千米)的平均客流量,单位为万人次/(千米·日)。负荷强度法是利用城市公共交通客流量为基数,根据轨道交通规划目标(承担公共交通客流量的比例),除以线网平均负荷强度来估算线网规模的上下限。计算公式为

$$L = \frac{\alpha \beta Q}{q} \tag{3-1}$$

式中,L 为线网规划的总长度,km;Q 为研究年限城市出行预测总客流量,万人次;α 为研究年限公共交通在出行总客流量中分担客流的比例;β 为研究年限城市轨道交通在公共交通客流量中分担客流的比例;q 为线路负荷强度,万人次/(千米·日)。

研究年限城市出行预测总客流量可以通过交通需求预测获得,α、β 和 q 的取值对轨道交通线网总长度影响很大。

α 的取值与居民出行特征、未来交通发展战略有关。从国外发达城市的情况看,公共交通在城市客运交通结构所占比例较高,如纽约公共交通年客运量占城市总客运量的86%,东京公共交通年客运量占城市总客运量的70.6%,莫斯科公共交通年客运量占城市总客运量的91.6%。我国大城市与国外发达城市相比,道路面积率低、人口密度大,城市客运交通结构不尽合理,最主要的反映就是公交比例过低。因此,在当前公交优先发展的交通发展政策下,我国大城市要大力发展以城市轨道交通为骨干、常规公交为主体的公共交通系统,远景公共交通的出行率应为30%~50%。

β 的取值与城市规模、综合交通发展水平、轨道交通的规划目标有关。我国城市根据自身的实际情况,在0.3~0.6间取值。实际上,从国外一些大城市的轨道交通运行数据看,巴黎达到0.65,纽约达到0.55,墨西哥城达到0.43,莫斯科是0.4。表3-1列出了国内一些城市轨道交通线网规划中 β 的取值。

表3-1 国内部分城市轨道交通线网规划轨道交通方式占公共交通方式的比例 单位:%

城市	北京	上海	广州	沈阳	青岛	长春
β 取值	50~55	50~55	45~50	60~88	60~65	21

世界几大城市轨道交通网络的负荷强度,一般可分为两种模式:一种是高运量、低密度的线网,负荷强度高,如莫斯科、东京等;另一种是低运量、高密度的线网,负荷强度低,如巴黎、伦敦、柏林等。表 3-2 列出了世界几大城市轨道交通负荷强度指标值。

表 3-2 世界几大城市轨道交通负荷强度 单位:万人次/(千米·日)

城市	东京	莫斯科	伦敦	柏林	纽约	巴黎
负荷强度	3.17	3.32	0.32	0.85	0.71	1.64

根据我国城市的实际特点,轨道交通建设应当采用高运量、低密度、高负荷的线网,只有这样才能以最少的投资获得较大的经济效益。我国城市 q 值一般在 1.5~3.0 选取。

(2) 线网密度法。城市轨道交通线网密度指单位指标的轨道交通线网长度。单位指标可以是面积,也可以是人口数量。计算公式如下:

$$L = A\delta \quad \text{或} \quad L = P\delta \tag{3-2}$$

式中,L 为线网规划的总长度,km;δ 为线网密度,km/km² 或 km/百万人;A 为城市规划区面积,km²;P 为城市规划区总人口,百万人。

线网密度法的关键在于对线网密度进行合理取值,获得合理线网密度的一个有效途径是类比分析。针对研究对象城市,选择国际上轨道交通发展较好的同类城市作类比,对其城市轨道交通线网密度进行分析。表 3-3 列出了世界几大城市轨道交通线网密度指标值。

表 3-3 世界几大城市轨道交通线网密度

线 网 密 度	莫斯科	东京	巴黎	伦敦	纽约
面积线网密度/(km/km²)	0.21	0.39	0.73	0.24	0.44
人口线网密度/(km/百万人)	26.5	25.3	90.9	140	61

3.3.2 线网结构形态

一个城市的轨道交通线路一般是 3 条以上,这些线路相互组合,并受各个城市具体的人文地理环境、城市用地布局、居民出行流向分布等条件制约,便形成了千姿百态的路网形态。典型的轨道交通线网结构形态有无环放射式、网格式和有环放射式 3 种。

1. 无环放射式线网

无环放射式线网是以城市某一区域(如城市中心区或 CBD 区域)为核心,在全方位或一个或多个扇形区域,对称或不对称地放射发展,所有轨道交通线路交汇于一点或中心的结构,其交汇点往往为大型换乘中心。采用该结构形式的城市,线网中心点的可达性很好,中心区与外围区之间的联系非常方便,有利于中心区客流的疏散,有助于保证市中心的活力,而且由一条线到其他任意一条线,只需一次换乘即可到达目的地,换乘次数少,乘客非常方便。无环放射式线网突出的优点:一是方向可达性较高,二是符合一般城市土地利用强度由中心区向外围区递减的特点。但这种形式的线网,由于没有环形线,城市外围组团之间缺少直接的轨道交通联系,居民出行需要经过市中心区的换乘站中转,或是需要通过其他地面交通方式来实现,交通联系很不方便,这种不便程度随着城市规模的扩大而增大。无环放射式结构线网适合于有明显的市中心、城市规模中等且城市外围组团之间客流量不大的城市。

该结构形态是由城市轨道交通线路从城市中心区域向外放射而成,如果轨道交通线路都集中经过城市同一地方,容易造成该地方客流组织混乱,并增加施工难度和工程造价。因此,在实际轨道交通线网规划中,一般将多线线路的一点集中交汇改为在一定区域范围内的多点交汇,形成若干的 X 形、三角形线路关系,如华盛顿就采用了这种结构形态,在城市中心区域形成两两相交的形式,如图 3-4 所示。

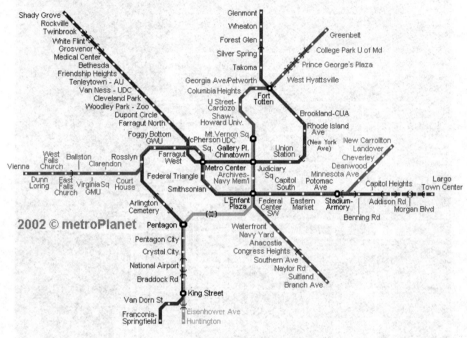

图 3-4　华盛顿轨道交通线网形式

采用无环放射式结构形态的城市较多,比较有代表性的城市有布达佩斯、波士顿等。但在实际中,有些城市由于自然、地理条件的限制,如天然的湖泊、山脉的存在,阻断了城市向四周均匀发展,故轨道交通线路也不能均匀布设,即线路放射程度不均匀。有扇形放射的,如芝加哥,由于密歇根湖的存在,轨道交通线网采用扇形放射,如图 3-5 所示;也有向两侧放射布设轨道交通线路的,如斯德哥尔摩,由于水域的分割,城市分为南北两部分,因此轨道交通网络也就采用以水为界向南北两侧放射的结构形态,如图 3-6 所示。

2．网格式线网

网格式线网结构形态的各条线路纵横交叉,形成方格网,呈棋盘状,有时也称为棋盘式结构形态。

网格式线网具有以下优点:线路分布比较均匀,客流吸引范围较大;线路按纵横两个走向,多为相互平行或垂直的线路,乘客容易辨识方向;换乘站较多,纵横线路间的换乘方便,线网连通性好。但这种线网由于线路走向比较单一,对角线方向的出行距离较长,外围区到市中心的出行常需换乘,且平行线路之间换乘也很麻烦,一般需要换乘两次或两次以上。当线网密度较小、平行线之间间距较大时,平行线间的换乘是很费时的。在相同的线网规模下,网格式线网的吸引范围要比放射式线网的低。据苏联有关研究,网格式线网的运输

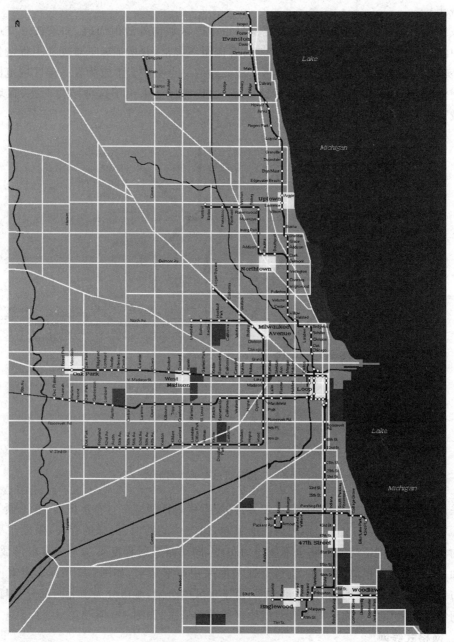

图 3-5 芝加哥轨道交通线网形式

效率较有环放射式线网低 18%。网格式结构线网适合于中心区发展比较均匀、市区呈片状发展且街道呈棋盘式布局的城市。

目前,世界上已建有轨道交通线路的城市中,采用这种线网结构的并不多见,其中比较有代表性的城市是墨西哥城、北京、西安。北京市地处平原,其特有的棋盘形道路格局决定其规划的轨道交通线网的核心是"三横三纵一环"的网格式线网,为了扩大线网的覆盖范围,在外围增加周边线路和支线,如图 3-7 所示。西安的轨道交通线网由 2 条南北向线路、2 条东西向线路和 2 条斜向线路组成,其间有些线路为了增加与平行线路间的交叉机会而呈 L 形,

第3章 城市轨道交通线网规划

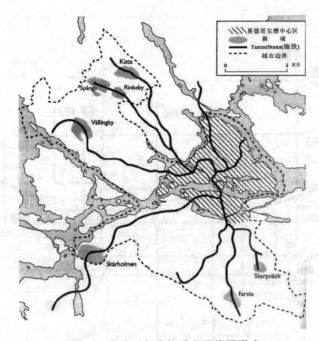

图 3-6 斯德哥尔摩轨道交通线网形式

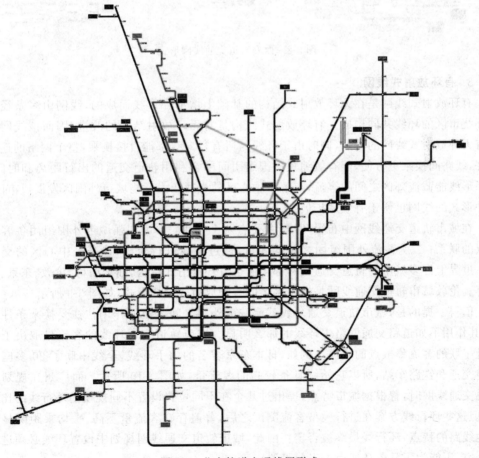

图 3-7 北京轨道交通线网形式

如图 3-8 所示。

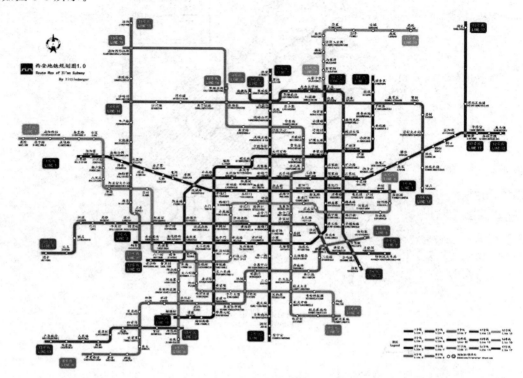

图 3-8　西安轨道交通线网形式

3. 有环放射式线网

有环放射式线网是在无环放射式结构的基础上增加环形线而成的，线网由多条径向线及环绕市区的环线共同构成。有环放射式结构是对无环放射结构的改进，因而该线网结构具有无环放射式线网的特点，同时由于环线与所有径向线都能直接换乘，整个网络的连通性更好，线路间换乘更方便，能有效缩短外围组团间乘客利用轨道交通的出行距离和时间，并且环形线能截流郊区之间的客流，疏解市中心区的交通压力。当城市外围区发展成市区后，这种形式的线网也便于有效地扩展。

在城市轨道交通线网中布置环线，主要有两个作用：一为加强城市外围组团各客流集散点的联系；二为截流外围组团之间的客流，通过环线进行疏解，以减轻中心区的交通压力。世界上许多城市的轨道交通线网都采用了有环放射式结构，如莫斯科、伦敦、东京、名古屋等。伦敦城市轨道交通线网是世界著名的有环放射式结构形式，如图 3-9 所示。

值得一提的是，城市轨道交通环线截流城市外围之间客流的作用往往受换乘条件的限制，其作用不如道路交通网络中环线的那么明显。城市轨道交通环线的客流量取决于环线自身串联的客流集散点的规模。例如，日本东京著名的山手环线，全线串联了 20 多座城市轨道交通和铁路车站，所以它始终具备较高的客流量，如图 3-10 所示。而广州在规划城市轨道交通线网时，曾根据城市特点，提出过几个在不同位置设置不同规模的环行线的比较方案，但这些环行线方案在进行模型客流测试之后，普遍存在客流量不高、平均乘距明显低于其他线路的特点，环行线最终被否定。因此，城市轨道交通线网规划中设置环线必须进行充分研究，不能为了具备环线而去专门设置。

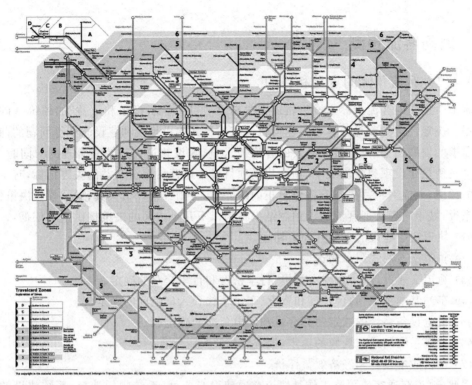

图 3-9　伦敦轨道交通线网形式

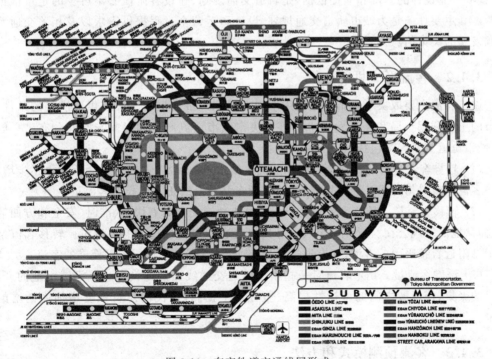

图 3-10　东京轨道交通线网形式

3.4 线网客流预测

3.4.1 客流预测的意义和目的

城市轨道交通客流指标是城市轨道交通建设项目"规模、投入和效益"的评价基础和决策依据。决定一个城市是否有必要建设轨道交通及其建设规模和建设时期等问题的前提是客流需求的发展趋势,只有具备必要的客流需求量,建设轨道交通才是合理的。同时,客流预测又是衡量建设项目经济成本、预测建设项目投入运营后经济效益的关键指标,有了科学合理的预测,才能对项目成本效益作出正确的评估,否则经济评估失真,导致投资决策失误。具体来说,城市轨道交通客流需求预测结果将为以下几个方面的决策提供重要依据:

(1) 轨道交通建设的必要性和迫切性。
(2) 轨道交通制式和车辆选型。
(3) 轨道交通设计能力、列车编组、行车密度和行车交路的确定。
(4) 车站基本规模、站台长度和宽度、车站楼梯和入口宽度的确定。
(5) 机电设备系统的选定及其容量和用电负荷的确定。
(6) 检票系统制式和规模的选定,拟定票价政策。
(7) 运营成本核算和经济效益评价。

因此,轨道交通客流预测工作是轨道交通建设必要性、系统规模选择、系统建设效益分析、各项专业设计的基础和前提依据,是轨道交通规划、建设各阶段必不可少的定量依据和参考。其主要任务是为城市轨道交通规划、设计和运营全过程提供需求以及相关交通系统协调发展的决策信息。

3.4.2 客流形成机理分析

城市客流主要取决于城市土地利用空间布局和经济发展水平。在供应满足的条件下,城市的土地利用布局和经济发展水平可以决定城市客流产生的时间与空间分布。一般而言,城市轨道交通客流包括以下三类客流:

(1) 趋势客流量。随着社会程度和居民生活水平的提高,人们的社会活动也逐步增加。趋势客流量就是指随着社会的发展,轨道交通车站及沿线正常增长的客流量。
(2) 转移客流量。转移客流量是指由于城市轨道交通具有快速、准时、安全和方便等优点,而从地面常规公交、自行车、小汽车等其他交通方式转移过来的客流量。转移客流量既有车站附近直接吸引的客流,又有通过其他交通方式如公交、自行车等换乘的客流。
(3) 诱增客流量。诱增客流量是指由于轨道交通线路的建设促进了沿线土地的开发、人口的聚集,使区域之间的可达性提高、服务水平提高,居民的出行强度增加而诱增的客流量。

3.4.3 客流预测模式和方法

城市轨道交通客流预测模式发展至今,主要经历了三种模式阶段,即虚拟现状轨道模式、远期轨道交通推算模式和交通出行需求预测模式。

1. 虚拟现状轨道模式

虚拟现状轨道模式的主要思路是将现状相关的公交线路客流和自行车流量向城市轨道交通线路转移,得到虚拟的现状轨道交通客流。然后按照相关公交线路的历史资料和增长规律,确定轨道交通客流的增长率,推算远期轨道交通需求客流量;或者由公交预测资料,直接转换为远期城市轨道交通客流量。

虚拟现状轨道模式属于简化的预测模式,受其原理的限制,以现状公交作为预测基础,对现状交通特征的反映较为片面,无法考虑城市规模、交通设施和出行结构等因素的变化,特别是我国大城市正处于交通快速发展期,未来的交通状况很可能与现状相比有较大的变化,因此预测精度较低,但由于操作简单,所以常用作其他模式预测后的比较验证或定性分析的辅助手段。

2. 远期轨道交通推算模式

远期轨道交通推算模式是基于现状客流分布(OD分布)的预测模式,它的主要思路是通过居民出行调查,掌握现状全方式的出行分布,虚拟出"现状"轨道交通客流,并推算其站间客流,然后按照相关公交线路的历史资料的增长规律,确定轨道交通客流的增长率,推算"远期"轨道交通需求客流量。

远期轨道交通推算模式的预测基础为城市客流分布资料,对客流出行现状特征的反映比较全面,因此预测精度有所提高,适用于城市布局结构变化不大、客流交通发展相对稳定的城市。

3. 交通出行需求预测模式

交通出行需求预测模式也是基于现状客流分布的预测模式,它的主要思路是通过居民出行调查,掌握现状全方式的分布,在研究年限城市用地布局基础上,预测未来年限的交通生成、全方式出行分布,然后通过交通方式划分、交通分配,得到研究年限轨道交通客流量,一般也称为四阶段预测模式。

四阶段预测模式遵循轨道交通需求预测的"四阶段",即出行生成、出行分布、方式划分和交通分配,故称为"四阶段"模式。该模式结合土地利用规划分析城市轨道交通客流,能较好地反映城市远期客流的分布,且预测精度相对较高,但对数据要求高、操作复杂。近年来,我国城市的轨道交通客流预测一般都属于这种模式,并成为该领域的发展重点。

3.4.4 四阶段交通需求预测简介

"四阶段"交通需求预测系统一般由4个子模式组成:出行生成、出行分布、方式划分和交通分配。出行生成预测是指对每一个小区产生的和吸引的出行数量进行预测,即预测发生在每一个小区的出行总数量,换言之,出行生成预测是预测研究对象地区内,每一个小区的全部进/出交通流,但并不预测这些交通流从何处来到何处去;出行分布预测是指从起点小区到终点小区的交通量的预测;方式划分预测是指对每组起点、终点间各种可能的交通方式(如地铁、公共汽车和自行车等)所承担的比例的预测,即决定出行者采用何种交通方式出行;交通分配是指将每种交通方式的起点、终点之间的客流量,通过各自有关的模型网络分配在出行的特定线路上。图3-11表现了人们决定进行一次出行(生成)、决定去何处(分布)、决定利用什么交通方式(方式划分)和决定选用哪条线路(分配)的一个过程。

4个子模式形成一个序列,前一个子模式的输出结果为后一个子模式的输入数据,最后

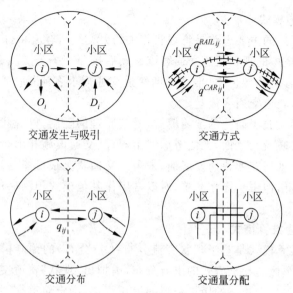

图 3-11 交通需求预测的建模步骤

的子模式提供从起点到终点以及采用某种交通工具出行走某条路线的交通客流的预测结果。这个预测模式简明易懂,适用方便。四阶段交通需求预测模式如图 3-12 所示。

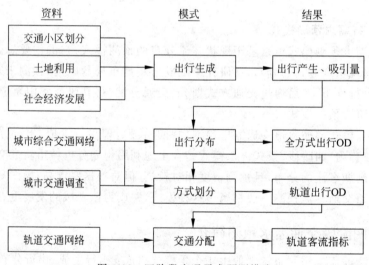

图 3-12 四阶段交通需求预测模式

3.4.5 客流预测的主要内容

轨道交通客流预测的目标是确定系统建成通车后可能吸引的客流规模和时空分布,具体指标包括轨道交通客运总量、客运周转量、各站上下车人数、各线路之间换乘人数、区间上下行客流量和高峰小时运量等。这些指标是轨道交通设备配备和车站设计的基本依据,也是评价轨道交通线网规划优劣的重要依据。

轨道交通客流预测主要包括前提条件界定、交通出行需求预测、客流测试及结果分析、客流敏感性分析及评价等内容。表 3-4 为线网规划阶段客流预测研究的主要内容。

表 3-4 轨道交通线网规划阶段客流预测研究的主要内容

提 要	研 究 内 容
前提条件界定	城市概况、社会经济发展分析、城市布局特征
	基准年、预测年的人口及就业岗位分布
	综合交通发展战略及目标、重大交通政策
	机动车保有量预测及使用情况分析
	规划年道路网及公交线网规划建设
	公共交通服务水平、票制票价分析
交通出行需求预测	预测年出行量及分布
	预测年客运系统结构分析
线网多方案客流测试	线网多方案客运量、负荷强度
	线网多方案客运周转量、平均运距
	线网多方案换乘量、换乘系数
	线网多方案客运方式结构
	线网多方案平均出行时间
	线网多方案断面客流分布
预选方案客流分析与评价	预选方案比选分析与评价
	推荐方案各线路客流指标
近期建设规划客流测试	近期不同建设方案客流测试
	近期建设方案客流分析与评价
客流敏感性分析及评价	不同票价方案、城市规模、基础参数下的客流测试

（1）前提条件界定。研究相关的社会经济环境和区域地理条件，明确相关重要影响因素的增长状况，包括区域内人口和土地利用分布、公交线路布局和客流特性等。

（2）交通出行需求预测。在人口、土地利用以及其他经济指标预测的基础上，研究预测年限的交通出行、分布和客运结构。

（3）客流测试及结果分析。根据规划不同阶段的需要，分别对线网多方案、预选方案、近期建设方案进行客流测试，以获得线路客运量、负荷强度、客运周转量、平均运距、换乘量、换乘系数、各站上下乘客量等客流指标，并进行分析评价。

（4）客流敏感性分析及评价。研究客流预测结果在不同票价方案、城市发展规模、基础参数下的变化率，分析轨道交通建设的客流风险。

3.5 车辆基地规划

车辆基地是轨道交通车辆停放、检修、物资存放和生产组织开展等工作的重要场所，由车辆运用检修、综合维修、物资仓库、培训中心和其他生产、生活、办公等系统构成。

根据车辆基地功能和规模，可将车辆基地划分为车辆段、定修段和停车场三类。停车场是城市轨道交通车辆停放的场所，承担车辆的停放、清洁、列检、维护和乘务工作。定修段除了具有停车场功能外，一般承担本线车辆定修、临修和月检任务。车辆段是车辆进行较大修程的场所，在定修段的基础上增加车辆架修、大修设施。

3.5.1 车辆基地基本功能

车辆基地作为城市轨道交通系统的车辆运用与检修、材料和后勤保障基地,其功能应该满足运营服务的需求。一般而言,车辆基地应具备以下基本功能:

1. 车辆停放及日常保养功能

包括车辆的停放和管理,司乘人员出、退勤的技术交流,运用车的日常维修保养及一般性故障的处理,车辆内外部的清扫、洗刷及定期消毒等。

2. 车辆检修功能

根据轨道交通车辆的检修规程,按照周期完成车辆的计划性维修。

3. 列车救援功能

列车发生故障、事故(如脱轨)或供电中断时,能迅速出动救援车辆与设备,将列车牵引至邻近车站、停车设施或车辆基地,尽快恢复正常运营。

4. 设备维修功能

包括对给排水、供电、通信、信号、环控、防灾、自动售检票、自动扶梯等机电设备和房屋、轨道、桥梁、车站等建构物进行维护、保养和检修。

5. 材料供应功能

负责轨道交通系统在运营过程中需要的各种材料、设备器材、备品备件、劳保用品以及其他非生产性固定资产的采购、储存、保管和供应。

3.5.2 车辆基地选址原则

车辆基地的选址对车辆段的平面布局、相关作业顺畅程度、运营成本等影响较大,并涉及征地、拆迁等一系列因素,因此,车辆基地的选址一般应遵循以下原则:

1. 选址用地应与城市国土空间总体规划协调一致

车辆基地选址应符合城市国土空间总体规划的要求,坚持资源共享原则,贯彻节约、集约用地方针,减少用地总量。

2. 选址用地范围宜避开工程地质和水文地质不良地段

车辆基地的大型作业车库及轨行区均有严格的轨道精度要求。主要构筑物应避开不良工程地质和水文地质地段,降低工程施工难度,保证工程质量,为运营创造有利条件,减少运营维护成本。

3. 选址尽量在线路端部,以降低用地成本,减少车辆配车时间

车辆基地一般占地面积较大,大规模占用城市中心区土地非常困难。尽量将车辆基地设置在线路端部,以降低用地成本,减少车辆配车时间。

4. 用地面积应满足功能和布置要求,并宜为远景发展预留弹性

车辆基地用地面积应满足功能和布置要求,满足远期发展需要,并为远景发展留有余地。车辆基地对用地的长宽有特别要求:车辆段一般地面长度不小于1500 m(含试车线长度),宽度不小于300 m;停车场一般地面线长度不小于800 m。

5. 规划应统筹线网各车辆基地的功能定位、架大修设施的配置

车辆基地中除了运用相关设备外,还有试车线、车辆检修设备、综合维修中心等设施。线网中车辆段和停车场应按照功能要求,分工明确,相同车型线路的车辆大、架修应统筹规划,集中设置综合维修基地,应通过配置必要的联络线来实现多线共用一个综合维修基地。一个综合维修基地服务的线路规模宜为 80~120 km。当一个综合维修基地服务的线路过少时,难以形成检修规模,可能造成检修规模的浪费。当服务线路过多时,综合维修基地列车转运对正线影响较大,也可能造成试车线等设施服务能力不足。

3.6 线网方案评价

城市轨道交通项目投资大、周期长,对城市发展影响深远,其评价涉及因素广泛,不仅是一个技术分析过程,而且是一个政治决策过程,具有经济风险性,因此城市轨道交通规划方案评价是从社会、经济、系统自身技术角度出发的多属性评价过程。

3.6.1 评价的主要任务

城市轨道交通线网方案评价是城市轨道交通线网规划的重要环节。在线网方案架构研究中,线网评价需确定每一个备选方案价值并进行优劣排序。在最终的评优决策中,评价则对备选方案进行全面而系统的定性定量分析,以确定轨道网络在规划布局上与城市布局、城市发展的适应情况及在等级、容量上与交通量的适应情况,从而选择出技术先进、经济合理、实施可行的最优或满意的方案。就线网方案评价本身而言,其主要任务包括以下几个方面:

(1) 明确评价对象。
(2) 确定评价目的及准则。
(3) 建立评价指标或指标体系。
(4) 各评价指标的分析与计算。
(5) 选择合适的评价方法,综合各评价指标的分析及计算结果,对备选方案进行比选。
(6) 最终确定最优或满意方案。

3.6.2 评价指标体系

1. 准则层的确立

建立适宜的准则层有助于指标层指标的明确分类,一般分为四个要素:

B1 与城市发展的协调性——从宏观层次上考察不同方案与城市发展战略规划、城市空间总体布局之间的吻合程度;

B2 对居民出行条件的改善作用——体现不同方案对居民出行条件的改善程度;

B3 运营效果——体现线网运营特征;

B4 建设实施性——从工程施工、投资角度考察规划方案实施的难易程度,并对方案分期建设的合理性进行考察。

该准则层从规划者、出行者、运营者、工程实施者四方利益出发,体现出线网方案决策是权衡多方利益进行价值判断的分析过程。

2. 指标体系的建立

线网评价指标体系应反映线网对城市发展、运营效果、经济性、可实施性等方面的影响,尽量采用相互独立、简洁实用、计算可行的定量指标。图 3-13 为某市轨道交通线网综合评价指标体系图。

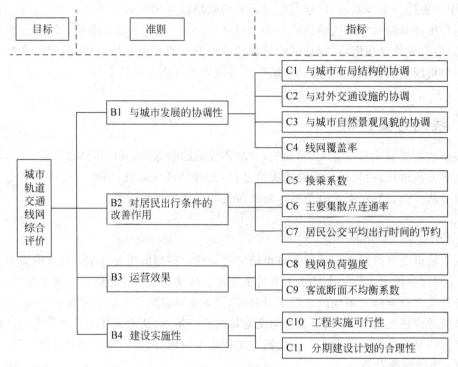

图 3-13 某市轨道交通线网综合评价指标体系

3.6.3 评价方法

轨道交通线网评价方法可以分为两类：①同规模、不同结构形态的线网间的评价；②不同规模线网间的评价。

对于相同规模但结构形态不同的线网评价，分析比较简单。因为线网规模相当，网络的经济指标基本一样，只需要通过某些技术指标进行比较分析，主要考虑线网负荷强度、线网覆盖率、换乘系数、主要集散点连通率等技术指标。

对于不同规模的线网评价，由于考虑的因素多，且其中有些因素难以定量描述，国内一般采用层次分析法进行综合评价。

层次分析法（analytical hierarchy process，AHP），是美国著名数学家 Saaty 在 20 世纪 70 年代提出的。它是一种定性与定量分析相结合的决策方法，其主要思想是：根据问题的性质和要求达到的目标，将问题按层次分解成不同的因素。同一层次内各个不同因素的权重（重要程度），通过它们两两之间进行成对判断比较确定。下一层次的因素的权重，既要考虑本层次，又要考虑上一层次的权重因子。因此一般要计算组合权重，并一层一层往下算，直到最后一层，得到各个方案的综合权重。层次分析法通常包括明确问题、建立分层结构、同层次求单权重、同层次求组合权重等步骤。

(1) 明确问题：指出涉及的相关影响因素以及各因素间的相互关系。

(2) 建立分层结构：将各影响因素，根据性质分成若干层次，构建分层结构图。

(3) 同层次求单权重：同层次单权重表示本层次诸因素对上一层次单因素的相对权重，同时它又是计算各层次的诸因素相对于总目标组合权重的基础。可以按一定的准则对该层次的因素进行一对一的比较,构造出判断矩阵。再通过计算判断矩阵的最大特征根及其相对应的正交化特征向量,得出该层因素对于该准则层的权重。

(4) 同层次求组合权重:上一层次可能有多个因素,对于上层次每一个单因素,求出本层的相对权重后,再结合上层次的权重,求出本层次的组合权重。如此一层一层自上往下计算下去,一直到底层所有因素权重都求出为止。

思考题

1. 线网规划的主要意义有哪些?
2. 线网规划的主要原则有哪些?
3. 简述线网规划的范围和年限。
4. 线网规划的主要内容有哪些?
5. 城市轨道交通线网规模的影响因素有哪些?
6. 如何确定轨道交通线网的合理规模?
7. 轨道交通线网结构形态有哪些?各有何优缺点?
8. 轨道交通客流预测模式有哪些?各有何优缺点?
9. 简述"四阶段"客流预测的主要思路。
10. 简述车辆基地选址的基本原则。
11. 简述轨道交通线网方案评价的指标体系。

第4章

土建工程

学习目标：城市轨道交通土建工程主要包括线路及车站的设计和施工，施工又以地下车站和隧道最为关键和困难。通过本章的学习，熟悉城市轨道交通线路、车站的类型以及车站的组成；掌握线路及车站的主要设计内容、要求和方法；了解地下车站及隧道的基本施工方法。

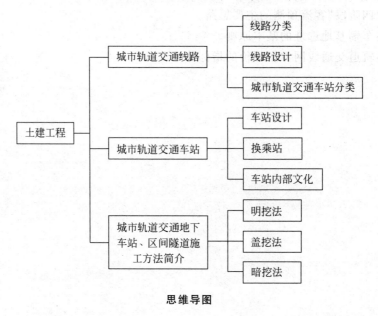

思维导图

课程思政：城市轨道交通土建工程风险高、投资大，对周边环境具有一定的影响，从业人员应本着对国家和人民高度负责的工作责任心，采用先进的设计理念和施工技术与方法，精心设计、精心施工，使土建工程安全可靠、技术可行、经济合理、绿色环保。

4.1 城市轨道交通线路

作为城市轨道交通工程的重要组成部分之一，线路是城市轨道交通列车运行的基础。城市轨道交通线路应以快速、安全、独立运行为原则。

4.1.1 线路分类

城市轨道交通线路按其在运营中的用途,可分为正线、辅助线和车场线;按其敷设方式可分为地下线、高架线和地面线。

1. 按用途分类

1) 正线

正线为贯穿所有车站及区间供列车日常运营的线路。由于正线是独立运营的线路,列车的行驶速度快、密度大,且要保证行车的安全和舒适,因此线路的要求标准较高。

正线采用上下行双线分行,且符合右侧行车惯例。

正线一般为地下隧道、高架桥和有护栏的地面专用道的全封闭线路,城市轨道交通线路之间或城市轨道交通线路与其他交通方式线路的交叉处,一般应采用立体交叉。

2) 辅助线

辅助线是为保证正线运营而配置的线路,一般不行驶载客车辆。辅助线包括折返线、渡线、联络线、停车线、出入线、安全线等。

(1) 折返线。折返线是在线路两端点站或中间站,为供列车调头、存车而专门设置的线路。根据不同的折返方式,折返线可分为:

① 环行折返线。环行折返线是将端点折返作业转化为沿一个环行单线区段运行的作业,将折返过程转化成了区间运行。环行折返线有利于列车运行速度的发挥和线路通过能力与运营效率的提高,但占地面积多、施工难度大、投资费用高、线路机动性差。环行折返线一般适用于线路较短且延长可能性小和端点在地面的情况。环行折返线又称"灯泡"线,如图 4-1(a)所示。

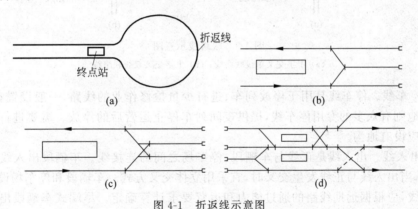

图 4-1 折返线示意图
(a) 环行折返线; (b) 单线折返线; (c) 双线折返线; (d) 多线折返线

② 尽端折返线。如图 4-1(b)、(c)、(d)所示,尽端折返线可分为单线折返线、双线折返线和多线折返线。利用尽端线折返,便于在端点站有效组织列车折返,同时又可备有停车线供故障停车、检修及夜间停车等作业使用;方便线路的延伸。尽端折返线适用于地下结构的端点站和线路较长或有可能延伸及土地不宜多占用的情况。

此外,列车折返还有渡线等折返方法。

(2) 渡线。渡线是在上下行正线之间或其他平行线之间设置的连接线,是用道岔将线路上行线、下行线及折返线连接起来的线路。渡线分单渡线和交叉渡线两种(图 4-2)。

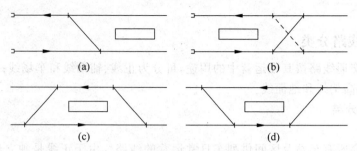

图 4-2　渡线折返示意图

(a) 站后单渡线；(b) 站前交叉渡线；(c) 区间站渡线 1；(d) 区间站渡线 2

对用于故障车掉头或调整列车运营的临时折返线，一般可选择单渡线和交叉渡线折返。

(3) 联络线。联络线是沟通两条轨道交通线路的连接线。联络线按其布置形式可分为单线联络线、双线联络线等，如图 4-3 所示。

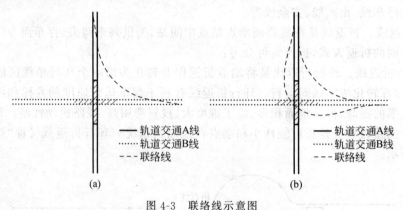

图 4-3　联络线示意图

(a) 十字交叉单线联络线；(b) 十字交叉双线联络线

(4) 停车线。停车线是用于停放列车、进行少量检修作业的线路，一般设置在端点站。在车辆基地则有众多的专用停车线，提供夜间列车停止运营后的停放。需要进行检修作业的停车线应设有地沟。

(5) 出入线。出入线是正线与车辆段、停车场之间的连接线。车辆段出入线应连通上下行正线，当出入线与正线发生交叉时，宜采用立体交叉方式。车辆段和停车场设置双线或单线出入线，应根据远期线路的通过能力和运营要求计算确定。尽端式车辆段出入线宜采用双线，贯通式车辆段可在车辆段两端各设一条单线。停车场规模较小时，出入线可采用单线。出入线形式如图 4-4 所示。

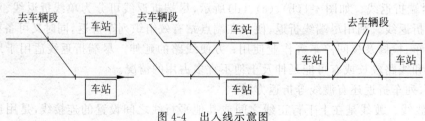

图 4-4　出入线示意图

(6) 安全线。安全线是列车运行隔开设备(其他隔开设备还有脱轨器、脱轨道岔、防溜设备等)。安全线的设置主要是为了防止在车辆段(场)出入线、折返线和道岔(支线)行驶的列车未经允许进入正线与正线列车发生冲突,保证列车安全、正常运行。安全线的长度一般不小于50 m,在困难条件下可设置脱轨道岔。

3) 车场线

在车辆基地内部用于停运后列车入库、检修、试车及调车等作业的线路,统称为车场线,如图 4-5 所示。由于列车在场内行驶速度较低,故线路标准只要满足场区作业即可。

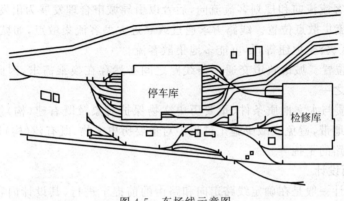

图 4-5　车场线示意图

2. 按线路敷设方式分类

1) 地下线

在城市中心区往往建筑密集、道路狭窄、交通拥挤,为减少建设过程施工噪声、振动等对周边环境产生的不良影响以及施工中的困难,当线路穿越城市中心区时,一般宜采用地下线。

由于城市道路规划红线范围内地下障碍物相对较少,因此是常用的线路平面位置。地下线埋置深度应视地质条件、隧道形式和施工方法而定,一般以浅埋为好。

2) 高架线

在中心城区以外地段,线路宜设置成高架线。

高架线是城市轨道交通中线路的一种重要敷设方式,它既保持了专用道路的形式,同时占地又少,对城市交通的干扰相对较小。尽管如此,对高架线是否会影响市区景观、引起周边环境的噪声等污染影响以及侵犯沿线居民的隐私权等问题,目前尚存在争议。

3) 地面线

在有条件的地段(一般在地面建筑稀少、路面宽阔的地区或郊区),可考虑采用地面线。地面线施工简便、造价较低。但易隔断线路两侧的交通,不利于线路两侧土地的商业开发利用,运营时产生的噪声较大;此外,地面线运营后的养护维修工作量也较大。

4.1.2　线路设计

城市轨道交通线路设计包括线路走向选定、平面设计、纵断面设计及横断面设计等。

1. 线路走向选定

线路走向选定即确定城市轨道交通的行走线路,通常包括线路走向、线路路由(线路在网络中的连接关系)、车站分布、辅助线分布、线路交叉形式、线路敷设方式等的选择。

选线可分经济选线和技术选线。经济选线就是选择行车路线的起讫点和控制点；技术选线是指按照行车路线，结合有关的设计技术规范，落实线路的位置。

城市轨道交通线路的走向，应与城市总体规划相结合并在城市轨道交通线网规划的基础上进行研究。在确定线路走向时，应考虑以下因素：

(1) 线路起讫点位置。线路起讫点常选择在火车站、码头、机场等客流量比较集中的地方，并应适当考虑机车车辆的停车场和维修基地。

(2) 主要客流流向。线路应尽量沿主要客流流向布置以方便城市居民的出行。主要客流流向包括现状客流流向和规划客流流向，后者以引导城市合理发展为出发点。

(3) 大型客流集散点位置。线路力求通过或靠近大型客流集散点，如城市商业中心、工业区、集中住宅区、公交枢纽等，尽可能多地集散客流。

(4) 换乘站位置。城市轨道交通多条线路之间必然存在换乘需求，因此换乘站成为线路途经的控制点之一。

(5) 工程地质与水文地质条件、重要历史文物保护对象及既有建(构)筑物。线路应尽量避开不良地质地带，避免或减少施工过程中对重要历史文物、既有建(构)筑物的破坏和拆迁以及对城市道路的干扰等。

2．线路平面设计

线路平面设计一般是在确定线路走向和路由的前提下进行，其设计内容主要包括线路平面位置的确定以及线路平面各技术要素的设计计算。

1) 平面位置

根据线路的敷设方式不同，其平面布设位置也略有差异，但尽量避开地下障碍物、减少对道路交通及周边环境的影响、降低工程造价和施工难度等，是确定线路平面位置时应考虑的主要因素。

对于地下线，线路可选择在城市道路规划红线范围内外，如图 4-6 所示。

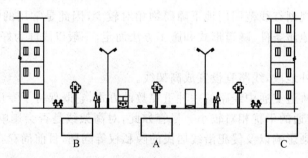

图 4-6　地下线路平面设置示意图

当线路设置在城市道路规划红线范围内的道路中心下方时，对周围建筑物及地下各种管网的干扰小，但采用明挖法施工时，对道路交通影响大；当线路设置在城市道路规划红线范围内的非机动车道或人行道下方时，施工时能减少对机动车道的破坏和对道路交通的影响，但通常各种地下管线设置于非机动车道和人行道下，对地下管线的改线或临时拆迁及回迁的工作量较大；当线路设置在城市道路规划红线范围以外时，虽然对既有道路及交通基本无破坏和影响，地下管线改线或临时拆迁及回迁工作也极少，但房屋拆迁及安置量大，施工时需要采取的特殊处理方法难度高，通常只有在城市轨道交通工程与城市道路改造同步进行时，此线路选位才较为有利。

对于高架线,线路应沿城市主干道平行设置,常结合规划道路的横断面形式,设置于道路中央分隔带或快慢车行道分隔带上,如图4-7所示。

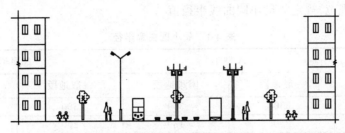

图4-7 高架线平面设置示意图

对于地面线,当城市道路设有中央分隔带时,宜将地面线设置在中央分隔带上,有利于城市景观的美化及减少轨道交通噪声的影响,并不阻隔两侧建筑物内车辆的右行方向出行,不需要设置辅路,但乘客需通过地道或天桥进入轨道交通站台;当城市道路不设中央分隔带时,可以将线路设置在快车道一侧,该位置可以减少道路改移量,但在快车道另一侧需要修建辅路,同时增加了道路交通管理的复杂性。地面线平面布置如图4-8所示。

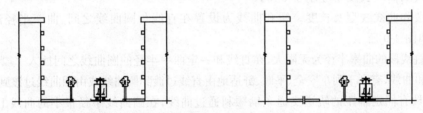

图4-8 地面线平面设置示意图

2)线路平面技术要素确定

城市轨道交通线路在平面上主要由直线和曲线组成,其中曲线包括圆曲线和缓和曲线,如图4-9所示。线路平面技术要素设计的主要内容为圆曲线半径及长度、缓和曲线线型及长度以及夹直线及长度等。

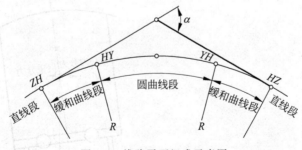

图4-9 线路平面组成示意图

(1)圆曲线半径及长度。当列车以一定的速度在曲线上行驶时,车辆会受到离心力的作用,离心力大小与速度的平方成正比、与曲线半径成反比。离心力的作用,将影响列车行驶的平稳性与安全性,造成外侧车轮轮缘紧压外轨内侧面而加剧其磨损。同时,由于列车在曲线段行驶时动轮踏面会产生横向和纵向滑动,进而造成车轮与钢轨间的黏着系数下降,使牵引力减小。因此,圆曲线半径应在综合考虑线路性质、车辆性能、行车速度、地形地物条件以及工程难易程度和造价等因素并经比选后合理确定,同时应能满足有关规范对最小圆曲线半径的限制要求。从运营角度出发,最小圆曲线半径应尽量少用。表 4-1 为 GB 50157—2013《地铁设计规范》规定的最小圆曲线半径值。

表 4-1 最小圆曲率半径　　　　　　　　　　　　　　单位:m

线　　路	A 型车		B 型车	
	一般地段	困难地段	一般地段	困难地段
正线	350	300	300	250
出入线、联络线	250	150	200	150
车场线	150	—	150	—

圆曲线长度短,则有利于保证行车视距、减少行车阻力和养护维修工作量。但当其长度短于车辆的全轴距时,车辆将会同时位于三种不同的线型上,影响行车的平稳性及乘客的舒适性,并可能危及行车安全。一般在正线、联络线及车辆基地出入线上的圆曲线长度,对于 A 型车不宜小于 25 m,对于 B 型车不宜小于 20 m,在困难条件下不得小于一节车辆的全轴距;车场线圆曲线长度不应小于 3 m。

(2) 缓和曲线线型及长度。缓和曲线为设置在直线与圆曲线之间、曲率半径渐变的一种曲线,如图 4-9 所示。

由于直线段的曲率半径为无限大,在直线和一定曲率半径的圆曲线之间插入一段曲率逐渐变化的缓和曲线,有利于列车安全、平顺、舒适地由直线过渡到圆曲线或由圆曲线过渡到直线。

为使具有固定轴距的轨道交通车辆顺利通过曲线,在圆曲线半径很小的曲线上,轨距应适当扩大,这种扩大称为轨距加宽,如图 4-10 所示;轨道交通车辆通过曲线部分时,由于离心力作用,有向外抛出的趋势,为防止这种趋势的发生,保证行车安全,在圆曲线半径较小时,可使圆曲线部分的外侧钢轨比内侧钢轨高,以利用列车的自重分力来平衡离心力,这种设置称为超高,如图 4-11 所示。在直线和圆曲线之间设置缓和曲线,还可以实现轨距加宽和外轨超高的逐渐过渡。

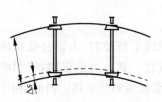

图 4-10 轨距加宽示意图

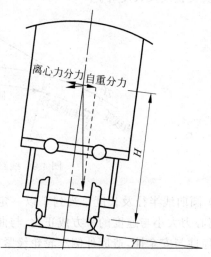

图 4-11 外轨超高示意图

缓和曲线线型有螺旋线、三次抛物线、五次抛物线、一波正弦曲线等,一般采用三次抛物线。

GB 50157—2013《地铁设计规范》规定,缓和曲线长度应根据圆曲线半径、设计速度和超高设置等因素按表4-2的要求选用。

表4-2 缓和曲线长度

R	V	100	95	90	85	80	75	70	65	60	55	50	45	40	35
3000	L	30	25	20	20	20	20	20	—	—	—	—	—	—	—
	h	40	35	30	30	25	20	20	15	15	10	10	10	5	5
2500	L	35	30	25	20	20	20	20	20	—	—	—	—	—	—
	h	50	45	40	35	30	25	25	20	15	15	10	10	10	5
2000	L	45	40	35	30	25	20	20	20	20	—	—	—	—	—
	h	60	55	50	45	40	35	30	25	20	20	15	10	10	5
1500	L	55	50	45	35	30	25	20	20	20	20	20	—	—	—
	h	80	70	65	60	50	45	40	35	30	25	20	15	15	10
1200	L	70	60	50	40	40	30	25	20	20	20	20	20	—	—
	h	100	90	80	70	65	55	50	40	35	30	25	20	15	10
1000	L	85	70	60	50	45	35	30	25	20	20	20	20	20	—
	h	120	105	95	85	75	65	60	50	45	35	30	25	20	15
800	L	85	80	75	65	55	45	35	30	25	20	20	20	20	20
	h	120	120	120	105	95	85	70	60	55	45	35	30	25	20
700	L	85	80	75	75	65	50	45	35	25	20	20	20	20	20
	h	120	120	120	120	110	95	85	70	60	50	40	35	25	20
600	L	—	80	75	75	70	60	50	40	30	25	20	20	20	20
	h	—	120	120	120	120	110	95	85	70	60	50	40	30	25
550	L	—	—	75	75	70	65	55	40	35	25	20	20	20	20
	h	—	—	120	120	120	120	105	90	75	65	55	45	35	25
500	L	—	—	—	75	70	65	60	45	35	30	25	20	20	20
	h	—	—	—	120	120	120	115	100	85	70	60	50	40	30
450	L	—	—	—	—	70	65	60	50	40	30	25	20	20	20
	h	—	—	—	—	120	120	120	110	95	80	65	55	40	30
400	L	—	—	—	—	—	65	60	55	45	35	30	20	20	20
	h	—	—	—	—	—	120	120	120	105	90	75	60	50	35
350	L	—	—	—	—	—	—	60	55	50	40	25	30	25	20
	h	—	—	—	—	—	—	120	120	120	100	85	70	55	40
300	L	—	—	—	—	—	—	—	55	50	50	35	30	25	20
	h	—	—	—	—	—	—	—	120	120	120	100	80	65	50
250	L	—	—	—	—	—	—	—	—	50	50	45	35	25	20
	h	—	—	—	—	—	—	—	—	120	120	120	95	75	60
200	L	—	—	—	—	—	—	—	—	—	50	45	40	35	25
	h	—	—	—	—	—	—	—	—	—	120	120	120	95	70

注:R——曲率半径(m);V——设计速度(km/h);L——缓和曲线长度(m);h——超高值(mm)。

(3)夹直线及长度。位于两条相邻缓和曲线或圆曲线之间的直线称为夹直线。城市轨道交通布线条件往往受到一定的限制,当相邻两条曲线的相邻两端点过近,即夹直线较短时,会出现一辆车行驶时同时跨越两条线的情况,造成车辆左右摇摆,影响行车平稳性,同时也不易保持夹直线方向,增加养护困难。因此,对夹直线最小长度应有所限制。表4-3为GB 50157—2013《地铁设计规范》规定的夹直线最小长度值。

表 4-3　夹直线最小长度　　　　　　　　　　　　　　　　　　　　单位:m

正线、联络线、出入线	一般情况	$\lambda \geqslant 0.5V$	
	困难时最小长度 λ	A 型车	B 型车
		25	20

注:V 为列车通过夹直线的运行速度(km/h)。

3. 线路纵断面设计

线路纵断面由直线坡度段和相邻坡度段间插入的竖曲线组成,如图 4-12 所示。线路纵断面设计的主要技术要素包括坡度、坡长、坡段间的连接等。

1) 坡度

坡段坡度是该坡段前后两个变坡点高差与坡段长度的比值(图 4-13),是坡段特征的表达指标之一。

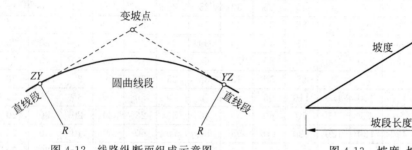

图 4-12　线路纵断面组成示意图　　　　图 4-13　坡度、坡段长度示意图

线路纵断面设计应控制最大纵坡值和最小纵坡值,对于城市轨道交通,其目的主要是保证行车安全性、旅客舒适度、运营速度以及满足排水需要,同时最大纵坡对线路埋深、工程造价等也有较大影响。一般地,在满足排水和高程控制要求的条件下,线路坡度尽可能设置得平缓些。

对于最大纵坡的控制值,GB 50157—2013《地铁设计规范》规定:正线的最大坡度宜采用 30‰,困难地段可采用 35‰;在山地城市的特殊地形地区,经技术经济比较,有充分依据对最大坡度可采用 40‰。联络线、出入线的最大坡度宜采用 40‰。

通常,地下区间线路的最小纵坡宜采用 3‰,困难条件下可采用 2‰ 的坡度;高架线和地面线正线,在采取了排水措施后,可采用平坡。

2) 坡长

坡段长度是该坡段前后两个变坡点之间的水平距离(图 4-13),是坡段特征的又一表达指标。

列车通过变坡点(两个坡段的连接点,即坡度变化点,如图 4-12 所示)时会产生附加力和附加加速度,为保证行车平稳和旅客舒适,坡段长度宜设计得长一些,但坡段太长则有可能产生较大的工程量,增加工程造价和施工困难。因此,在确定坡段长度时,需综合考虑上述两方面因素。

对于最小坡段长度值,GB 50157—2013《地铁设计规范》规定:线路坡段长度不宜小于远期列车长度,并应满足相邻竖曲线间的夹直线长度不小于 50 m 的要求。

3) 坡段连接

在纵断面上,若将各坡段直接相连则形成一条折线,如图 4-14 所示。为缓和变坡点坡度的急剧变化,使列车通过变坡点时产生的附加加速度控制在允许的范围内,保证行车安全、平稳及舒适,当两相邻的坡度代数差等于或大于 2‰ 时,应设置圆曲线型的竖曲线连接。

图 4-14 线路纵断面示意图

GB 50157—2013《地铁设计规范》不仅对竖曲线半径作了规定(表 4-4),同时,还对竖曲线设置规定如下:车站站台有效长度内和道岔范围内不得设置竖曲线,正线、车场线的竖曲线离开道岔端部的距离分别不应小于 5 m、3 m;竖曲线与缓和曲线或超高顺坡段在有砟道床地段不得重叠。

表 4-4 竖曲线半径 单位:m

线 别		一般情况	困难情况
正线	区间	5000	2500
	车站端部	3000	2000
联络线、出入线、车场线		2000	

4. 线路横断面设计

(1) 地下隧道区间横断面。根据线路埋置深度和施工方法的不同,地下隧道区间横断面可以采用矩形断面、圆形断面和马蹄形断面等多种形式,如图 4-15 所示。横断面具体尺寸应根据运营时所采用的车辆及设备尺寸所决定的各种限界来确定。

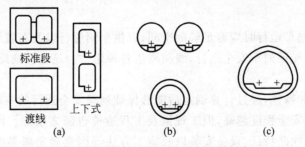

图 4-15 地下区间隧道横断面示意图
(a) 矩形断面;(b) 圆形断面;(c) 马蹄形断面

(2) 高架线路横断面。轨上部分的横断面尺寸应满足限界要求。高架结构自身的横断面形式和尺寸,则根据其跨径和结构体系的不同有多种形式,图 4-16 为一体化高架线路横断面形式。

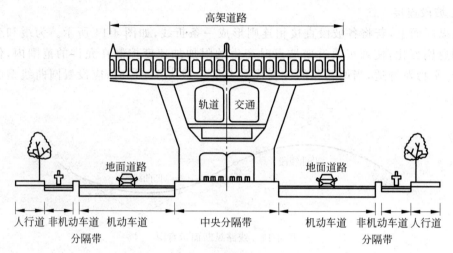

图 4-16 高架线路横断面示意图

(3) 地面线路横断面。轨上部分的横断面尺寸应满足限界要求,轨下为路基(路堤或路堑),路基横断面由路基高度、顶面宽度和边坡坡度的大小确定其尺寸,如图 4-17 所示。

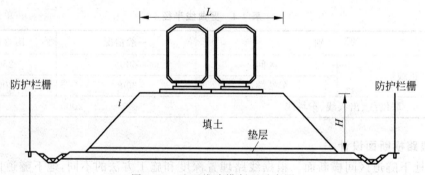

图 4-17 地面线路横断面示意图

5. 限界

1) 限界概念

城市轨道交通列车运行时应有足够的空间,以供车辆通行以及布置线路结构、供电和给排水等设备,同时为保证列车安全运行,线路周边各种建(构)筑物与线路之间必须保持一定的距离。

根据各种参数和特性,经过计算确定后能够保证列车安全运行的空间尺寸称为**限界**。

限界越大,虽然安全程度越高,但工程量及工程造价也随之增加。因此,根据不同车辆的轮廓尺寸和性能、线路特征、设备安装以及施工方法等因素确定限界时,应综合考虑列车运行的安全与建设成本的节约。

线路横断面尺寸是根据限界确定的,其横断面设计必须满足线路各个横断面列车通过的限界要求。

2）限界的类型

城市轨道交通限界分为车辆限界、设备限界和建筑限界三种，如图4-18所示。

限界应根据车辆轮廓线和车辆有关技术参数，结合轨道和接触网或接触轨的相关条件，并计及设备和安装误差，按规定的计算方法计算确定。

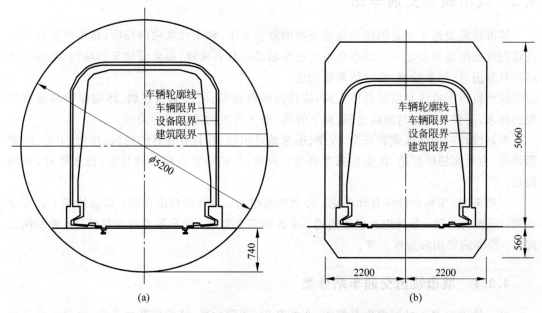

图4-18　地下区间直线段隧道限界示意图（单位：mm）
（a）区间直线地段圆形隧道限界；（b）区间直线地段矩形隧道限界

（1）车辆限界。车辆限界是车辆在正常运行状态下形成的最大动态包络线。车辆轮廓线依据车辆横剖面包络而成，是设计限界的基础资料。受电弓限界和受流器限界是车辆限界的组成部分。

直线地段车辆限界分隧道内车辆限界和高架或地面线车辆限界，高架或地面线车辆限界应在隧道内车辆限界的基础上，另加当地最大风荷载引起的横向和竖向偏移量。

（2）设备限界。设备限界是在车辆限界基础上考虑轨道出现最大允许误差时引起的车辆偏移和倾斜等附加偏移量以及在设计、施工、运营中难以预计的因素在内的安全预留量后确定的空间尺寸。它是一条限制设备安装的控制线，一切固定设备以及土木工程的任何部分不得侵入此控制线内。

相邻的区间线路，当两线间无墙、柱或设备时，两设备限界之间的安全间隙不应小于100 mm；当两线间有墙或柱时，应按建筑限界加上墙或柱的宽度及其施工误差确定。

（3）建筑限界。建筑限界是在设备限界的基础上，考虑了设备和管线安装尺寸后的最小有效断面。建筑限界应分隧道建筑限界、高架建筑限界、地面建筑限界。隧道建筑限界可按工程结构形式分为矩形隧道限界、马蹄形隧道建筑限界、圆形隧道建筑限界。建筑限界可按GB 50157—2013《地铁设计规范》相关规定计算确定。

由于建筑限界中不包括测量误差、施工误差、结构沉降、位移变形等因素，因此，在隧道和高架桥等结构物横断面设计时,必须分别考虑测量误差、施工误差以及结构变形等因素,这样才能保证竣工后的隧道和高架桥等结构物的有效净空满足限界的要求,从而进一步保证列车安全、快速地通过。

4.2 城市轨道交通车站

城市轨道交通车站是供使用轨道交通的乘客上下、候车和换乘的场所,是城市轨道交通线路的重要组成部分之一。城市轨道交通车站必须具备乘降、换乘及候车的功能,某些车站还须具备折返、停车检修、临时待避等功能。

城市轨道交通线车站的总体布局,应符合城市规划、城市交通规划、环境保护和城市景观的要求,妥善处理好与地面建筑、地下管线、地下构筑物等之间的关系。

车站设计应能保证乘客安全、方便、迅速地进出站,并具有良好的通风、照明、卫生、防灾等设施,为乘客提供舒适、优美的乘车环境;同时,车站布置还应合理紧凑,便于管理,节约投资。

一般来讲,车站设计应具体考虑:外观的吸引力;乘客的自由移动;紧急情况下的安全疏散;残疾人通道;各种应急服务通道;乘客的安全集散;列车服务的可靠性;失效的恢复问题;投资的费用效益等因素。

4.2.1 城市轨道交通车站分类

城市轨道交通车站可根据其埋深、布线高程、运营性质、结构横断面类型、站台形式及设备容量等进行分类。

1. 按车站埋深分类

(1)浅埋车站。钢轨顶面至地表距离小于 15 m 的车站为浅埋车站。浅埋车站通常采用明挖法或盖挖法施工。

(2)中埋车站。钢轨顶面至地表距离为 15~25 m 的车站称中埋车站。

(3)深埋车站。钢轨顶面至地表距离大于 25 m 的车站为深埋车站。深埋车站一般采用暗挖法施工。

2. 按布线高程分类

按布线高程的不同,车站可相应地分为位于地面以下、地面及高架结构上的地下车站、地面车站和高架车站,如图 4-19 所示。埋设于地面以下的车站,因地下建筑封闭、车站建筑狭长和结构雷同,设计时需要考虑设有良好的通风、照明、卫生和防灾设备,给乘客提供舒适、清洁、安全的环境,同时还应适当地设计一些建筑小品、建筑装修,改善乘客的压抑和单调感。高架车站、地面车站建筑应与一般的地面建筑风格相仿,要融合于城市建筑群中。

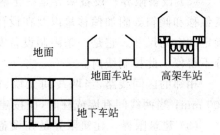

图 4-19 布线高程划分的车站类型

3. 按运营性质分类

根据车站客运作业的不同,可分为中间站、区域站、换乘站、枢纽站、联运站及终点站等,如图 4-20 所示。

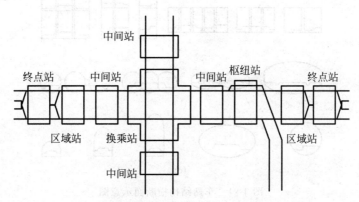

图 4-20 根据运营性质不同划分的车站类型示意图

(1) 中间站。中间站仅供列车停靠和乘客上、下车之用,功能单一,设施简单,是城市轨道交通线网中数量最多的车站,又称一般站。

(2) 区域站。在一条轨道交通线路中,由于各区段客流的不均匀性,行车组织往往采取长、短交路的运营模式。设在两种不同行车密度交界处的车站称为区域站。因其设有折返线路和折返设备,故也称折返站。区域站同时还兼有中间站的功能。

(3) 换乘站。换乘站是位于两条及两条以上线路交叉点上的车站。换乘站的主要作用是通过设置换乘设施,使乘客从一条线路上的车站转换到另一条线路上的车站;此外换乘站也具有中间站的功能。

(4) 枢纽站。枢纽站是指由此站分出另一条线路的车站。该站可以接、送两条线路上的列车。

(5) 联运站。联运站是指车站内设有两种不同性质的列车线路进行联运及乘客换乘的车站。联运站具有中间站和换乘站双重功能。

(6) 终点站。终点站是位于线路起、终点处的车站,就列车上、下行而言,终点站也是起点站。该站除了供乘客乘降车以外,还用于列车折返和停留检修,因此终点站一般设有多股停车线。如线路远期需要延长,则此终点站即变为中间站。

4. 按结构横断面类型分类

地下车站的结构横断面类型主要有矩形断面、拱形断面和圆形及其他形式(如马蹄形、椭圆形等)断面,如图 4-21 所示。地下车站横断面结构形式主要根据车站埋深、工程地质与水文地质条件、施工方法、建筑艺术效果等因素确定,在结构横断面形式选定时,应考虑结构的合理性、经济性以及施工技术的可行性。

(1) 矩形断面。矩形断面是中间站常选用的断面形式,主要用于浅埋、明挖车站。结构形式可以是单层或双层,也可以是单跨、双跨和多跨。

(2) 拱形断面。拱形断面多用于深埋或浅埋暗挖车站,有单拱和多跨连拱等形式。单拱断面由于中部起拱高度较高,而两侧拱脚相对较低,中间无柱,因此建筑空间较为高大宽阔,常能获得较好的建筑艺术效果。当明挖车站采用单跨结构时,也可采用拱形断面。

(3) 圆形及其他形式断面。圆形断面用于深埋或盾构法施工的车站。其他形式的断面有马蹄形、椭圆形等。

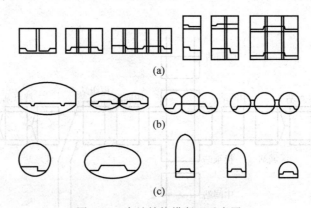

图 4-21 车站结构横断面示意图
(a) 矩形断面；(b) 拱形断面；(c) 圆形、椭圆形、马蹄形断面

5. 按站台形式分类

根据车站站台形式，可将车站分为岛式车站、侧式车站和岛、侧混合式车站，如图 4-22 所示。

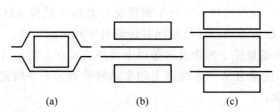

图 4-22 根据站台形式不同划分的车站类型
(a) 岛式车站；(b) 侧式车站；(c) 岛、侧混合式车站

(1) 岛式车站。布置于上、下行行车线路之间的站台称为岛式站台。具有岛式站台的车站称岛式站台车站(简称岛式车站)。岛式车站是一种常用的车站形式，具有站台面积利用率高、能调剂客流、乘客中途改变乘车方向方便、车站管理集中、站台空间宽阔等优点。当客流量较大时，一般采用岛式车站。

(2) 侧式车站。布置于上、下行行车线路两侧的站台称侧式站台。具有侧式站台的车站称侧式站台车站(简称侧式车站)。侧式车站也是一种常用的车站形式，其优点是列车进站时不需在正线和站线间设置曲线喇叭口、造价低且改建方便、无双向乘客上下车相互干扰、乘客不易乘错方向等。但站台面积利用率低、不可调剂客流，乘客中途改变乘车方向时必须经过地道或天桥、车站管理分散。在两个方向客流量较均匀或高架线路上多采用侧式车站。

(3) 岛、侧混合式车站。将岛式站台和侧式站台设置在同一个车站内的车站称岛、侧混合式站台车站(简称岛、侧混合式车站)。岛、侧混合式车站主要用于两侧站台换乘或列车折返。

6．按设备容量分类

根据设备容量大小,车站可分为特等、一等、二等车站。车站等级是车站设置相应机构和配备定员的基本依据之一。

(1) 特等站:高峰小时内进出站总人数大于3万人次的车站。

(2) 一等站:高峰小时内进出站总人数在2万～3万人次的车站。

(3) 二等站:高峰小时内进出站总人数小于2万人次的车站。

4.2.2 车站设计

1．车站组成及设计原则

1) 车站组成

如图4-23所示,城市轨道交通车站一般由出入口及通道、车站主体、通风道及风亭(地下车站)三部分组成。

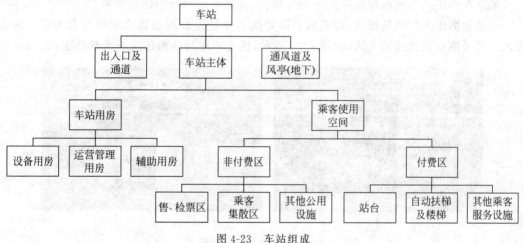

图4-23　车站组成

出入口及通道是供乘客进、出车站的建筑设施,具有吸引和疏散客流的功能。出入口应有明显的城市轨道交通标志。

车站主体是列车在线路上的停车点,供乘客上下车、集散、候车以及放置运营设备和办理运营业务。车站主体根据功能的不同,可以分为两大部分,即乘客使用空间和车站用房。

通风道及风亭是保证地下车站具有舒适环境的设施。

2) 设计原则

(1) 车站的总体布局应符合城市规划、城市综合交通规划、环境保护和城市景观的要求,并应处理好与地面建筑、城市道路、地下管线、地下构筑物及施工时交通组织之间的关系。

(2) 车站设计应满足客流需求,并应保证乘降安全、疏导迅速、布置紧凑、便于管理;应具有良好的通风、照明、卫生和防灾等设施。

(3) 应按超高峰设计客流量(即预测远期高峰小时客流量或客流控制期高峰小时客流量乘以1.1～1.4超高峰系数),确定车站的站厅、站台、出入口通道、楼梯、自动扶梯和售、检票口(机)等部位的通过能力。

(4) 车站设计应满足系统功能要求,合理布置设备与管理用房,并宜采用标准化、模块化、集约化设计。

(5) 车站的地下、地上空间宜综合利用;车站应设置无障碍设施。

(6) 地下车站的土建工程不宜分期建设,地面、高架车站及相关地面建筑可分期建设。

2. 出入口及通道

1) 出入口

车站出入口数量应根据吸引与疏散客流的要求设置,但不得少于两个。每个出入口宽度应按远期或客流控制期分向设计客流量乘以 1.1~1.25 不均匀系数计算确定。

车站出入口布置应与主客流方向一致,宜与过街天桥、过街地道、地下街、邻近公共建筑物相结合或连通。

设置于道路两侧的出入口宜平行或垂直于道路红线,距道路红线的距离应按当地规划部门的要求确定。当出入口开向城市主干道时,应有一定面积的集散场地。

地下车站出入口地面标高应高出室外地面,并能满足当地的防洪要求。

车站地面出入口建筑形式,应根据其所处的具体位置及周边建筑规划要求而定。地面出入口可做成合建式或独立式,如图 4-24 所示,优先考虑与地面建筑或风亭合建式。

(a) (b)

图 4-24 地面出入口建筑形式
(a) 合建式;(b) 独立式

2) 通道

地下出入口通道力求短、直,通道的弯折不宜超过 3 处,弯折角度不宜大于 90°,地下出入口通道长度不宜超过 100 m,超过时应采取能满足消防疏散要求的措施。GB 50157—2013《地铁设计规范》对包括通道在内的车站各部位的最小宽度规定见表 4-5。

表 4-5 车站站台、通道或天桥、楼梯的最小宽度　　　　　　　　　单位:m

名 称		最小宽度
岛式站台		8
岛式站台的侧站台		2.5
侧式站台(长向范围内设梯)的侧站台		2.5
侧式站台(垂直于侧站台开通道口设梯)的侧站台		3.5
站台计算长度不超过 100 m 且楼、扶梯不伸入站台计算长度	岛式站台	6.0
	侧式站台	4.0
通道或天桥		2.4

续表

名称	最小宽度
单向楼梯	1.8
双向楼梯	2.4
与上、下均设自动扶梯并列设置的楼梯(困难情况下)	1.2
消防专用楼梯	1.2
站台至轨道区的工作梯(兼疏散梯)	1.1

地下出入口及通道平面根据地面条件,可布置成一字形、L 形、T 形、n 形及 Y 形等,如图 4-25 所示。

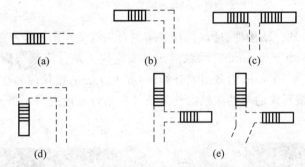

图 4-25　地下出入口及通道平面布置示意图
(a) 一字形；(b) L 形；(c) T 形；(d) n 形；(e) Y 形

一字形出入口和通道占地面积小,人员出入方便,但因口部宽度较宽,不宜设置在地面狭窄地区。受地面条件限制,出入口和通道需经一次转折后设置形成 L 形,因只有一个出入口,出入口需设置得较宽,与一字形出入口一样,也不宜设置在地面狭窄地区。T 形出入口和通道在平面上呈 T 形布置,人员出入方便,由于具有两个出入口,因此每个出入口口部宽度可设置得较窄,适用于地面狭窄地区。当地面建(构)物密集,环境较为复杂时,出入口和通道根据地面具体条件可呈两次转折后布置形成 n 形,此时通道长度较长,转折较多。Y 形出入口和通道布置一般用于一个主出入口通道有两个及其以上出入口的情况,布置比较灵活,适应性强。

3．车站主体

1) 站台

站台是供乘客上、下车及候车的场所。站台层由站台、楼梯(自动扶梯)、设备与管理用房行车道等组成,采用一层式车站时,还包括出入口通道。

(1) 站台形式。站台有岛式、侧式及岛、侧混合式等形式,如图 4-26 所示。

岛式站台利用率高、管理集中、乘客折返方便,但客流交叉易使乘客乘错方向。侧式站台的特点与岛式站台相反。岛、侧式混合站台主要用于两侧站台换乘和列车折返。

(2) 站台长度。站台计算长度应采用列车最大编组数的有效长度和停车误差之和。停车误差当无站台门时应取 1～2 m,有站台门时应取±0.3 m 之内。

(3) 站台宽度。站台宽度应按车站客流量计算确定并不得小于表 4.5 中规定的最小宽度。

图 4-26　站台形式
(a) 岛式站台；(b) 侧式站台

如图 4-27 所示,站台结构柱、楼梯栏杆等至站台边缘的距离不应小于 2.5 m。距站台边缘 400 mm 处应设不小于 80 mm 宽的纵向醒目安全线。站台边缘与静止车辆车门处的安全间隙,在直线段宜为 70 mm(内藏门或外挂门)或 100 mm(塞拉门),在曲线段则不应大于 80 mm 的放宽值。敞开式的车站应根据气候条件在站台上设置风雨棚或封闭的候车室,如图 4-28 所示。

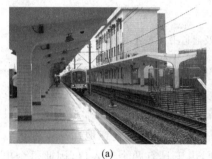

图 4-27　站台结构柱、楼梯栏杆、站台边缘安全线
(a) 高架车站；(b) 地下车站

图 4-28　站台风雨棚

(4) 站台高度。站台高度指线路行走钢轨顶面至站台地面的高度,与车型有关。站台面应低于车辆地板面,高差不得大于 50 mm。

2) 站厅

站厅是乘客进出车站的场所。乘客一般需要在站厅内办理上、下车手续,所以站厅内需要设置售票、检票问询等为乘客服务的各种设施。同时,站厅层内还设有轨道交通运营设备、升降设备以及管理用房等,以利于组织和分配客流。

站厅规模大小应与集散客流量匹配,位置选择应考虑乘客进出站方便。站厅的布置与车站类型、站台形式密切相关,一般站厅有4种形式,即布置在车站一端、车站两侧、车站两侧的上层或下层以及车站上层,如图4-29所示。

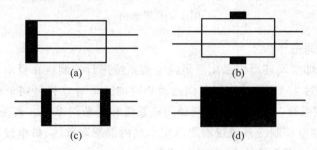

图 4-29　车站站厅布置示意图
(a) 车站一端;(b) 车站两侧;(c) 车站两端上层或下层;(d) 车站上层

通道是把站台、站厅及出入口连接起来的结构物。通道一般有斜坡式和台阶式两种。

3) 人行楼梯、自动扶梯及电梯

(1) 人行楼梯。乘客使用的人行楼梯一般采用 26°34′ 的倾斜角较为合适。人行楼梯最小宽度应满足表4-5中相关规定。当人行楼梯宽度大于3.6 m时,应设置中间扶手。人行楼梯宽度应符合人流股数和建筑模数,每个梯段不超过18级,且不应少于3级。休息平台长度一般为1.2~1.8 m。

(2) 自动扶梯。车站出入口、站台至站厅应设上、下行自动扶梯,在设置双向自动扶梯困难且提升高度不大于10 m时,可仅设上行自动扶梯。每座车站至少有一个出入口设上、下行自动扶梯;站台至站厅应至少设一处上、下行自动扶梯。

车站出入口自动扶梯的倾斜角度不应大于 30°,站台至站厅自动扶梯的倾斜角度应为 30°。

自动扶梯扶手带外缘与平行墙装饰面或楼板开口边缘装饰面的水平距离,不得小于 80 mm;相邻交叉或平行设置的两梯(道)之间扶手带的外缘水平距离,不应小于 160 mm;当扶手带外缘与任何障碍物的距离小于 400 mm 时,应设置防撞安全装置。

当站台至站厅及站厅至地面上、下行均采用自动扶梯时,应加设人行楼梯或备用自动扶梯。

(3) 电梯。车站主要管理区内的站厅和站台层之间应设置人行楼梯,也可设置电梯。电梯井内不应穿越与电梯无关的管线和孔洞。

4) 屏蔽门

屏蔽门系统是用于轨道交通站台的防护系统,如图4-30所示。

通过屏蔽门的控制系统和驱动机构,可以实现列车车门与屏蔽门中的活动门同步操作,从而使列车到站后能通过与列车车门同步开关的活动门直接进出车厢,为乘客提供了具有

图 4-30 屏蔽门

安全保障的上下车通道。

轨道交通的内部空气环境应采用通风或空调系统进行控制。在夏季当轨道交通所在地最热月平均温度超过 25℃，并且高峰时间内每小时的行车对数和每列车车辆数的乘积大于 180 时，应采用空调系统。空调系统可选择闭式系统和屏蔽门系统。若采用屏蔽门系统，在设置屏蔽门后，车站空调制冷系统仅需要承担车站内部乘客散热、机电设备产热和新风冷负荷等，因而可以降低空调系统冷负荷，节约能源与费用。

车站设置屏蔽门系统，还可降低站台噪声、减少站台尘埃，有利于改善和提高站内候车环境质量。

5）车站用房

车站用房包括运营管理用房、设备用房和辅助用房。运营管理用房是为保证车站具有正常运营条件和营业秩序所设置的办公用房。设备用房是为保证列车正常运行以及车站内具有良好环境条件和在突发事故情况下保证乘客安全所需要的设备用房。辅助用房是为保证车站内部工作人员正常工作和生活而设置的用房。

车站用房中和乘客、运营有关的用房必须布置在站厅、站台内，如售票室、车控室及站务员室等。地下车站的设备与管理用房布置应紧凑合理，主要管理用房应集中布置；消防泵房宜设于设备与管理用房有人区内的主通道或消防专用道旁。

确定车站内运营管理、技术设备用房的组成和面积时，应综合考虑轨道交通系统的组织管理体制、技术水平、设备设施以及车站规模等级等因素。表 4-6 为车站管理用房、辅助用房面积参考表。

表 4-6　车站管理用房、辅助用房面积参考表

名　称	面积/m²	备　注
车站控制室（含防火控制）	30～50	两个站厅时另加设一间 12 m² 副值班室，地面、高架车站酌情减小
站长室	15～18	中心站，另加一间 12 m²
警务室	(12～15)×2	一条线上另加设 1～2 间警务室，每间 12 m²
交接班室（兼会议室、餐室）	1.2～1.5 m²/人	按一般定员计
更衣室（分男、女）	0.6～0.7 m²/人	按车站全部定员计
茶水间	8～10	附洗涤池

续表

名　　称	面积/m²	备　　注
卫生间	女2~3坑位,男一个坑位、一个小便斗	管理人员用
清扫室(站厅、站台各设一间)	(6~8)×2	附洗涤池,两个站厅、侧式站台另加
站务员室	12~15	侧式车站站台设两间(面积可适当减小)
收款室(即票务室)	16~20	
车房	16~20	
供电值班室(每座降压变电所配一间)	10	如监控与数据采集同步实施,可不设
列检室	10	交路折返站
司机休息室	6~8	交路折返站
维修巡检室	8~12	宜每站一间。至少3~5站一间

4. 通风道、风亭(地下车站)

地下车站应按通风、空调工艺要求设置活塞风亭、进风亭和排风亭。在满足功能的条件下,根据地面建筑的现状或规划要求,风亭可集中也可分散布置。

对于侧面开设风口的风亭,应符合下列规定:进风、排风、活塞风口部之间的水平净距不应小于5 m,且进风与排风、进风与活塞风口部应错开方向布置或排风、活塞风口部高于进风口部5 m;风亭口部5 m范围内不应有阻挡通风气流的障碍物;风亭口部底边缘距地面的高度应满足防淹要求,当风亭设于路边或绿地内时,其高度分别不应低于2 m和1 m。

对于顶面开设风口的风亭,应符合下列规定:进风与排风、进风与活塞风亭口部之间的水平净距不应小于10 m;活塞风亭口部之间、活塞风亭口部与排风亭口部之间的水平净距不应小于5 m;风亭四周应有宽度不小于3 m的绿篱,风口最低高度应满足防淹要求,且不应小于1 m;风亭开口处应有安全防护装置,风井底部应有排水设施。

地面风亭可采用合建式、独建式风亭,如图4-31所示,但一般应尽量与地面建筑相结合设置为合建式。

4.2.3　换乘站

换乘站是轨道交通线网中各条线路的交叉点,是提供乘客转线换乘的场所。线网节点处组织良好的换乘能更好地发挥轨道交通的优势,有助于吸引客流,提高公共交通的使用率,因此换乘站的合理设计显得十分重要。

1. 换乘站基本要求

(1)换乘站有多种形式,但均应考虑尽量缩短换乘距离、减小换乘高度,做到明确、简洁、方便乘客。

(2)换乘站设计应以远期高峰小时客流量为依据,换乘通道、楼梯、电梯等换乘设施的通过能力满足超高峰设计换乘客流量的需要。重视无障碍设施的设置建设。

(3)换乘设施应考虑设置在各换乘车站的付费区内,使得一次购票即可到达最终目的地。

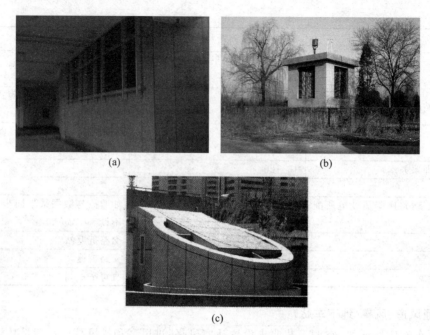

图 4-31 风亭形式
(a) 合建式；(b) 独建式；(c) 敞口低风井

(4) 换乘枢纽一般设置在客流集中的区域，各相应轨道交通车站应考虑尽可能多地设置出入口通道，交叉路口的各个象限均应布设，以方便乘客的集散。

2. 换乘方式

换乘站的形式与换乘方式密切相关。换乘方式通常有同站台换乘、站台点式换乘、站厅换乘、通道换乘、其他方式换乘。

1) 同站台换乘

(1) 平行岛式换乘。进入换乘枢纽站的两条线路平行走向，两个车站站台可平面平行或上下重叠。平面平行设置，两站台间一般通过天桥或通道连接，如图 4-32(a)所示。上下重叠设置一般构成"一"字形组合，站台上下对应，便于布置楼梯、自动扶梯，换乘方便，如图 4-32(b)所示。

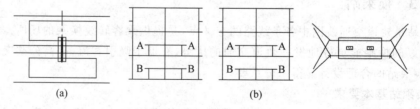

图 4-32 平行岛式换乘示意图
(a) 平面平行设置；(b) 上下重叠设置

(2) 共线岛式换乘。两条线路平行走向，分别进入同一换乘站，需要换乘的乘客下车后在车站等候下一列车进站。此换乘方式便捷，换乘量不受限制，但仅适用于各发车密度不大的线路，同时该站的总量发车密度不得超过信号能实现的最小发车间隔。如图 4-33 所示。

(3) 上、下层平行侧式换乘。进入车站的两条线路平行走向,两条线路两个方向能在上、下层通过楼梯换乘,其余两个方向需要通过站厅或通道换乘,如图4-34所示。

(4) 同层岛、侧式平行换乘。进入车站的两条线路平行走向,两条线路一个方向能完成平面换乘,其余方向仍需通过站厅或通道换乘,又称一岛二侧式平行换乘,如图4-35所示。

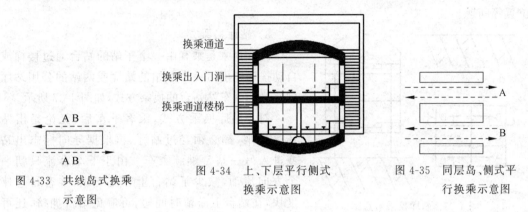

图4-33　共线岛式换乘示意图　　图4-34　上、下层平行侧式换乘示意图　　图4-35　同层岛、侧式平行换乘示意图

2) 站台点式换乘

当两条线路相互不呈平行走向时,在线路交叉处,将线路隧道重叠部分的结构做成整体结构,并采用楼梯将相应线路车站站台连通,乘客通过楼梯进行换乘,这种换乘方式称为站台点式换乘或节点换乘。

站台点式换乘的高差一般为5~6m。换乘方式根据线路车站交叉位置有十字形交叉换乘、T形交叉换乘和L形交叉换乘。根据站台形式,又可进一步分为岛式与岛式、岛式与侧式、侧式与侧式十字形交叉换乘,岛式与岛式、岛式与侧式、侧式与侧式T形交叉换乘以及岛式与岛式、岛式与侧式、侧式与侧式L形交叉换乘,如图4-36所示。

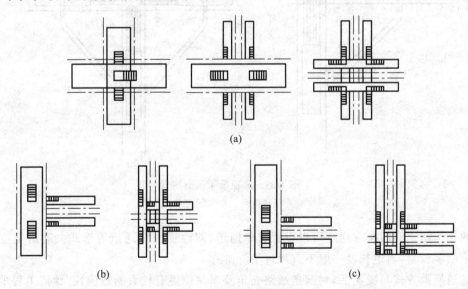

图4-36　站台点式换乘示意图
(a) 十字形交叉换乘;(b) T形交叉换乘;(c) L形交叉换乘

站台点式换乘在线路交叉处通过楼梯实现上、下站台一点换乘,使得换乘距离缩短、换乘形式便捷。但可用作换乘通道的站台处空间相交部位面积有限,仅能安排一个楼梯,因此换乘能力较小,设计时必须注意上、下楼的客流组织,避免进、出站客流与换乘客流发生交叉,造成紊乱。站台点式换乘的节点要求一次做成,应充分考虑预留线路的限界净空和线路位置等问题。

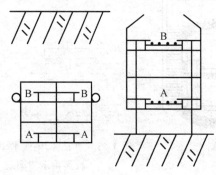

图 4-37 站厅换乘示意图

3) 站厅换乘

站厅换乘是乘客由一个车站的站台通过楼梯或自动扶梯经由另一个车站的站厅或两站的公用站厅到达另一个车站站台的换乘方式,如图 4-37 所示。

对于站厅换乘方式,乘客下车后,无论是出站还是换乘,都必须经过站厅,再根据导向标志出站或进入另一站台继续乘车。由于下车客流只朝一个方向流动,减少了站台上客流交织,乘客行进速度快,在站台上滞留时间短,可避免站台拥挤,还可减少楼梯等升降设备的数量,增加站台有效使用面积,有利于控制站台宽度。但乘客换乘线路通常要先上(或先下)、再下(或再上),同时换乘距离较长。如在站台和站厅之间设置自动扶梯,则有利于换乘条件的改善。

4) 通道换乘

在两条线路交叉处,通过设置单独的连接通道和楼梯将两个车站连接起来,实现乘客的线路换乘,这种换乘方式称为通道换乘,如图 4-38 所示。

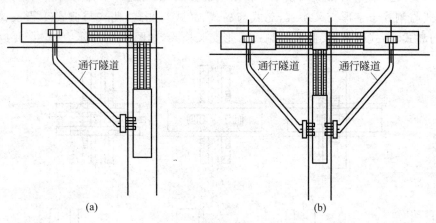

图 4-38 通道换乘示意图
(a) 单通道换乘;(b) 双通道换乘

两个车站之间的换乘通道可以设置成单通道、双通道及三通道等形式。通道宽度应考虑换乘的客流量,通道长度一般不宜超过 100 m。

通道换乘方式布置灵活,对两条线路交角及车站位置有较大的适应性,预留工程少或可以不预留,容许预留线位置将来可以较少移动。

当两条线路上的车站结构完全分开、车站站台相距稍远或受地形限制不能直接通过站厅进行换乘,两条线路工程分期实施,预留工程量少且后期线路位置调整的灵活性较大,以及两条线路在区间段构成 L 形相交或一条线路的区间段与另一条线路的车站形成 T 形交叉时,比较适合采用通道换乘。

5）其他换乘方式

当在两条以上线路交叉处乘客进行换乘时,一般采用下述换乘形式的组合,即 H 形、n 形、Y 形等换乘形式,如图 4-39 所示。

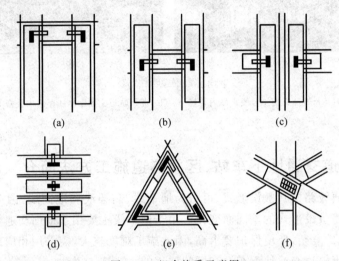

图 4-39　组合换乘示意图
(a) n 形；(b) H 形；(c) 廾形；(d) 卅形；(e) △形；(f) Y 形

当出现下列情况时需采用站外换乘：当高架线与地面线之间的换乘因条件限制,不能采用付费区内换乘；两线交叉处无车站或两车站相距较远；因规划不周,已建线路未作换乘预留,增建换乘设施较为困难；由于专用换乘设施的换乘方式,只能采用站外换乘。由于站外换乘乘客需增加一次进出站手续、步行距离较长、在站外将与其他人群混合,因而显得很不方便,因此在轨道交通线网规划时应尽量避免采用站外换乘方式。

4.2.4　车站内部文化

受周边环境和建设成本限制,车站在满足使用功能的前提下,其空间往往比较狭小,如果是地下车站,封闭于地面之下与外界隔绝,还需依靠人工采光、通风来保证运营的正常进行,因此乘客进入车站经常会感到单调、乏味、压抑。如何营造一个良好的环境,满足乘客心理要求,使乘客在轻松、愉悦的心情下完成旅行,是车站设计需要研究的重要课题之一。

通过采用不同颜色、艺术壁画、浮雕、艺术视觉标志以及广告灯箱等(图 4-40)对车站内部进行装饰装修,不仅可以向乘客展现城市的文化特色和风土人情、增加商业氛围、引导客流安全集散,从而形成独特的城市轨道交通车站文化,而且可以调节车站味单调乏的视觉环境、减缓乘客紧张压抑的乘车心理。因此,城市轨道交通车站内部文化已受到越来越多的关注,并已逐渐成为城市轨道交通车站内部不可或缺的风景线。

图 4-40 车站内装修
(a) 苏州轨道交通 1 号线车站内装修 A；(b) 苏州轨道交通 1 号线车站内装修 B

4.3 城市轨道交通地下车站、区间隧道施工方法简介

城市轨道交通线路按其敷设形式，可分为地下线、高架线和地面线，因此车站及区间段的施工方法随线路敷设形式的不同而变化。由于地下线主要用于地面交通繁忙路段和市区繁华地段，地质条件复杂，环境保护要求高，因此施工难度较大，需采用相应的施工方法和工艺。本节介绍城市轨道交通地下车站和区间隧道的主要施工方法。

目前，对于城市轨道交通地下车站和区间隧道的主要施工方法有明挖法、盖挖法和暗挖法等。

4.3.1 明挖法

明挖法是在地下车站或区间隧道位置由地表向下开挖基坑（有围护时先进行围护结构施工），在挖至坑底设计标高后，修筑车站或隧道结构并做好结构防水措施，然后回填基坑，恢复地下管线和路面的一种施工方法。明挖法施工简单、速度快、工期短、造价低，但明挖施工受地面交通和环境条件的制约，一般在地面交通和环境条件许可时采用明挖法。明挖法是地下车站最常用的施工方法。

明挖法根据施工场地地质条件、基坑开挖深度以及周边环境等，可采用放坡开挖和有围护的垂直开挖。

当施工场地周边环境较为简单时，可根据土质条件和坑深，采用适当坡比，进行一级或多级放坡开挖，必要时在土体中置入斜向土钉形成放坡土钉墙，土方开挖至坑底设计标高后，依次修筑主体结构并做好结构防水措施，最后回填土方，恢复管线和永久路面，如图 4-41 所示。为减少地表水对坡面的冲刷，通常坡面应采用钢筋网片和喷射混凝土护面。

当施工场地周边环境较为复杂不具备放坡条件时，可采用有围护的垂直开挖，施工顺序如图 4-42 所示。围护结构一般有地下连续墙、钻孔灌注桩、SMW 工法桩等，视土质和坑深条件，必要时设置支承体系（内支承或拉锚）。

需要注意的是，无论放坡开挖还是有围护的垂直开挖，在施工期间都应根据水文地质条件做好地下水的降、止工作，同时做好坑内外地表水的排除工作，以防止水的流动造成周边建（构）筑物或地下管线沉降甚至破坏、坑底突涌、边坡失稳等工程事故。

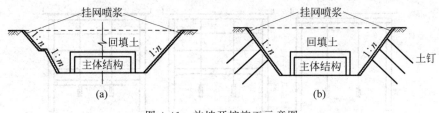

图 4-41 放坡开挖施工示意图
(a) 自然放坡;(b) 放坡土钉墙

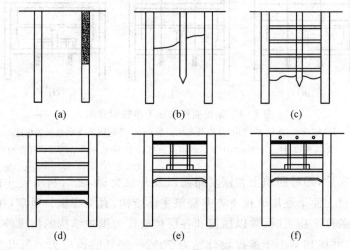

图 4-42 有围护的垂直开挖施工示意图
(a) 围护桩或墙施工;(b) 第一层开挖及支承安装;(c) 第 n 层开挖及支承安装;
(d) 浇筑底板;(e) 浇筑中板、顶板;(f) 浇筑主体结构及恢复路面

4.3.2 盖挖法

盖挖法是利用围护结构和支承体系,在交通繁忙路段以结构顶板或临时路面维持路面交通,采用先盖后挖,在盖板下进行土方开挖和地下结构修筑的一种施工方法。通常在路面交通量大、地下管线密集、覆土埋深较浅的情况下,采用盖挖法施工较为合适。

盖挖法根据基坑开挖与结构浇筑顺序的不同,可分为盖挖顺作法、盖挖逆作法和盖挖半逆作法。

1. 盖挖顺作法

盖挖顺作法的施工程序如图 4-43 所示,即先由地表面完成围护结构和中间桩柱,然后将预制的临时道路结构盖板置于围护桩或墙和立柱桩上以维持昼间路面交通的正常进行,当夜间路面交通较少时,可将道路封闭,掀开盖板往下反复进行挖土和加设横撑,直至坑底设计标高,再依次由下而上修筑主体结构并做好结构防水措施,最后回填土方,恢复管线和永久路面。当路面交通不能长期中断时可采用盖挖顺作法施工。

2. 盖挖逆作法

盖挖逆作法的施工程序如图 4-44 所示。盖挖逆作法施工时,先在地表面进行基坑围护结构及中间桩柱的施工,再开挖表层土体至主体结构顶板底标高并浇筑顶板,待顶板混凝土

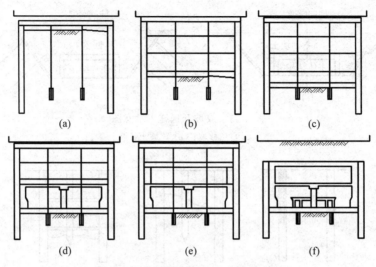

图 4-43 盖挖顺作法施工步骤示意图

(a) 围护桩或墙、立柱桩；(b) 开挖及支承安装；(c) 开挖浇筑支承及覆盖板施工；
(d) 浇筑侧墙、柱及底板；(e) 浇筑侧墙及顶板；(f) 浇筑主体结构及恢复路面

强度达到设计要求后，即可回填土和恢复路面以及开放交通，之后利用竖井作为出入口，在顶盖板底下进行自上而下逐层开挖土方并浇筑主体结构，直至底板。通常，在软弱土层中且邻近地面建筑物条件下施工时，除以顶板和各层楼板作为围护结构的横撑外，尚需设置一定数量的临时横撑，并施加不小于横撑设计轴力 70%～80% 的预应力。当开挖面较大、覆土较浅以及周围建筑物较近时，可考虑采用盖挖逆作法施工。

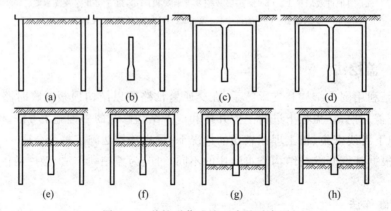

图 4-44 盖挖逆作法施工步骤示意图

(a) 围护桩或墙施工；(b) 中间桩柱施工；(c) 浇筑顶板；(d) 回填土、恢复路面；
(e) 上层开挖；(f) 浇筑上层主体结构；(g) 下层开挖；(h) 浇筑下层主体结构

3. 盖挖半逆作法

盖挖半逆作法施工与盖挖逆作法施工类似，不同之处在于其顶板完成及恢复路面和开放交通之后，在顶板底下先进行自上而下逐层开挖土方并至坑底设计标高后浇筑底板，然后再依次由下而上逐层浇筑侧墙和楼板并做好结构防水措施。半逆作法施工中，也必须设置横撑并施加预应力。

4.3.3 暗挖法

1. 浅埋暗挖法

浅埋暗挖法施工的基本作业程序主要是地层预加固和预支护、土方开挖、初期支护和二次支护、监控测量指导设计与施工等。采用浅埋暗挖法进行地下车站施工时，由于车站结构复杂、断面尺寸较大以及对地表沉降控制较严格，因此开挖支护顺序是其成败的关键，通常可采用台阶法、眼镜法和中隔壁法。

浅埋暗挖法施工时，应以改造地质条件为前提、控制地表沉降为重点、格栅和锚喷为基础，遵循"管超前、严注浆、短开挖、强支护、快封闭、勤测量"的原则。

2. 盾构法

盾构（图4-45）是一种在松软地层中隧道掘进的专用工程机械，现代盾构集机、电、液、传感及信息技术于一体，具有开挖切削土体、输送土渣、拼装隧道衬砌、测量导向纠偏等功能。盾构沿长度方向从前至后由切口环、支承环和盾尾三部分组成。

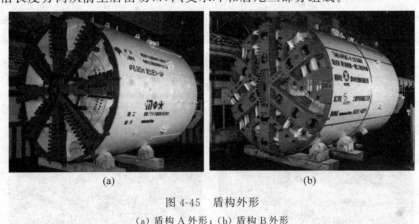

图4-45 盾构外形
(a) 盾构A外形；(b) 盾构B外形

盾构有不同的类型。按断面形式可分为单圆盾构、复圆盾构和非圆盾构，其中非圆盾构包括椭圆形盾构、半圆形盾构、马蹄形盾构和矩形盾构等；按支护地层的形式可分为自然支护式盾构、机械支护式盾构、压缩空气支护式盾构、泥浆支护式盾构以及土压平衡支护式盾构；按开挖面与作业室之间隔板的构造可分为敞开式盾构（包括手掘式盾构、半机械式盾构、机械式盾构和挤压式盾构）和闭胸式盾构（包括压缩空气盾构、泥水加压盾构、土压平衡盾构和加泥式土压平衡盾构）。

泥水加压盾构、土压平衡盾构是工程中常用的两种盾构。泥水加压盾构的旋转切削头后面有一个用隔板密封起来的泥浆室，其中充满泥浆，泥浆的压力比开挖面的地下水压力略高，从而保证开挖面的稳定，弃渣与泥浆混合后由输泥管抽出洞外分离处理。土压平衡盾构在其前部设置一个土壤密闭室，排土采用螺旋式运输机，以回转刀盘开挖下来的土经常填满于密闭室及螺旋运输机中，通过控制螺旋运输机排出的土量和盾构推进的速度来保持开挖面的土压平衡和稳定，是为在松散粉砂层和松散砂层中进行开挖而专门研制的一种盾构形式。

盾构施工法简称盾构法，就是使用盾构在地下掘进，在边防止软弱开挖面土砂崩塌和保持开挖面稳定的同时，边在机内安全地进行隧道开挖和衬砌作业，从而形成地下隧道的一种施工方法。盾构法虽然也可用于地下车站的施工，但对车站断面变化的适应性较差，而且当

图 4-46 施工中的盾构隧道

车站不是足够长时,其经济性并不明显,因此在地下车站施工中的应用并不广泛,而主要用于地下隧道的施工之中(图 4-46)。

盾构法由稳定开挖面、盾构挖掘和衬砌三要素组成。

为保证盾构掘进时开挖面的稳定性,可采用泥水加压、土压平衡(盾构)等措施(或机械)。

盾构掘进前应设定掘进速度、垂直与水平方位等各种参数,并在施工过程中,根据地质变化、隧道埋深、地面荷载、盾构姿态、刀盘扭矩、油缸推力、油缸行程等的测量与监测数据,及时加以调整和优化。

隧道衬砌是承受隧道周围的水、土等荷载,以保证隧道结构的净空和安全的地下结构,属永久性结构。衬砌分一次衬砌和二次衬砌。一次衬砌主要承受地层的土、水压力,以及盾构推进力和各种施工设备构成的内荷载,通常为装配式(即由预制管片用螺栓等连接物拼装而成,如图 4-47 所示)。二次衬砌是在一次衬砌的内侧现浇混凝土而构成(图 4-48),除承受荷载外,主要应具有防渗、防蚀、防振以及修正轴线起伏和内装饰的作用。对于盾构法隧道,一般无须设置二次衬砌,如需补强、防渗或外水压力较大时,可考虑设计二次衬砌。

(a)　　　　　　　　　　　　　　　(b)

图 4-47　一次衬砌

(a) 预制管片构件;(b) 采用管片拼装的单层衬砌

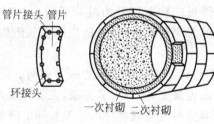

图 4-48　二次衬砌示意图

盾构法隧道为位于两竖井(始发井和接收井)结构间的暗埋隧道段,盾构由一端的始发井开始推进,再从另一端的接收井推出,形成具有一定坡度的隧道。盾构法施工的主要步骤如下:

(1) 挖掘竖井。

(2) 安装盾构掘进设备,准备掘进(始发),如图 4-49 所示。

(3) 盾构掘进，安装衬砌。
(4) 灌注防水填充材料，保持隧道稳定。
(5) 盾构到达，如图 4-50 所示。

图 4-49 盾构始发

图 4-50 盾构到达

思考题

1. 城市轨道交通线路按其用途和敷设方式分别有哪些？
2. 在确定城市轨道交通线路的走向时，应考虑哪些主要因素？
3. 辅助线包括哪些？
4. 为什么城市轨道交通地下线宜布置在道路中线下？
5. 为什么要对城市轨道交通平面圆曲线最小半径加以限制？
6. 什么是缓和曲线？缓和曲线类型有哪些？为什么要设置平面缓和曲线？
7. 城市轨道交通车站按车站埋深、布线高程、运营性质、结构横断面类型、站台形式以及设备容量分别可分为哪些？
8. 城市轨道交通车站由哪几部分组成？
9. 出入口设计应考虑哪些因素？出入口及通道的平面布置形式主要有哪些？
10. 车站主体主要包括哪几部分？
11. 明挖法施工有哪些特点？
12. 盖挖逆作法和盖挖顺作法施工有什么区别？分别适用于什么条件？
13. 盾构有哪些类型？什么是泥水加压盾构、土压平衡盾构？

第 5 章

城市轨道交通的轨道结构

学习目标：轨道结构是提供车辆在轨道上安全舒适运行的基本保障。通过本章学习，了解轨道结构的类型及特点；掌握钢轮钢轨的轨道结构的主要组成部件以及它们的主要类型、作用、特点；了解独轨和磁悬浮系统的轨道结构。

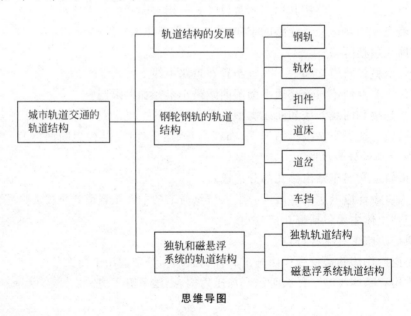

思维导图

课程思政：轨道结构是支撑轨道车辆在其线路上安全顺利运行的基础设施。轨道结构包含多个部件，缺一不可，每个部件都有其重要的作用，只有组合在一起才能发挥整体效果。对于团队合作项目也是一样的，成员之间要相互协作、共同作为才能顺利完成。对于复杂系统工程也是如此，系统中任何一个产品都是很重要的，不能因为事小而马虎，否则会导致系统瘫痪或发生重大安全事故。因此，无论做什么事要注重细节，小处着眼，细处着手。

5.1 轨道结构的发展

近代文明前人们在陆地上运输重物,为了克服摩擦阻力除了利用轮子外还借助于"轨道",在不平整的地面上敷设了原木或打磨光滑的石灰石轨道,将重物放在轨道上,依靠人力或畜力来推拉物件。使用轨道运输具有明显的优势:把较少的材料做成轨道而无须加工整个车辆通过的路面,轨道面提供了一个较为平整、硬度较高的车轮滚动面,并且可以把运输重物的重量通过轨道分散地分布于地面上。人类使用轨道的最早记载是在公元前6世纪,在古希腊有一条6 km长的轨道用来运输船只,载运船只的架子由奴隶拉着沿石灰石制成的轨道,将船只从地中海搬运到迪尔可斯(Diolkos)海湾。

现代铁路的起源可追溯到16世纪的德国和英格兰,最早的木槽道路起始于德国。当时是用棒头和钉子将木槽拼接起来,车辆既可在一般道路上行走,也可在木槽上行走。后来,这种木槽道路引进到英格兰和德国的矿山中,大约在1630年,木槽轨道用横向木条连接固定,用于运输煤炭,这样一匹马能拉的重量是在普通道路上的4倍。由于木槽很容易磨损,后来

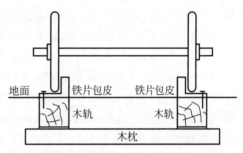

图 5-1　木轨轨道(18世纪中叶)

在木条上钉铁皮(图5-1),但铁皮也太薄弱,很容易破损。到1767年,由于铸铁产量的上升,使得铸铁轨的使用成为可能。为了克服木条上铁皮容易破损的缺点,在轨道上使用了长1.524 m、宽11.43 cm、高3.175 cm的铸铁轨,每根铸铁轨有3个螺栓孔,铸铁轨形状类似于现在的槽钢,凹槽朝上并用钉子固定,车轮在凹槽内走行。

金属轨的运用大大延长了轨道和木条的使用寿命,并且大大减小了车辆的运行阻力。但凹槽形的铸铁轨受力并不十分合理,在1776年,Curr引进了L形的铸铁轨,如图5-2所示。由于L形铸铁轨有垂直边,提高了轨道的导向性能。当时的L形铸铁轨下用纵向木条承垫,当纵向木条腐烂后,横向塞入木条,或者用石块塞入L形铸铁轨下,这样就形成了横向轨枕支承的结构形式。从1800年开始,马拉车辆铁路的铸铁轨长度为0.9144 m,两端支承在石头上,如图5-3所示。此时的轨道已能运行2~3 t的马拉车辆。直到1789年,Jessop引进了铸铁梁轨和有轮缘的车轮,从而结束了车辆既可在普通道路上行走,又可在轨道上行走的历史,至此标志着道路和铁路开始分离。当时采用的轨距是1435 mm。Jessop轨是鱼腹式,即铸铁轨的支座处轨高较矮,在两支点之间轨高较高,在支座处轨底较宽,以便铸铁轨在石支座上稳定安放。Jessop轨长0.9144~1.2192 m,轨头宽度4.3815 cm。当时车轮轮缘有在轨头内侧的,也有在轨头外侧的和在轨头两侧都有轮缘的。但使用中发现,当车轮缘在轨头的外侧时,车辆运行很容易脱轨,所以将车轮轮缘改为在轨头的内侧。当时的轮缘高度为2.54 cm。至今的车轮轮缘高度也在2.54 cm左右。

图 5-2　早期的 L 形铸铁轨轨道

图 5-3　支承在石枕上的 L 形铸铁轨轨道

由于铸铁轨只有 1.2192 m 长,所以接头较多。且铸铁较脆,容易断裂。在 19 世纪初,炼铁技术得到了较大的发展。在 1803 年生产了宽 3.175 cm、高 5.08 cm 的矩形截面锻铁轨,轨枕为纵向支承。以后几年,又生产出截面更为复杂的鱼腹式 T 形锻铁轨,这种铁轨轨头呈圆弧形,轨腰较厚,并用铸铁支座支承铁轨,如图 5-4 所示。

由于 T 形轨的下缘较薄,张拉应力较大,在轨座处也由于接触应力较大而极易磨损。为克服这一缺点,直到 1830 年,随着美国铁路的兴建,Stevens 在 T 形轨下缘加一轨底,从而取消了铸铁轨座。这种钢轨与现代的钢轨截面相类似,只是在轨枕支承处将轨底加宽,以减小轨座压力,如图 5-5 所示。1831 年以后,这种钢轨广泛用于美国的铁路,此时也是美国第一次引进使用蒸汽机车。

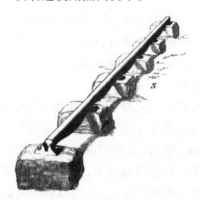
图 5-4　鱼腹式 T 形锻铁轨轨道

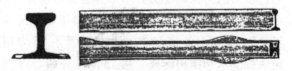
图 5-5　1830 年 Stevens 首次设计的钢轨

由于 Stevens 首次设计的钢轨轨底宽度周期变化,轧钢机不能适应,而且使用这种钢轨的轨枕间距不能变化。后来 Stevens 将钢轨设计成通长为等截面,使用后发现,这种钢轨性能非常优良,而且可随意改变轨枕间距。与此同时,Stevens 设计了一种"hook-headed spike"的道钉(俗称"勾头道钉"),固定钢轨非常方便。直至现在,在木枕线路上还广泛使用这种勾头道钉。在 1840 年以后,几个美国铁路公司的铁路和英国的许多铁路都使用这种 Stevens 钢轨。由于这种钢轨截面合理,重量较轻,容易固定在横向枕木上,而且这种钢轨的垂向和横向都有较大的弯曲刚度,使得许多欧洲铁路都使用这种钢轨,如在 1840 年后德国铁路将工字截面的轨道结构作为主要的轨道结构系统。由于用横向轨枕轨道稳定性很好,所以这种轨道结构一直沿用至今。

5.2 钢轮钢轨的轨道结构

轨道结构作为主要的线路设备,是轨道交通系统的重要组成部分。轨道结构是列车行驶的基础,列车必须沿着轨道行驶,轨道给行驶的列车提供了导向作用和承载作用。

在研制钢轨和轨枕的时期,轨道上使用的轨枕主要是木枕。但进入 20 世纪 30 年代后,混凝土的使用越来越广泛,铁路也开始研制混凝土枕替代木枕,钢轨和横向混凝土轨枕的有砟轨道结构在世界铁路中得到了广泛的应用。随着铁路的发展、车辆速度的提高和轮载的增大,研制开发了适合不同运输条件、不同列车运行工况的轨道结构,主要有高速客运专线轨道结构、货运重载线路轨道结构、普通客货混运线路轨道结构、少维修的轨道结构(如日本的梯子式轨道结构)、减振降噪型轨道结构(轨下基础低刚度轨道结构)等。

随着列车牵引形式和轮轨形式的变化,城市轨道交通除传统钢轮钢轨的轨道结构外,还出现了一些特殊的、新型的轨道结构,如磁悬浮结构、橡胶轮轨结构和独轨结构等。

城市轨道交通使用较多的是钢轮钢轨式的轨道结构,有传统的有砟轨道和无砟的新型轨道。各种轨道结构在使用性能(包括减振降噪特性)、适用环境、养护维修、造价和运行费用等方面,各有不同的特点和优势。由于城市轨道交通可采取地面、地下和高架等不同的线路形式,因此,轨道结构也必然采取与之相适应的形式。

一般的钢轮钢轨式轨道结构由钢轨、轨枕、连接零件、道床、道岔和防爬器、轨距拉杆及其他附属设备等组成。不同的轨道部件,其功能和受力条件也不一样。轨道结构部件的受力条件差异极大,因而各种部件的材质要求也差异很大。通过科学而可靠的方式把它们制造出来,组合成为完整的结构体系,用以驱动、导向列车的运行,承受高速行驶轨道交通车辆的荷载,并把荷载传递给支承轨道结构的基础。为保证列车运行的安全,轨道结构应具有足够的强度和稳定性、耐久性、绝缘性、弹性,且便于养护维修,以确保列车安全运行和乘客舒适。

传统钢轮钢轨的轨道结构是城市轨道交通的主要形式,因此,本节主要介绍钢轮钢轨的轨道结构。由于城市轨道交通线路一般穿越城市市域(地下/地面或高架),在设计城市轨道交通的轨道结构时比设计城市间的大铁路轨道结构要更多考虑一些因素。

(1) 更多地考虑振动与噪声对周边环境的不良影响。城市轨道交通运营时不可避免地要产生振动与噪声污染,必然对城市的生活产生不良影响。特别在居民区、医院、学校、高新技术产业区等城市敏感区域,对振动和噪声控制的要求更高。除了车辆结构采取减振措施以外,还要修筑噪声屏障,轨道结构也要采取减振措施,以最大限度地减少振动与噪声对周边环境的不良影响。

(2) 采用较强的轨道结构部件,减少轨道维修时间。轨道交通行车密度大,运营时间长,留给区间轨道维修作业的时间很短,因而一般采用较强的轨道结构部件。新建轨道交通系统时,在浅埋隧道和高架结构中,一般采用无砟道床等少维修轨道结构。

(3) 钢轨与轨下基础具有较高的绝缘性能。轨道交通车辆一般采用电力牵引,以走行轨作为供电回路。为减小因电流泄漏(或称迷流)而造成周围金属设施的腐蚀,要求钢轨与轨下基础有较高的绝缘性能。

(4) 采用耐磨性能好的钢轨。受城市街道和建筑物空间位置的限制,城市轨道交通线路中,曲线区段占很大比例,曲线半径也比城间铁路小,因此,城市轨道交通线路曲线钢轨的磨损相对较大。这就需要考虑在城市轨道交通的线路曲线部分采用耐磨性能好的钢轨。同时,再采取钢轨铺设前进行预弯、运营时钢轨涂抹润滑油等措施,以减少钢轨的磨损。

5.2.1 钢轨

1. 钢轨的类型和功能

钢轨的类型通常按每米质量的近似值表示。目前,我国铁路的钢轨类型主要包括 43 kg/m、50 kg/m、60 kg/m、75 kg/m。质量越大,表示断面尺寸越大,钢轨强度等性能指标就越高。在轴重大、运量大和速度高的重要线路上采用质量大的钢轨,在一般次要线路上使用的钢轨质量相对要小一些。而钢轨刚度的大小直接影响轨道总刚度的大小。轨道总刚度越小,在列车动荷载作用下钢轨挠度就越大,对于低速列车来说,不影响行车的要求,但对于高速列车,则会影响列车的舒适度和列车速度的提高。

目前,世界各国铁路使用钢轨分重载高速铁路钢轨和普速铁路钢轨,如俄罗斯的重载铁路使用 75 kg/m 钢轨,美国使用 65 kg/m 钢轨,我国铁路干线都使用 60 kg/m 钢轨。世界各国高速铁路基本采用 60 kg/m 的钢轨,如日本新干线、法国 TGV 高速铁路、德国 ICE 高速铁路以及我国的高速铁路所采用的钢轨均为 60 kg/m 级(我国的实际重量为 60.64 kg/m)。

在我国城市轨道交通的线路中,早期的北京地铁使用 50 kg/m 钢轨,20 世纪 90 年代新建的上海地铁、广州地铁都采用了较重的 60 kg/m 钢轨,以期延长维修周期。轨道交通的停车线、站场线等非运营线路则采用较轻的 50 kg/m 钢轨,以减少投资。

我国生产的钢轨长度有 12.5 m 和 25 m 两种标准轨长。规范规定左右两股钢轨的接缝应尽量在一个断面上。为了校正曲线地带内、外轨的接头位置,在曲线轨道中,曲线内股使用一定缩短量的缩短轨,相应标准缩短量为 40 mm、80 mm、120 mm(12.5 m 和 25 m 两种规格的曲线内轨缩短量相等)。

作用于直线轨道钢轨上的力主要是竖直力,其结果是使钢轨沿垂直方向挠曲。因为钢轨被视为弹性基础上的连续长梁,而梁抵抗挠曲的最佳断面形状为工字形。因此,钢轨的断面形状采用具有最佳抗弯性能的工字形断面,由轨头、轨腰及轨底三部分组成,之间用圆滑曲线相连,如图 5-6 所示。钢轨断面的形状需要满足:符合钢轨受力的力学要求;轨头表面要对应车轮踏面形状,以改善轮轨的接触条件;还要考虑连接两根钢轨时安装接头夹板的要求;把轨头、轨腰和轨底三部分组成整体应减少可能出现的局部应力集中等要求。

城市地面有轨电车的钢轨轨顶面和路面相平,为减小由于车辆的蛇形运动造成轮缘对路面的破坏,特意做了一个轮缘槽,如图 5-7 所示。

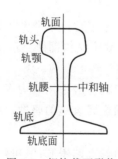

图 5-6　钢轨截面形状

图 5-7　地面有轨电车的钢轨断面

钢轨的主要功能如下：

(1) 为车轮提供连续、平顺和推力最小的滚动表面，以引导轨道交通车辆前进。

(2) 满足十分复杂工况的要求。钢轨要有足够的强度和韧性来承受复杂的应力作用。既要有足够的刚度抵御弯曲和扭转等变形，又要有足够的硬度抵抗磨耗。此外，为了减轻车辆对钢轨的动力冲击作用，防止轨道交通车辆走行部分及钢轨的折损，还要求钢轨具有必要的弹性。尽管硬度与韧性、刚度与弹性要求是矛盾的，但在轨道交通的复杂运行工况下，必须辩证地处理好这些钢轨的力学特性。

(3) 必须保证整个轨道的钢轨具有良好的导电性，成为供电回路和通信线路的良好导体。在电气化线路上，钢轨还要兼作供电接触网的回流线路及运行管理信号的轨道电路载体。

2. 钢轨的连接

在轨道上用定长的钢轨连接成连续的轨线，在两根定长的钢轨之间用夹板连接，称为钢轨接头。如以 12.5 m 或 25 m 标准轨铺设，每千米接头就有 80 个或 40 个之多。在城市轨道交通的轨道结构中，已大量采用无缝线路结构，将多根标准轨依次焊接在一起，钢轨接头数量大大减少，但是在无缝线路的缓冲区、轨道电路的绝缘区、有道岔的线路区段中，钢轨接头还是不能少的。

钢轨接头的连接零件包括夹板、螺栓、螺母、弹簧垫圈等，如图 5-8 所示。钢轨接头的作用是在接头处把钢轨连接起来，使钢轨接头部分具有与钢轨一样的整体性，以抵抗弯曲和位移。接头处还要满足钢轨伸缩的要求。

钢轨夹板的作用是夹紧钢轨。夹板以双头对称式（对称度在 10% 以内）为最常用。目前，我国标准钢轨用夹板均为斜坡支承型双头对称式夹板。夹板的上下两面均有斜坡，使其能楔入轨腰空间，但不贴住轨腰。这样，当夹板稍有磨耗，以致连接松弛时，仍可重新旋紧螺栓，保持接头连接的牢固。每块夹板上有螺栓孔 6 个，圆形孔与长圆形孔相间，孔径较螺栓直径略大。

钢轨接头的分类有以下几种：

(1) 按接头连接形式相对于轨枕的位置划分，可分为悬空式和承垫式两种。线路上采用的大部分是悬空式的接头，承垫式只在绝缘接头处使用。

(2) 按两股钢轨接头相互位置划分，可分为相对式和相错式两种。我国一般采用相对悬空式为标准形式，即两段钢轨接头左右对齐，同时位于两接头轨枕间。这种接头连接方式，无论对铺轨还是受力，都是比较有利的，如图 5-9 所示。

(3) 按接头连接的用途及工作性能划分，可分为普通接头、异形接头、导电接头、绝缘接头、冻结接头和尖轨接头等。

① 普通接头。用于前后同类型钢轨的正常连接，是线路上用得最多的接头，如图 5-8(b) 所示。

② 异形接头。用于连接两种不同断面的钢轨，异形夹板的一半应与一端同型钢轨断面相吻合，另一半则与另一端钢轨断面相吻合。连接时应使两轨工作面轨距线与轨顶最高点水平线都相吻合。

③ 导电接头。用于铁路自动闭塞区段及电力牵引地段，供传导轨道电流或作为牵引电流的回路之用。两根钢轨间传导连接装置用左右两根 5 mm 的镀锌铁丝组成。

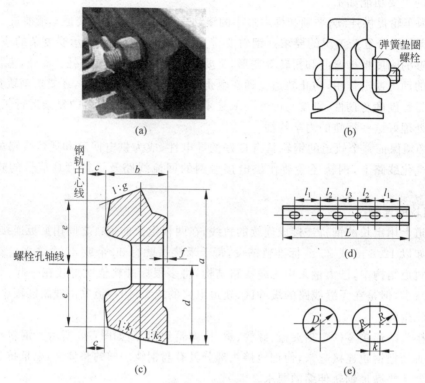

图 5-8 钢轨接头

(a) 接头实物图；(b) 斜坡支承型双头对称式夹板截面；(c) 夹板截面图；(d) 夹板侧面图；(e) 螺栓孔

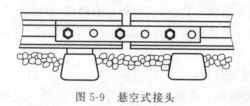

图 5-9 悬空式接头

④ 绝缘接头。用于自动闭塞区段闭塞分区两端的钢轨接头上，以隔断电流，防止漏电。绝缘的方法是在夹板与钢轨、螺栓之间及螺孔四周与轨端之间用绝缘材料加以隔离构成。绝缘材料采用高强度尼龙绝缘层，可承受 900 N·m 的螺栓扭矩，轨缝几乎没有变化。在新建的城市轨道交通中已采用无绝缘接头的轨道电路，在正线范围内已不再使用这种绝缘接头。

⑤ 冻结接头。用高强度的胶黏剂将夹板与钢轨胶结，再用高强度螺栓拧紧，其剪切荷载可达 1800 kN，起到了"冻结"钢轨的作用。它用于无碴桥上有温度调节器的钢梁温度跨度范围内、钢梁横梁顶上及道口处，近来也有用于道岔的接头上。

⑥ 尖轨接头。尖轨接头又称为温度调节器，用于连接轨端伸缩量相当大的普通轨道及长度跨度大于 100 m 的桥上轨道的钢轨接头。

⑦ 焊接接头。焊接接头是指用焊接方法把钢轨连接起来，广泛用于无缝线路上。为适应钢轨热胀冷缩的需要，在钢轨接头处要预留轨缝。预留轨缝应满足以下条件：

a. 当轨温达到当地最高轨温时,轨缝应不小于零,使轨端不受挤压力,以防温度压力太大而胀轨跑道。

b. 当轨温达到当地最低轨温时,轨缝应不大于构造轨缝,使接头螺栓不受剪力,以防止接头螺栓拉弯或拉断。构造轨缝是指受钢轨、接头夹板及螺栓尺寸限制,在构造上能实现的轨端最大缝隙值。

钢轨接头是轨道结构的薄弱环节。接头虽能保证必要的几何形位,但却在一定程度上破坏了钢轨的连续性,主要表现在轨缝、台阶和折角三个方面,如图 5-10 所示。钢轨连续性破坏以后,接头部分受到了很大的冲击力作用。

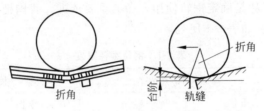

图 5-10　钢轨接头上破坏钢轨连续性的形式

3. 钢轨铺设与焊接

正线地段和半径为 250 m 及以上的曲线地段,应铺设长轨节,即无缝线路。高架线上的无缝线路需作特殊设计。在曲线半径 $R<300$ m 地段,要铺设耐磨长钢轨,以减少磨耗和接头振动。由于车轮踏面与钢轨顶面主要接触部分是 1/20 斜坡,为了使钢轨轴心受力,钢轨亦要设置向内倾斜的轨底坡。规范规定地下铁道轨底坡度为 1/40。

轨道焊接方法有 3 种。

(1) 接触焊,又称电阻焊。该法焊接质量稳定,材质均匀,其强度可达到母材的 95% 以上。

(2) 气压焊。一种是在工厂进行的大型气压焊,另一种是在工地进行的移动式小型气压焊。气压焊接质量与接触焊相近,其强度为母材的 90%～95%。

(3) 铝热焊。铝热法是焊接中铁的氧化物被铝还原成铁水,同时产生巨大的热量,把高温铁水浇入预热的轨端缝隙而将两轨焊接在一起。铝热法焊接设备简单、轻便、成本低,但焊接质量容易受人为因素影响,质量不稳定,焊接强度一般为母材的 70%～90%。

北京地铁一期工程钢轨焊接,是先在工厂采用气压焊法,将标准钢轨焊接成长钢轨,再将长钢轨运到现场,采用铝热焊法将长钢轨焊接成轨节。地铁经过 20 多年的运行,铝热焊接头还相当好。上海地铁 1 号线钢轨焊接也是先在工厂采用接触焊法,将标准钢轨焊成长钢轨,再在现场采用移动式气压焊机将长钢轨焊接成长轨节。

4. 钢轨的伤损

钢轨在使用过程中常常因发生裂纹、折断和磨耗等伤损而不到其使用期限就需更换,因此,钢轨的伤损是轨道交通线路上的一个突出问题,严重影响行车的安全。常见的几种伤损如下:

(1) 轨腰螺栓孔裂纹。轨腰钻孔以后,其强度被削弱,螺栓孔周围发生较高的局部应力,在列车车轮冲击荷载的作用下,螺孔裂纹开始形成和发展。

(2) 轨头核伤。轨头核伤是最危险的钢轨伤损,它起源于轨头内部小的横向裂纹。在列车荷载的重复作用下,细小的横向裂纹扩展而成核伤,直至核伤的四周钢材不足以抵抗破坏应力,使轨头钢材在毫无先期变形的情况下猝然折断。

(3) 轨头剥离。轨头剥离常发生在轨头与轮缘的内圆角接触处的圆角上,是一种破裂掉块的缺陷。防止剥离则必须改善轮轨的接触条件,改进钢轨的材质,提高接触疲劳强度,并加强轨道的养护维修,提高线路质量。

(4) 钢轨磨耗。钢轨磨耗主要包括垂直磨耗、侧面磨耗和波形磨耗等。

垂直磨耗与作用在钢轨上的垂直压力、轨轮之间的滑动摩擦有关,它随着通过质量的增加而增大,在直线或曲线上都存在垂直磨耗。当超过允许的垂直磨耗量,钢轨必须更换。所以在正常情况下垂直磨耗是确定钢轨使用寿命的重要依据。我国把磨耗钢轨按轨头磨耗程度分为轻伤和重伤两类,如表 5-1 所列。

表 5-1　钢轨磨耗限度

钢 轨 类 型	垂直磨耗/mm		侧面磨耗/mm	
	重伤	轻伤	重伤	轻伤
60 kg/m 及以上	11	9～10	19	14～16
50 kg/m	10	8～9	17	12～14

侧面磨耗发生在曲线的外股钢轨上。从摩擦学的角度看,侧面磨耗属于塑性变形磨损、黏着磨损和疲劳磨损的综合磨损。伴随曲线外轨侧磨的同时,在曲线内轨上出现轨头压溃、轨头压偏和宽度增加等现象。钢轨侧磨的严重性,在钢轨伤损中已居突出位置。侧面磨耗钢轨按磨耗程度分为轻伤和重伤两类,如表 5-1 所列。

侧面磨耗也有来自于轨道交通车辆方面的因素,与转向架的类型有关。轮对因受转向架的约束不能自由地居于径向位置,通过曲线时对外股钢轨产生较大的轮缘力(或称为导向力)和冲角。来自于轨道方面的因素为外轨超高、轨距、曲线的圆顺度及轨底坡等轨道几何形状。

减少侧磨的措施有:采用径向转向架;采用耐磨轨;合理设置超高、轨距和轨底坡,加强曲线的养护维修,保持良好的曲线圆顺度和方向性;曲线润滑;在曲线外轨侧面涂以润滑剂。润滑效果的好坏取决于润滑方法和润滑剂的类型。我国目前采用的润滑方法有两种:一种方法是在动车上装置润滑器或在车尾装置润滑器;另一种方法是采用地面自动润滑装置。润滑剂的种类也有两种:一种是润滑油,另一种是润滑脂。

钢轨波形磨耗是指钢轨顶面或侧面上呈波浪形的不均匀磨损或塑性变形。波形磨耗依据其波长可分为两大类:波长 30～80 mm、波深 0.1～0.5 mm、光亮的波峰和黑暗的波谷规则地排列在轨面上的波形磨耗称为短波磨耗,又称为波纹磨耗;波长 150～600 mm 及以上、波深 0.5～5 mm,波浪界线分明但不规则、不均匀,波峰和波谷有均匀光泽的波形磨耗称为长波磨耗。

车辆在有波形磨耗的钢轨上行驶,不但对轨道结构产生很大的附加动力荷载,而且会产生尖啸声,有人形象地称这种钢轨为噪声钢轨。加拿大温哥华的空中列车通车没多久就产生了这种钢轨损伤,随通过列车的增加,损伤越演越烈,在采取了很多措施后,损伤才得以缓解。

波形磨耗形成的原因十分复杂。解释其成因的理论不下数十种,归纳起来大致可以分为两类：一类为非动力成因理论，主要从钢材性能、残余应力、不均匀磨损腐蚀、不均匀塑流、接触疲劳及轮轨几何形状匹配等方面研究成因；另一类为动力成因理论，主要从轮轨接触共振、轮轨垂向振动、轮对横向振动、扭振及弯曲振动等理论研究成因。最近几年来的研究表明，轮轨系统振动理论比较能够解释波形磨耗的发生和发展。

防止和减缓波形磨耗的措施如下：

（1）提高轨道的弹性和阻尼，减少轨道交通车辆垂向振动对轨道影响，对延缓波形磨耗发展速率是有利的。

（2）合理设置曲线外轨超高。实践表明，设置小于计算超高的外轨超高对减缓波形磨耗是有利的。

（3）提高钢轨材质强度及耐磨性能。

（4）钢轨打磨。国外经过30余年的实践，打磨已发展成为多功能的现代化养护维修的技术。钢轨打磨后的使用寿命可延长 0.1～1 倍不等。

5.2.2　轨枕

轨枕是轨下基础的重要部件之一。它的功能是支承钢轨，保持轨距和方向，并将钢轨对它的垂向压力传递到道床上，使用扣件把轨枕和钢轨连在一起形成"轨道框架"，增加了轨道结构的横向刚度。

轨枕按其构造及铺设方法可分为横向轨枕、纵向轨枕、短轨枕和宽轨枕等。

（1）横向轨枕。横向轨枕与钢轨垂直间隔铺设，是最常用的轨枕。

（2）纵向轨枕。纵向轨枕沿钢轨方向铺设，值得注意的是，纵向布置的钢轨和轨枕之间的连接还是采用定距离配置螺栓、扣件的形式，即还是"点支承"的传力形式。纵向轨枕在我国的线路中较少使用。有一类纵向布置的浮置板和这种轨枕相类似，具体参阅后面的内容。

（3）短轨枕。短轨枕又称为支承墩，是在左右两股钢轨下分开铺设的轨枕，只用于混凝土整体道床上。短轨枕有使用木质材料的，但在我国普遍使用钢筋混凝土材料，钢筋混凝土短轨枕采用 C30 混凝土，宜在工厂预制，以期保证质量。

（4）宽轨枕。宽轨枕因其底面积比横向轨枕大，减小了对道床的压力和道床的永久变形。

轨枕按其使用部位可分为用于区间线路的普通轨枕、用于道岔上的岔枕和用于无碴桥上的桥枕。

轨枕按其材料可分为木枕、混凝土轨枕和钢枕等，现钢枕已不被采用。

1. 木枕。木枕又称为枕木，是铁路上最早采用而且到目前为止依然被采用的一种轨枕，如图 5-11 所示。木枕主要的优点是弹性好，易加工，运输、铺设、养护维修方便，绝缘性能好；其缺点是易于腐朽和机械磨损，使用寿命短，且木材资源缺乏，价格比较昂贵，所以木枕已逐渐被混凝土轨枕所代替。但是在道岔、停车场等站线部位由于要求不等长的轨枕，混凝土轨枕尚难取代木枕。

2. 混凝土轨枕。目前的混凝土轨枕都采用预应力式（prestressed concrete，PC）轨枕，如图 5-12 所示。混凝土轨枕的优点是材源较多，规格统一，轨道弹性均匀，稳定性高，具有较高的道床阻力，对提高无缝线路的横向稳定性有利，使用寿命长，不受气候、腐朽、虫蛀及失火的影响；主要的缺点是重量大，弹性差，受力大。同时，列车通过不平顺的混凝土枕线

图 5-11 木枕

路时,轨道附加动力增大,故对轨下部件的弹性提出了更高的要求,以提高线路减振性能。混凝土轨枕按结构形式可分为整体式、组合式和短枕式,如图 5-13 所示。整体式轨枕整体性强,稳定性好,制作简便,是目前广泛使用的一种类型。组合式轨枕由两个钢筋混凝土块使用一根钢杆连接而成,其整体性不如前者,但钢杆承受正负弯矩的能力比较强,我国没有使用这种轨枕,但在欧洲使用得很广泛。轨枕间距也是轨道设计中的重要参数之一,其大小与每千米铺设的轨枕数量有关。

图 5-12 混凝土轨枕

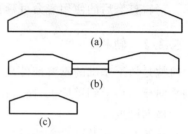

图 5-13 混凝土轨枕形式
(a) 整体式;(b) 组合式;(c) 短枕式

5.2.3 扣件

扣件是连接钢轨与轨枕的中间连接零件。其作用是将钢轨固定在轨枕上,即具有一定的扣压力,以保持轨距及阻止钢轨相对于轨枕的纵向和横向移动。由于轨道分有砟轨道与无砟轨道,有砟轨道中的轨枕又分为木枕和混凝土轨枕,因此使用的扣件也有不同的类型和要求。

1. 木枕扣件

木枕扣件主要有混合式和分开式两种。

混合式扣件较为简单,是使用最广泛的一种方式,由铁垫板道钉组成,用道钉将钢轨、铁垫板与木枕一起扣紧。垫板是在钢轨与木枕间插入的钢板,其上有 5 个方形孔,可将钢轨传来的压力传布于较大的木枕支承面上,减小对木枕的压力,从而有效地防止轨底切入木枕的支承面而引起的机械磨损,延长木枕的使用寿命。同时,还可使钢轨两侧道钉共同起抵抗横向力的作用,确保轨距稳定和防止钢轨向外侧倾斜。勾头道钉采用 3 号热轧方钢制成,长度为 165 mm。但这种道钉扣件的缺点是扣压力较小,也易于松动,为防止钢轨纵向爬行,需要较多的防爬器配合使用,如图 5-14(a)所示。为了提高扣件弹性,避免钢轨上翘时拔松道钉,有些铁路还使用弹簧道钉,如图 5-14(b)所示。

分开式扣件是将固定钢轨和固定铁垫板的螺栓或道钉分开。一般用 4 个螺栓道钉将铁垫板固定在枕木上,铁垫板有承轨槽,固定钢轨的螺栓安装在铁垫板上,然后用弹条或扣板将钢轨固定住,如图 5-15 所示,一般用于桥上线路。因轨卡、道钉和底脚螺栓在平面构成 K

图 5-14　木枕混合式扣件
(a) 勾头道钉及防爬器；(b) 弹簧道钉

形,故又称 K 形扣件。分开式扣件扣压力强,垫板振动得到减缓,能有效制止钢轨的纵横向移动,更换钢轨时不需要松开铁垫板,对枕木的损伤小,组装轨排方便。但分开式扣件的零件较多,用钢量大,相应的成本也较高。

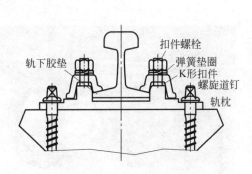 

图 5-15　木枕分开式 K 形扣件

2. 混凝土枕轨与无碴轨道道床扣件

混凝土(PC)轨枕由于质量大、刚度大、弹性差的特点,对扣件的扣压力、弹性和可调性均有较高的要求。此外,由于轨道电路,扣件应具有良好的绝缘性能,以减少迷流。

混凝土轨枕和无碴轨道使用的扣件较木枕的扣件复杂,现就扣件的类型叙述如下。

(1) 扣件按其扣压钢轨方式划分,可分为弹性扣件和刚性扣件两种类型。刚性扣件本身刚度很大,扣压钢轨后,弹性很差,在地铁运营线路中很少应用。但由于其工作可靠、结构简单、价格低廉,在场线上时有使用。

(2) 扣件按其承受横向力方式划分,可分为有挡肩和无挡肩两种类型。

一般来说,在调高量方面,无挡肩结构形式扣件优于有挡肩结构形式扣件,所以结合工程实际情况,高架桥上应采用无挡肩结构形式扣件。

(3) 扣件按其扣压件紧固方式划分,可分为有螺栓和无螺栓两种类型。

从养护维修角度考虑,无螺栓扣件比有螺栓扣件零部件少,养护维修工作量小,更适合轨道交通实际情况。我国的无螺栓扣件采用 e 形弹条,类似于英国的潘特罗(Pandrol)扣件,如图 5-16 所示。无螺栓扣件优于有螺栓扣件是肯定的,但从国内既有工程使用情况来

图 5-16 潘特罗扣件

看,其弹条在材料的材质、强度和稳定性等方面还需要进一步研究。

现在,城市轨道交通工程中采用的扣件种类很多,下面介绍几种主要的扣件。

(1) DTⅢ$_2$型扣件。DT 为地铁的意思。DTⅢ$_2$型扣件是无挡肩弹性分开式,适用于 60 kg/m 钢轨地铁内一般减振地段的枕式点支承混凝土整体道床。DTⅢ$_2$型扣件由弹条、轨距挡板、挡板座、螺纹道钉及弹性橡胶垫板等组成,如图 5-17 所示。

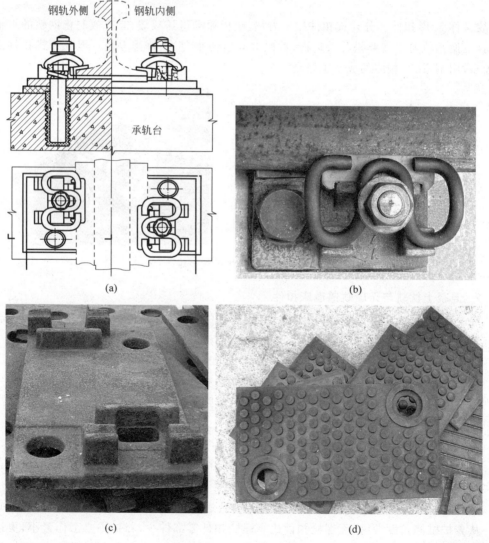

图 5-17 DTⅢ$_2$型扣件图

(a) DTⅢ$_2$型扣件截面图与平面图;(b) ω形弹条扣件;(c) ω形扣件铸钢底板;(d) ω形扣件橡胶轨下垫板

橡胶垫板是缓冲轮轨间的振动冲击作用和提供垂直弹性的主要零件。垫板的弹性靠压缩变形而获得。为了增加压缩变形量,通常在垫板的正反面开设凹槽。橡胶的材质可为丁苯、顺丁或天然橡胶。

轨距挡板用来调整轨距和传递钢轨承受的横向水平力。挡板座用来支承轨距挡板保持和调整轨距并传递轨距挡板的横向水平力至轨枕的挡肩上,应具有足够的强度。此外,还应具有一定的绝缘性能防止漏电。

将左右两股钢轨内外两侧不同编号的挡板和挡板座相互配合,可以调整一定量的轨距,对于 60 kg/m 钢轨,可调整轨距 $-12 \sim +8$ mm。

螺纹道钉用硫黄水泥浆锚固在 PC 轨枕预留的孔中,这是我国独创的一种工艺流程。螺纹道钉的抗拔能力可达 588 kN 以上,耐久性也很好,但对环境有影响,在新建轨道交通中已较少使用。

(2) 扣板式扣件。扣板式扣件由螺纹道钉、螺母、平垫圈、弹簧垫圈、扣板、铁座、橡胶垫板(绝缘缓冲垫板)、垫片及衬垫等零件组成,如图 5-18 所示。扣板式扣件与弹条型扣件的不同之处在于扣板是刚性的,所以又称为刚性扣件。

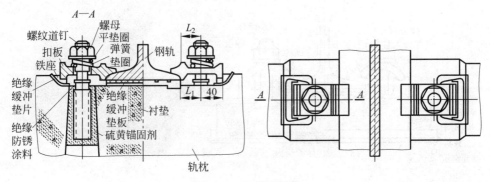

图 5-18 扣板式扣件

(3) 潘特罗扣件。潘特罗扣件是无螺栓、无挡肩的弹性扣件,它用预埋在 PC 轨枕中的铸铁挡肩承受横向水平力,保持轨距,用弹条作扣压件扣压钢轨,并用尼龙块作绝缘件。这种扣件于 1963 年在英国铁路上使用,效果良好,已有许多国家推广使用。北京复八线铺设的 DT Ⅳ$_2$ 扣件是我国自行研制的(图 5-19),类似于无螺栓、无挡肩的潘特罗弹性扣件。

(4) 减振型扣件。为减少轨道在列车运行过程中的振动对地面特殊建筑群的影响,在轨下安装减振器是一项重要措施。轨道减振器扣件又称科隆蛋(Cologne-egg),在德国 Cologne 车站附近首先使用,是一种高弹性扣件,如图 5-20 所示。通过橡胶的剪切弹性变形来实现其减振,可减振 10 dB 左右。轨道减振器使轨道结构减振效果较一般扣件高 5 dB 左右。目前,我国各大城市轨道交通对减振要求较高的地段采用这种轨道减振器。香港西铁在浮置板上采用此种轨道减振器,使轨道结构的减振隔振性能达到最佳状态。轨道减振器扣件扣压力大,具有较强的保持轨距的能力,轨距调整量可达到 $-12 \sim +8$ mm,绝缘性能良好,施工维修方便,造价相对较低。

Vanguard 轨道减振器是英国 Pandrol 公司开发的一种新型减振扣件,通过采用弹性楔形支承块支承在钢轨轨头下颚,从而使钢轨轨底离开轨座,而楔形支承块则由固定在轨下基

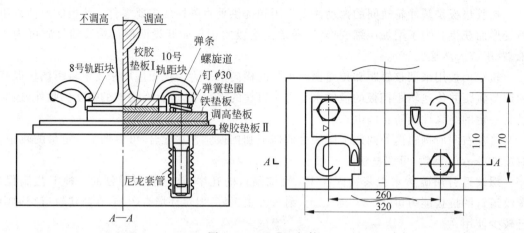

图 5-19 DT Ⅳ₂ 扣件

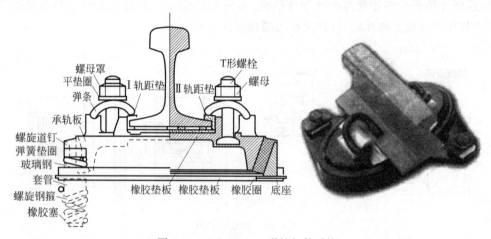

图 5-20 Cologne-egg 弹性扣件系统

础的侧板托架支承定位,见图 5-21。该扣件系统既可用于有砟轨道,也可用于无砟轨道。Vanguard 轨道系统的每个扣件节点由一个铸铁底座、两个铸铁侧板托架、两个铸铁楔形固定件、两个橡胶楔形钢轨支承块、一个轨下安全支承橡胶垫和两个弹簧夹片组成。正常情况下,安全支承橡胶垫不与钢轨接触,这样可以有效限制荷载引起的过量变形。Vanguard 扣件结构简单,稳定性有保证,易于安装,养护维修方便。扣件节点垂直动刚度可以达到 6 kN/mm,刚度动静比为 15~16,减振效果良好。通过调整铁垫板及楔形支承块,扣件调高和轨距调整量分别可以达到 36 mm 和 51 mm。

3. 扣件的工作特性

由于钢轨扣件形状的复杂性,扣件和轨下垫层的刚度一般由实验测得。扣件和轨下垫层的刚度良好配合是保证轨道结构整体弹性要求、保证轨道结构稳定性的前提。

PC 轨枕扣件的工作特性可用扣压力、扣件的竖向弹性和横向弹性来说明,目前我国设计的扣件中主要考虑扣件扣压力和竖向弹性。

(1) 扣压力。扣件的扣压力由扣件的弹性扣压件提供。扣压力的大小必须使钢轨经常处于被压紧在轨枕上的状态,使钢轨不会在轨枕上产生纵向爬行,而且要求由扣件所提供的爬行阻力必须大于轨枕底面与道床之间的道床阻力。

在目前的运营条件下，用于无缝线路的每组钢轨扣件的扣压力应为 $P_c = 8.8 \sim 9.8 \text{ kN}$。这个数值为半根轨枕道床纵向阻力 8.7 kN/m 的 $1.59 \sim 1.78$ 倍，因而是足够的。

(2) 竖向弹性。扣件的竖向弹性是由扣压件和弹性垫层(橡胶垫板)共同提供的。扣件在车轮作用下的受力状态如图 5-22 所示。P_c 为一组扣压件作用在钢轨上的扣压力，P_w 为在车轮下作用在每组扣件上的钢轨压力，P_p 为弹性垫层对轨底的反力。K_c 为一组扣压件的垂直刚度，K_p 为弹性垫层的垂直刚度，由于扣压件和弹性垫层在荷载作用下的变形量相等，因而可以把二者视为两个并联弹簧，由此得扣件的总刚度 K 为

$$K = K_c + K_p$$

扣件的总刚度必须满足垂直弹性的要求，除此以外，还必须考虑 K_p 与 K_c 的对应关系，即二者的比值。一般来说，扣压件的刚度小，弹性垫层刚度大。二者的比值应有一个合理的范围，以免出现荷载作用下钢轨、扣件与垫层不密贴的现象或扣压力变化太大，影响扣件工作可靠性，从而加速各部分的损坏。研究结果表明，K_p/K 的比值应不小于 2 或 2.75，并应尽可能接近 11 或 7，相应的初始扣压力的损失值 ΔP_c 为 4.9 kN 或 7.35 kN。

图 5-21　Pandrol Vanguard 减振扣件

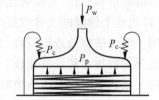

图 5-22　扣件与轨下垫层的受力状态

5.2.4　道床

1. 有砟道床

在轨道交通发展的初期即采用了石砟铺筑而成的道床作为轨排的基础，巴黎、纽约等城市早期修建的地铁，无论在隧道中或高架上均采用了这种道砟道床轨道。从造价、轨道弹性、阻尼、易于维修、恢复轨道线形等方面比较，有砟轨道均优于无砟轨道形式。但有砟轨道存在自重大、不易保持轨道几何形态、维修工作量大、易脏污等缺陷，在新建的高架、地下轨道交通线路中已不采用，目前只在轨道交通的地面线、站场线中使用。用作道床的材料，应满足质地坚韧，吸水度低，排水性能好，耐冻性强，不易风化，不易压碎、捣碎和磨碎，不易被风吹动和被水冲走的要求。可以用作道床材料的有碎石、熔炉矿渣、筛选卵石、有 50% 以上卵石含量的天然砂卵石以及粗砂和中砂等。一般来说，应以就地取材为原则。在我国首选的道床材料是碎石道砟。我国的道床多采用双层道床，上面是面砟层，下面是底砟。道床断面如图 5-23 所示。我国道床厚度(枕底以下算起)为 25～

50 cm，此值指的是双层道床厚度。

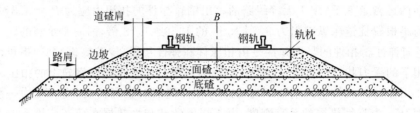

图 5-23　有砟轨道断面构造

2. 无砟道床

自从地下铁路问世 100 多年以来，其构造形式就是有砟轨道的轨道结构，如巴黎、伦敦等城市的轨道交通。但在应用中人们逐渐发现了有砟轨道并不适合于城市轨道交通的特点与要求。一般新建轨道交通的地下及高架线路、车站部分均采用了无砟轨道结构形式。

为了提高轨道在高速运行条件下的稳定性和耐久性，实现轨道少维修的目的，就必须考虑到改变轨下基础的结构类型，向混凝土板体轨下基础和混凝土整道床过渡。世界各国铁路在基础坚固的隧道内、高架结构和桥梁上成功地开发了无砟轨道结构。它是用混凝土板体基础取代传统轨道中的轨枕和道床。板基础下是由聚合物或水泥沥青混合物灌注的特制垫层。这样，轨下基础既有足够的强度和稳定性，又有一定的弹性，残余变形的积累甚小，轨道结构得以加强，实现了轨道少维修的目的。

与有砟轨道相比较，无砟轨道的使用寿命长，维修费用低，可较好地保持轨道的几何形位，在无砟轨道上铺设的无缝线路也不易胀轨跑道，因此，适合于在高速铁路和城市轨道交通中应用。但无砟轨道造价较高，施工较复杂，要求扣件的性能也较高，所以在采用无砟轨道时要充分进行技术和经济比较。

在用无砟轨道取代有砟轨道时应遵循以下基本原则：

(1) 无砟轨道结构应有足够的强度，且其弹性要与有砟轨道相当或更好。

(2) 结构简单，施工方便。

(3) 易于调整轨道的几何形位。

采用最普遍的无砟轨道是整体道床。整体道床是无砟轨道的一种结构形式，它没有传统的道砟层，是用混凝土或钢筋混凝土浇灌于坚实的基础之上形成整体的道床。日本铁路称之为"直接连接轨道"，英国铁路称之为"连续灌筑钢筋混凝土轨道"。也有将无道砟的预制钢筋混凝土板式道床列为整体道床的。

1) 整体道床的主要特点

(1) 轨道稳定性好，养护维修工作量极少。

(2) 构造简单。整体道床用 C30 混凝土或钢筋混凝土就地灌筑而成，不需要厂制混凝土构件（支承块可在工地预制），不需要起重设备和其他大型机械，在一般线路上都可进行施工，也不需要其他特殊材料。与其他类型的轨下基础相比，结构比较简单，造价也相对较低廉，只比碎石道床约高 30%。轨道的方向和水平是在道床的施工过程中调整固定下来的。根据大量的施工和运营经验，整体道床的施工精度是能够满足铺轨要求的。

(3) 外表整洁美观。

(4) 由于整体道床厚度比碎石道床厚度要小,因此隧道净空的高度可以相应减小。

(5) 整体道床混凝土为现场灌筑,避免了厂制构件的运输。

(6) 整体道床发生病害时,修复较为困难,因此要求设计考虑周全,施工要重视质量。

(7) 施工精度要求较高。整体道床混凝土一经灌筑硬结后,轨道几何尺寸的变动完全取决于钢轨连接扣件的调整能力,而扣件的可调量总是有限的,因此要求整体道床竣工后的轨道质量应符合有关规定,这个要求在一般的施工中是可以达到的。

(8) 道床弹性较差,扣件的形式较复杂。为了使整体道床轨道具有与碎石道床轨道相接近的轨道弹性,确保轨道各组成部件处于正常的受力状态,整体道床应采用弹性扣件;同时,为了满足整体道床轨道几何尺寸和曲线轨道超高变化的调整,要求扣件还应具有一定的调高和调轨距的能力。

2) 无碴轨道的结构形式

无碴轨道与基床的连接形式主要有轨枕式、支承块式和整体灌筑式3种。支承块式又分为支承块中心水沟式、支承块侧沟式和支承块中心暗沟式3种,如图5-24所示。

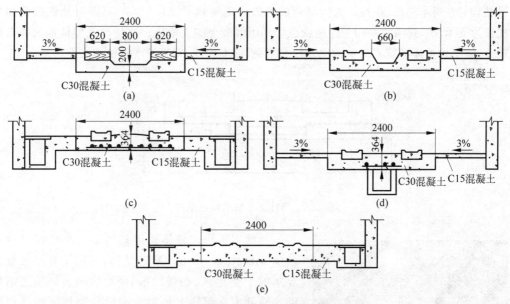

图 5-24　整体道床轨道结构的类型(单位:mm)

(a) 轨枕式;(b) 支承块中心水沟式;(c) 支承块侧沟式;(d) 支承块中心暗沟式;(e) 整体灌筑式

(1) 轨枕式。轨枕式是把预制好的混凝土枕或短木枕与混凝土道床浇筑成一整体。早在20世纪50年代,苏联铁路隧道整体道床就采用了这种形式,新加坡的轻轨交通和上海地铁也采用这种形式。其最大优点是可采用轨排施工,施工进度快,施工精度也容易保证(图5-24(a)、图5-25)。

(2) 支承块式。支承块式是把定制的钢筋混凝土支承块或短木枕与混凝土道床浇筑成一体。这种弹性靴套支承块式低振动混凝土无碴轨道是采用两块独立的混凝土支承块,块下加设弹性垫层。支承块的下部和周边加设橡胶靴套,当支承块的高低、水平和轨距调整完毕以后,就地灌注道床混凝土,将支承块连同橡胶靴套包裹起来而构成的弹性支承块式无碴

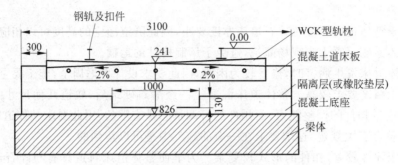

图 5-25　轨枕式无碴轨道横断面(单位：mm)

轨道,如图 5-26 所示。这种轨道结构的特点是块下弹性垫层可提供轨道垂向弹性,橡胶靴套则可提供轨道纵向和横向的必要弹性。图 5-27 是混凝土弹性支承块无碴轨道的照片。为了提高轨道结构的弹性,在法英之间的英吉利海峡隧道内铺设了弹性支承块式无碴轨道(low vibration track,LVT)。这种无碴轨道在瑞士、丹麦、葡萄牙、比利时、委内瑞拉等国铁路均得到了应用和发展,我国安康线(西安—安康)的 18km 长的秦岭隧道内也使用了这种轨道结构;在哥本哈根、亚特兰大等城市的地铁内也得到了推广应用;莫斯科地铁曾使用短木枕作为支承块;我国北京和天津地铁也均采用混凝土的支承块。这种形式整体性及减振性能较差,施工较整体灌筑式简单而比轨枕式复杂,成本较低,施工精度较整体浇灌式易保证。

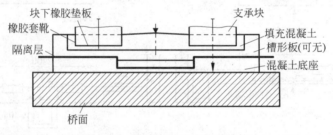

图 5-26　弹性支承块式轨道结构

图 5-27　弹性支撑块式无碴轨道

弹性支承块式整体轨道结构是一种低振动轨道(low vibration track,LVT)结构,可用于有一般减振要求的Ⅰ类地区,如居民区、商业区域。该轨道结构使轮轨动力在钢轨上经过分配后传到轨下胶垫得到第一次减振,再经过支承块传到块下胶垫进行第二次减振,这样,振动的高频成分及其幅值在得到了相当的衰减后传递给基础。

(3) 整体灌筑式。整体灌筑式(或称为无枕式)是就地连续灌筑混凝土基床或纵向承轨台。境外一些国家和地区修建铁路隧道时常采用这种形式,我国香港的地铁和新建的轻轨交通也采用这种形式,简称为 PACT 型轨道。这种形式结构简单,建筑高度较小,但施工时需采用刚度较大的模架,施工较为复杂(图 5-24(e)、图 5-28)。

图 5-28　整体灌筑式无碴轨道

它是用钢筋混凝土灌注成的无接缝连续的刚性道床板上直接支承钢轨,在轨底与混凝土道床之间放置一条带状的连续橡胶垫层,以给轨道提供必要的弹性,采用 Pandrol 弹条扣件连接。这种轨道也称为 PACT 型无碴轨道。该类型轨道具有投资较低、维修费用少、噪声小、稳定性强等特点,适宜在隧道内和高架桥上使用,但由于轨道板与其基础是刚性连接,故要求基础必须坚实、不变形,一旦混凝土道床损坏,修复是很困难的。

(4) 板式轨道。为了适应高速行车的需要,解决线路维修的困难,20 世纪 60 年代中期以来,日本铁路成功研制开发了无碴板式轨道。这种轨道结构是在类似混凝土高架桥、岩石隧道等坚硬基础上,铺设工厂预制的钢筋混凝土或预应力钢筋混凝土板,因而得名。目前,A 型(普通型)板式轨道已标准定型,并作为基本轨道结构推广应用,如图 5-29(a)所示。日本还开发了框架式板式轨道,如图 5-29(c)所示。

A 型板式轨道由钢轨、扣件、轨道板、水泥沥青砂浆垫层、混凝土基床和凸形混凝土台柱构成。A 型板式轨道的特点是在混凝土基床与轨道板之间铺有一层 50 mm 厚的乳化沥青水泥砂浆,作为全面支承预制的钢筋混凝土轨道板的垫层,使轨道具有足够的强度和一定的弹性。板式轨道的整体性肯定优于有碴轨道,轨道结构的强度也能得到保证。由于采用工厂预制,构件的精度可以得到保证,施工的进度也能加快,但需要较大型的施工机械和起重设备。当下部结构沉降或变形过大,超出扣件可调范围时,由于轨枕板与结构或基床混凝土之间填充沥青水泥砂浆,可在此处进行调节,从这个意义上说它也优于整体道床的轨道结构。

① 轨道板。把来自钢轨和扣件的轮载均匀地传递给水泥沥青砂浆垫层,并且把轨道纵向荷载和横向荷载传递给混凝土凸形定位柱。板式轨道结构的设计是把水泥沥青砂浆作为弹性垫层,并把钢轨和轨道板作为弹性支承上的叠合梁处理的。或者采用把钢轨作为梁,轨道板作为平板的有限元法处理。轨道板的外形分为承轨槽式和铁垫板式两种。承轨槽式用于隧道内直线地段而铁垫板式用于高架结构和曲线地段,板中预埋了钢轨扣件的螺栓套管,位置要求十分准确。

② 水泥沥青砂浆填充层。在轨道板与混凝土基床之间填充的乳化沥青水泥砂浆垫层(cement asphalt mortar,简称 CA 砂浆或 CAM),相当于有碴轨道的道碴层,以与枕下道碴

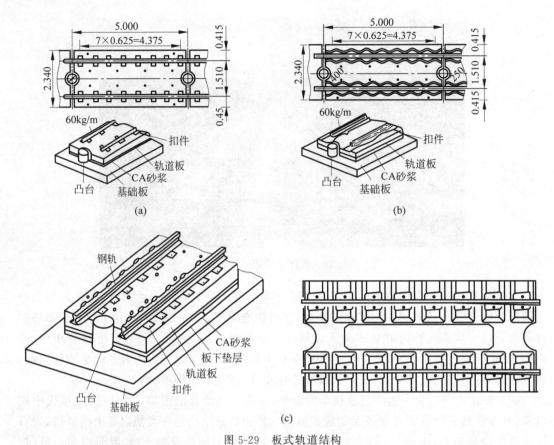

图 5-29 板式轨道结构
(a) 高架结构上的板式轨道(普通型);(b) 隧道内的板式轨道(防振型);(c) 框架型板式轨道

层有同样弹性作用为宜,作为有此作用的材料,应以对列车走行的破坏影响极小、耐久性强、成本低廉为 CA 砂浆的开发原则。水泥灰浆虽具有强度高和耐久性长的优点,但弹性效果差;而乳化沥青的耐久性虽差,但具有黏性并富于弹性。因此,采用了将两者结合起来的 CA 砂浆,其材料是由特殊沥青乳剂、水、水泥和细骨料拌和而成的半刚性体。这样,它不仅给轨道以适当的弹性,可填充轨道板与混凝土基床之间的间隙,还能同钢轨扣件一起用以调整轨道高低不平顺部分。

③ 混凝土凸形定位柱。对于板式轨道,为把轨道的纵向荷载和横向荷载传给基础,在轨道两端的中间,设有直径为 400 mm、高为 200 mm 的混凝土凸形定位柱,与混凝土基床灌注成为一个整体。轨道板与凸形定位柱之间用 CA 砂浆填充。设置凸形定位柱,有助于固定轨道板的纵向和横向位置,同时又可作为板式轨道铺设和整正时的基准点。

④ 混凝土基床。混凝土基床按弹性基础梁或板计算,并且在现场就地灌注而成。混凝土基床仅仅是在露天区间的曲线地段为调整和设置超高才修建的,而在直线地段上则没有。但考虑到隧道超挖、回填碾压不够等因素,基床更是不可缺少的。至于混凝土基床下的结构,对地质不良的岩体应修建仰拱或底盘,对地质条件良好的地段可在均匀混凝土上直接修建混凝土基床。

(5) 浮置板轨道。城市轨道交通快速发展在解决人口密集城区交通拥挤问题的同时,也对轨道周边环境造成了振动影响。日本的板式轨道在板和基础结构间填充水泥沥青材料，如果换成弹性材料则可演化成降振减噪的浮置板结构轨道形式。国内外的一系列研究表明，浮置板式轨道结构是一种降低城市轨道传振和传声的非常有效的方法，减振、降噪的效果得到普遍的认同。

浮置板轨道结构如图5-30所示。浮置板轨道结构的投资成本较其他轨道结构大，所以只用于一些有特殊减振要求的地段。目前，世界上浮置板轨道结构主要用于城市轨道交通。浮置板无砟轨道由钢轨、扣件、钢筋混凝土浮置板、弹性支座、混凝土底座组成。这种结构是将钢轨通过扣件固定在浮置板上，而浮置板置于可调的弹性支座上，隔振器有嵌入式和侧置式两种。板的两边也用弹性材料固定形成一弹性系统。其基本原理是在轨道和基础间插入一具有较高质量的固有频率远低于激振频率的减振器，大大减小了振动传入基础。隔振的装置可以是橡胶或钢弹簧，钢弹簧支承的浮置板轨道在减振性能和使用寿命上更优于橡胶支承。浮置板也因使用条件的不同有多种尺寸，并有预制和现浇之分。

德国的浮置板轨道结构在世界上处于领先地位，浮置板轨道结构首先在德国汉堡的地铁中使用，因其优越的减振效果，以后又在科隆地铁、波恩至穆尔海姆、杜塞尔多夫轻轨上使用。在华盛顿、纽约、亚特兰大、多伦多、布鲁塞尔地铁中也均有采用。在我国，随着城市轨道交通的发展，浮置板式轨道结构也在北京、上海、广州、香港等地得以推广应用。广州地铁1号、2号线都采用浮置板轨道结构，这是弹性支承轨道首次在国内城市轨道采用，其减振性能比轨道减振器扣件强，室内试验可达9～14 dB，运营测试平均值为10 dB左右；北京市轨道交通中，地铁5号线首次使用浮置板道床技术；上海轨道交通9号线是上海首次在全线"敏感地段"采取橡胶弹簧浮置板，6号线采用钢弹簧浮置板减少列车运行时的振动和噪声。

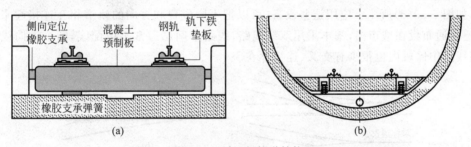

图5-30 浮置板轨道结构
(a) 橡胶弹簧浮置板轨道；(b) GERB钢弹簧浮置板轨道

5.2.5 道岔

列车由一条线路转向或越过另一条线路时的设备称为道岔，如图5-31所示。道岔是铁路轨道的一个重要组成部分。它由引导机车车辆的轮对沿原线行进或转入另一条线路运行的转辙部分，使轮对能顺利地通过两条线路钢轨的连接点而形成的辙叉部分、转辙和辙叉的连接部分以及岔枕和连接零件等组成，如图5-32所示。由于线路上的道岔多、构造复杂、寿命短、限制列车速度、行车安全性低、养护维修投入大等特点，与曲线、接头并称为轨道的三大薄弱环节。道岔的构造和平顺连续的轨道不同，在轨道工程中，如何使道岔具有良好形状，确保列车能在规定的速度下安全、可靠地通过道岔和延长道岔的使用寿命，是一个历来深受关注的课题,在铁路实行提速和高速运行之后尤其如此。

图 5-31 单开道岔

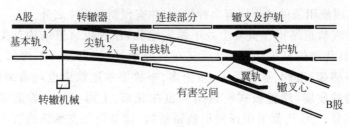

图 5-32 道岔的组成

道岔有线路连接、线路交叉及线路连接与交叉三种基本形式,如图 5-33 所示。常见的线路连接设备有普通单开道岔、单式对称道岔和三开道岔,如图 5-33(a)、(b)所示;线路交叉设备有直角交叉和菱形交叉,如图 5-33(c)所示;连接与交叉设备有交分道岔和各种交叉渡线,如图 5-33(d)所示。应用这些设备,可以把不同位置和方向的轨道相互连接起来。城市轨道交通布设在城市内,基本采用双线线路,线路中间站通常不设配线,两个方向线路之间,在线路中区段内也很少有交叉、连接存在。

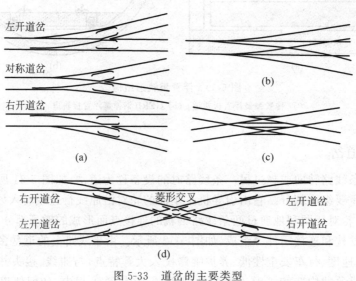

图 5-33 道岔的主要类型
(a) 单开道岔和对称道岔;(b) 三开道岔;(c) 交分道岔;(d) 交叉渡线

在我国铁路上使用最多的道岔形式是普通单开道岔,其数量占各类道岔总数的90%以上。这种道岔的主线为直线方向,线由主线向左(称左开道岔)或右(称右开道岔)侧分支。大多数的折返线路、停车场和车辆段的股道设置等均可由单开道岔与线路的组合来完成。单开道岔结构简单,具有一定的代表性,了解和掌握这种道岔的基本特征,对道岔的铺设、养护等有着十分重要的指导意义。对称道岔较少,只是在两股都是正线轨道上使用,但站场使用较多小号码的对称道岔。

单开道岔常以它的钢轨每米质量及辙叉号数来分类。目前,我国的钢轨有 75 kg/m、60 kg/m、50 kg/m 和 43 kg/m 等类型,标准道岔号数(用辙叉号数来表示)有 6、7、9、12、18、24 和 38 等。其中 6、7 两个号道岔仅用于厂矿企业内部铁路或编组场的驼峰下,其他各号道岔则用于铁路正线和站线,并以 9 号和 12 号最为常用。新建和改建铁路的正线道岔,其轨型应与正线轨型一致。列车以高速通过的正线单开道岔号数不得小于 12 号,在侧线通过高速列车的地段,则须铺设大号码道岔。

1. 转辙部分

单开道岔的转辙器由两根基本轨、两根尖轨、各种连接零件和道岔转辙机构组成(图 5-34)。最常用的道岔转换设备包括机械式和电动式两种。道岔转换设备必须具备转换(改变道岔开向)、锁闭(锁闭道岔,在转辙杆中心处尖轨与基本轨之间不允许有 4 mm 以上的间隙)和显示(显示道岔的正位或反位)三种功能。

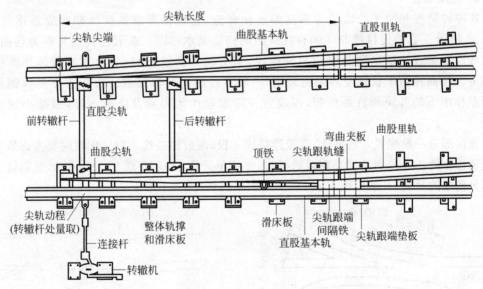

图 5-34 道岔的转辙部分

2. 辙叉及护轨

辙叉是使车轮从一股钢轨越过另一股钢轨的设备,它设置于道岔侧线钢轨与道岔主线钢轨相交处。辙叉由心轨、翼轨、护轨和连接零件组成。按平面形式划分,辙叉有直线辙叉和曲线辙叉两类;按构造划分,辙叉又有固定式辙叉和可动式辙叉两类。在单开道岔上以直线式固定辙叉最为常用。

整铸辙叉是用高锤钢浇铸的整体辙叉(图 5-35),具有较高的强度和良好的冲击韧性,经热处理后,在冲击荷载作用下,会很快产生硬化,使表面具有良好的耐磨性。这种辙叉还具有使用寿命长、养护维修方便的优点。叉心两侧作用边之间的夹角为辙叉角 α。道岔号数和辙叉角的关系如下式所示：

$$N = \cot\alpha$$

城市轨道交通常用的道岔号数和辙叉角如表 5-2 所列。正线以 9 号道岔为主，后方基地的次要线路以 7 号道岔为主，少数城市也使用 6 号道岔。

表 5-2　道岔号数与辙叉角的关系

道岔号数 N	6	7	9	12	18
辙叉角 α	9°27′44″	8°07′48″	6°20′25″	4°45′49″	3°10′47″

辙叉心轨两个工作边的延长线的交点称为辙叉理论中心（理论尖端）。由于制造工艺的原因，实际上的叉心尖端有 6～10 mm 的宽度，此处称为心轨的实际尖端。翼轨与心轨形成必要的轮缘槽，使车轮轮缘能顺利通过。两翼轨工作边相距最近处称为辙叉咽喉，从辙叉咽喉至心轨实际尖端之间的轨线中断的距离称为有害空间（图 5-35）。道岔号数越大，辙叉角越小，这个有害空间就越大。车轮通过有害空间时，叉心容易受到撞击。为保证车轮安全通过有害空间，在辙叉两侧相对位置的基本轨内侧设置了护轨，借以引导车轮的行驶方向。

3. 连接部分

连接转辙器和辙叉的轨道为道岔的连接部分，它包括直股连接线和曲股连接线，如图 5-36 所示。直股连接线与区间直线线路的构造基本相同。曲股连接线又称为导曲线，目前线路上铺设的道岔导曲线均为圆曲线，当尖轨为曲线形时，尖轨本身就是导曲线的一部分。导曲线由于长度及界限的限制，一般不设超高和轨底坡。为防止导曲线钢轨在动荷载作用下的外倾和轨距扩张，可设置一定数量的防爬器及防爬木撑，以减小钢轨的爬行。

连接部分一般配置 8 根钢轨，直股连接线 4 根，曲股连接线 4 根。配轨时要考虑轨道电路绝缘接头的位置和满足接头相对的要求，并尽量采用 12.5 m 或 25 m 长的标准钢轨。连接部分使用的短轨，一般不短于 6.25 m，在困难的情况下，不短于 4.5 m。

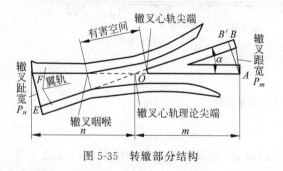

图 5-35　转辙部分结构　　　　　图 5-36　道岔连接部分

5.2.6　车挡

车挡设置在线路尽头线末端，用于阻止由于操作不当轨道交通车辆冲出尽头线或撞坏其他构筑物。国外有磁力式、液压式和滑动式车挡等，前两种车挡构造复杂，造价高；后一种车挡构造较简单、实用。国内采用如下车挡：

(1) 沙堆弯轨式车挡。北京地铁一、二期工程采用沙堆弯轨式车挡,这种车挡被列车撞过后,车挡损坏难以修复,同时沙堆长期埋住钢轨及扣件,使其受到腐蚀。

(2) DT 型车挡。上海地铁 1 号线隧道内采用了 DT 型车挡,如图 5-37、图 5-38 所示。DT 型车挡构造简单,主体架采用钢轨制造,用夹板与走行轨连接。车挡前面设有缓冲垫,既能减缓撞击,又能限制车钩摆动。虽然较沙堆弯轨式车挡有较大改进,但因是固定式,被列车撞过后,车挡性能难以复原。

(3) 缓冲滑动式车挡。这种新型车挡技术先进、构造合理,车挡长度 2 m 左右,如图 5-39 所示。缓冲滑动式车挡主要由主体架、制动轨卡和挡卡三部分组成。主体架用钢轨制造,底部用制动轨卡夹紧走行轨,以增加摩擦,消耗列车动能,上部设有带液压的缓冲垫阻撞车钩。2 对制动轨卡分别设在主体架后面 100 mm 和 180 mm 左右,亦是夹紧走行轨,增加摩擦,消耗列车动能。这种车挡安装和维修简便,造价较低,外形整洁美观。车挡的功能在于阻撞车钩,滑行一段距离使列车停止,不损坏车辆和车挡,确保人身安全。试车线和牵出线宜采用缓冲滑动式车挡。

(4) 库内车挡一般采用月牙式铸铁车挡,这种车挡构造简单、实用,如图 5-40 所示。

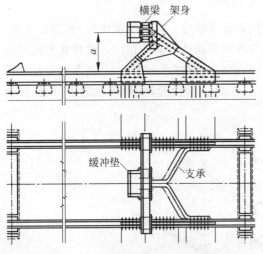

图 5-37 DT 型固定式车挡侧视和俯视图

图 5-38 固定式车挡实物图

图 5-39 液压滑动式缓冲车挡

图 5-40 月牙式铸铁车挡

5.3 独轨和磁悬浮系统的轨道结构

传统的钢轮钢轨系统中,通常是导向轮与支承轮合一,由旋转电机或直线电机牵引。由于高科技的飞速发展,中等运量的轨道交通系统已不完全局限在传统的钢轮钢轨系统方面,而是形成了一个形式多样的全新概念,因而也相应出现多种新型轨道结构。橡胶轮轻轨系统采用全高架运行,不占用地面道路,具有振动小、噪声低、爬坡能力大、转弯半径小、投资较省等优点,当前的独轨、自动导向轨道系统(ACT)均属橡胶轮系统。橡胶轮系统是以橡胶轮为导向和支承为主,而且导向轮与支承轮分开,一般为旋转电机牵引,最近也出现了由直线电机牵引的独轨系统。

5.3.1 独轨轨道结构

独轨交通按结构形式一般分为悬挂式和跨座式两种。相对来讲,采用跨座式较多,轨道梁、转辙机和转向架是独轨系统的关键技术。由于独轨系统的走行轮、定向轮都采用橡胶胎,因此车体结构必须轻量化,轨道梁和支座材料的耐温、耐潮湿和耐酸性要求也较高。

1. 悬挂式独轨轨道结构

悬挂式独轨系统的轨道结构由轨道梁、支架、道岔等组成。轨道梁由支架、基础等支承。轨道梁位于列车的上方,起着支承列车转向架、引导列车前进方向的作用。悬挂式独轨的轨道梁一般为钢制,轨道梁呈箱形断面,底部有开口,供转向架在梁上走行,并使车辆悬挂在转向架上,如图5-41所示。轨道梁架构内部每隔2~2.5 m加设固环,用来加固走行梁、导轨和轨道梁外部。

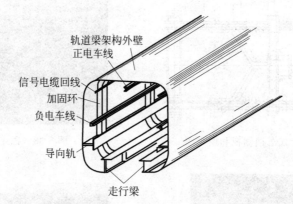

图5-41 悬挂式独轨系统的轨道梁断面

轨道梁的跨径,在直线路段为30~35 m,但在弯曲路段则折减为25 m。墩柱亦为钢制,可根据路线状况采用标准T形、倒L形或门架形式。悬挂式独轨的转辙主要可分成"连接"及"交叉"两种,转辙操作借助于通信设备联锁达成,转辙时间约需10 s,为了防止断电影响,在转辙地点另装设有手动转辙设备。

2. 跨座式独轨轨道结构

跨座式独轨系统的轨道结构由轨道梁、支柱、道岔组成。轨道梁由支柱、基础等支承,位于列车的下方，起着支承列车荷载、引导列车前进方向的作用。

跨座式单轨系统的轨道梁一般采用预应力钢筋混凝土（PC）梁结构，结构断面形式多为矩形，支柱采用钢筋混凝土（RC）构造，这样做的成本较低。PC梁的跨距通常为20 m，标准断面（宽×高）为800 mm×1400 mm，通常由一根PC梁、RC柱组合的双车道轨道断面，约需7.57 m宽的空间（车厢外缘至另一车厢外缘），如图5-42所示。当轨道梁跨度很大或建筑高度很高时，则采用钢梁钢柱组合构成轨道结构，柱可采T形或倒L形，如图5-43所示。

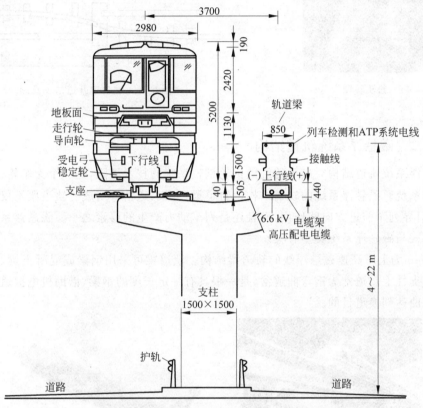

图 5-42　跨座式独轨系统的轨道断面（单位：mm）

图 5-43　T形和倒L形柱

跨座式单轨系统的道岔较有特点，它也是轨道梁，其一端可以移动。若轨道需分叉时，则通过水平移动轨道梁中的一段（称为转辙梁，switching beam）完成列车的转辙运作。转辙梁系钢制,内附马达用以驱动转辙,一般转辙时间约需 10 s,如图 5-44 所示。根据连接线路的数量和形式,道岔可分为单开、交叉、三开类型。图 5-45 为单开道岔。

图 5-44 独轨转辙设备

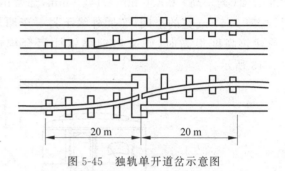

图 5-45 独轨单开道岔示意图

5.3.2 磁悬浮系统轨道结构

磁悬浮系统轨道结构突破了传统的钢轮钢轨系统的技术界限,是一个无车轮、无接触的轨道交通系统。磁悬浮系统的轨道结构由轨道梁、支架、道岔等组成。轨道梁不仅起支承列车荷载、引导列车前进方向的作用,而且还是列车动力产生的要素之一。磁悬浮系统轨道梁的结构形式与磁悬浮系统类型有关。

图 5-46 为上海高速磁悬浮线的轨道梁结构。轨道梁可采用钢梁或混凝土梁,轨道梁架在混凝土支柱上。道岔为钢弯曲道岔,是一根具有一定长度的钢梁,借助机电扳道装置使钢梁弹性弯曲达到换道目的。

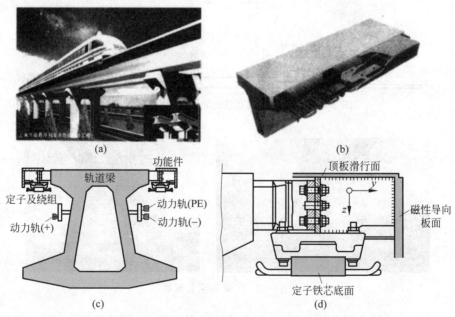

图 5-46 上海高速磁悬浮线轨道结构示意图
(a) 系统全貌;(b) 轨道梁与连接件及功能件;(c) 轨道梁断面;(d) 功能件断面

图5-47为我国国防科技大学研制的中低速磁悬浮系统的轨道结构,包括轨道梁、轨道、支柱、基础等。轨道梁一般为预应力钢筋混凝土梁;轨道由倒U形导磁轨和铝反应板组合而成,轨道通过轨枕与轨道梁连接。

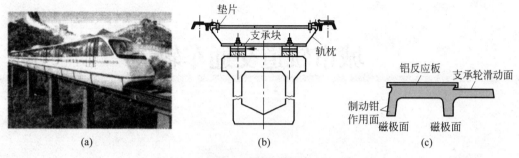

图 5-47 中低速磁悬浮线轨道结构示意图
(a)系统全貌;(b)轨道梁与轨道横断面;(c)轨道横断面

思考题

1. 轻轨线路为什么采用重型钢轨?
2. 城市轨道交通的轨道设计与铁路干线相比要多考虑哪些因素?
3. 钢轨、轨枕及扣件各有哪些功能?
4. 钢轨会出现哪些损伤?
5. 城市轨道交通线路为什么要采用无碴轨道?
6. 整体道床有哪些主要特点?
7. 无碴轨道与基床的连接主要有哪些形式?它们各自的主要特点是什么?
8. 道岔有哪几种类型?各有什么功能?
9. 单开道岔由哪几部分组成?要完成哪些功能?
10. 简述城市轨道交通轨道结构有哪些组成部分。
11. 总结城市轨道交通的主要减振降噪措施。
12. 分析轨道结构的主要病害。

第 6 章

城市轨道交通车辆

学习目标：城市轨道交通车辆是城市轨道交通最重要的设备，为乘客提供舒适的乘坐

思维导图

环境,保障车辆运行的安全。通过本章的学习,了解和认识车辆的分类、组成以及车辆主要技术参数;认识和理解车辆转向架关键部件及其作用;了解和认识车辆车体相关知识;了解当前车辆检修制度及主要的检修设备。

课程思政: 城市轨道交通车辆的创新技术是我国交通运输行业实现可持续发展的重要因素,结合我国当前的实际国情、交通需求、国家发展等情况,不断创新发展城市轨道交通车辆的新技术和新理念,坚持以人为本的服务宗旨,改进和升级车辆设计与制造技术,提高我国新时代下城市轨道交通服务质量。

6.1 轨道交通车辆概述

6.1.1 总体概述

根据运用区域的不同,轨道交通系统可以分为铁路交通系统和城市轨道交通系统。交通系统的功能是载运,载运功能是通过专门的工具——载运工具实现的。轨道交通车辆是轨道交通系统中实现旅客或者货物运输的工具。与公路运输和航空运输等非轨道交通运输比较,轨道交通车辆有以下3个基本特点:

(1) 车辆成列编组成列车在轨道上运行。轨道交通车辆实际是由多辆车连挂成的列车,列车成列在轨道上运行。

(2) 自行导向功能。列车的钢轮和轨道具有特殊的结构,保证列车在轨道上运行时,车轮能沿钢轨在直线和曲线上运行,无须专门的机构来控制运行方向。

(3) 运行阻力低。一方面由于车轮与钢轨之间属于钢-钢接触,滚动阻力低;另一方面,轨道交通车辆具有细长的结构,空气阻力相对较低。

铁路交通系统是轨道交通系统中历史最悠久的交通系统,是一种运量大、运距长且能耗较低的运输方式。根据运输对象的不同,铁路交通系统的载运工具又可以分为铁路客车和铁路货车。早期铁路交通的速度较低,一般是客车和货车在同一条线路上混跑。现在铁路客车向高速方向发展,而铁路货车向重载方向发展,混跑模式已不适应现代铁路交通的发展。一个新的趋势是客运线路和货运线路分开,客车和货车独立运行。高速铁路是现代轨道交通系统发展的趋势之一。根据车辆运行速度的不同,车辆又可以分为以下3种:

普通列车:最高运行速度为100～160 km/h;

快速列车:最高运行速度为160～200 km/h;

高速列车:最高运行速度大于或等于200 km/h。

现代城市轨道车辆有如下特点:

(1) 配备较大的驱动功率和大功率的制动系统,具备较大的启动加速度和制动减速度,以保证启动快、停车距离短,实现提高车辆的平均运行速度的目的。在站距短的情况下,城市轨道交通车辆的平均运行速度不是靠提高车辆的最高运行速度来实现的,而是靠快速启动和快速停车实现的。城市轨道交通车辆的最高运行速度一般不超过100 km/h。

(2) 列车采用动力分散布置形式。根据需要由各种非动力车和动力车组合合成相对固定的编组,两头设置操纵台。

(3) 相对于公交系统,列车在安全、正点、快速上有了很大的提高;同时给乘客提供了适当的空间、安静的环境及空调,使乘客感到舒适、便利。

(4) 在结构上,列车采用了大断面中空挤压铝型材全焊接或模块化车体结构设计,采用整体承载结构;悬挂装置具有良好的减振系统;采用电气(再生制动和电阻制动)和空气的混合制动;车辆连接采用密接式车钩进行机械、电气、气路的全自动连接;车辆间采用封闭式全贯通通道,通过量大。

(5) 车辆的长度较短,车门多而宽。车辆长度短是为了适应通过曲率半径较小的曲线;车门多而宽是为了乘客上下方便。

(6) 列车多处采用先进的计算机控制技术,关键环节具有状态监测和故障自诊断功能。

(7) 在运行方式上,采用列车自动驾驶系统(ATO)。同时,采用了一系列安全保护措施,如列车自动保护(ATP);采用"警惕"按钮;自动紧急制动;制动安全电路;高压电气设备安全防护措施等。

总之,车辆是通过各个相对独立的子系统有机地构成在一起,共同实现列车的安全、可靠、高品质运行。

6.1.2 城市轨道交通车辆分类

城市轨道交通车辆有多种分类方式,主要有以下几种:

(1) 按照车辆长度和宽度的不同,可以分为 A 型车、B 型车和 C 型车。我国的城市轨道交通车辆主要是 A 型车和 B 型车。标准 A 型车车宽 3.0 m,车高 3.8 m,车体有效长度 22.1 m。标准 B 型车车宽 2.8 m,车高 3.8 m,车体有效长度 19.0 m。我国北京、上海、广州等大城市的城市轨道交通车辆一般为 A 型车,苏州、宁波等中等城市的城市轨道交通车辆为 B 型车。

(2) 按照牵引动力配置,分为动车和拖车。

动车车辆自身有动力装置,动力装置一般为牵引电机,具有牵引功能。

拖车车辆上不具有动力装置,需动车牵引拖带才能运行。

动车组就是由动车和拖车按照一定的方式连挂在一起运行的列车。动车组包含可操纵的动车和各种功能的拖车,以固定的编组运营;动车组的往返运行不需要换头,仅需改变操纵端。

动车组的编组情况一般用符号表示,Tc 表示有司机室的拖车,Mp 表示带受电弓的动车,M 表示一般动车,T 表示一般拖车。以苏州四号线列车为例,采用全焊接 B 型铝合金结构,4 动 2 拖型列车,分别为带司机室的拖车(Tc 车)、带受电弓的动车(Mp 车)、不带受电弓的动车(M 车)。即:Tc-Mp-M+M-Mp-Tc=,其中,"+"表示半自动车钩,"-"表示半永久式牵引杆,"="表示全自动车钩。

有动力的车轴所承受的车重与无动力的车轴承受的车重之比定义为动拖比。根据不同的车辆编组数量,城市轨道交通列车的动拖比可能是全动车、2∶1 或者 1∶1 等具体的组合形式。一般来说,动拖比越高,加速能力越强。欧洲国家的城市轨道交通车辆常采用 2∶1 的动拖比,日本采用 1∶1 的动拖比。我国 6 辆编组的 A 型车常采用 2∶1 的动拖比;6 辆编组的 B 型车常采用 1∶1 的动拖比,4 辆编组的 B 型车常采用 1∶1 的动拖比,而 3 辆编组的 B 型车常采用 2∶1 的动拖比。

6.1.3 城市轨道交通车辆基本组成

城市轨道交通车辆一般由车体、转向架、车端连接装置、制动装置、受流装置、车辆内部设备和车辆电气系统7部分组成。

(1) 车体。城市轨道交通车辆的车体分为有司机室车体和无司机室车体两种。车体提供了容纳乘客和司机的空间,又是安装和连接其他装置和设备的基础。车体一般是一个由钢或者铝合金组成的骨架结构,包括车底架、侧墙、端墙、顶棚、车门立柱和车门等,外裹不锈钢外壳,内壁涂阻燃材料。现代城市轨道交通车辆的车体一般在轻量化原则下设计和制造,以期在保证强度的前提下减轻车辆的重量。

(2) 转向架。转向架是位于车体和轨道之间保证实现车辆走行的部分,是与车辆性能最密切相关的部件。转向架包括轮对、轴箱、构架、悬挂装置等基本组成部分,制动装置也安装在转向架上。一般动车的转向架上安装有驱动装置,称为动力转向架;拖车的转向架上没有驱动装置,称为非动力转向架。转向架是一个集中了多种重要功能的部件,包括承担车辆的全部重量、缓和列车运行中线路对车辆的冲击、以及引导车辆通过曲线和道岔等;转向架还能产生牵引力和制动力,实现列车的牵引和制动。

(3) 车端连接装置。车端连接装置是指相互连挂的两辆车之间的所有机械、空气和电气装置。实现车辆之间连挂的机械装置是车钩缓冲装置,由车钩和缓冲装置两部分组成,不仅能够传递车辆之间的牵引力和制动力,还能够缓和车辆之间的冲击力,以改善列车的纵向平稳性。实现车辆之间空气和电气传递的装置是电气与风管连接器,它与车钩组合成一个复合部件,即车端连接装置。

(4) 制动装置。制动装置保证列车产生所需的减速度或者在规定的距离内停车。无论是动车还是拖车,都装有制动装置。城市轨道车辆的制动性能要求高,要求产生较大的制动加速度,所以,除了空气制动装置外,城市轨道交通车辆上还常常装有电阻制动或者再生制动、磁轨制动等多种制动装置,共同保证车辆在紧急情况下的制动性能。

(5) 受流装置。受流装置是通过接触网的接触导线或者第三轨(导电轨)将电流引入动车的装置。主要有两种受电方式:受电弓受电和第三轨受电。受流装置主要有5种:杆形受流器、弓形受流器、侧面受流器、第三轨受流器(轨道式受流器)、受电弓受流器。城市轨道交通车辆最常采用的是第三轨受流器和受电弓受流器。

在受电制式方面,早期的城市轨道交通多采用直流 750 V,如北京地铁的受电制式。近期发展的城市轨道交通的受电制式多采用直流 1500 V,如上海地铁和苏州地铁的受电制式。

(6) 车辆内部设备。车辆内部设备主要包括服务于乘客的车体内固定附属装置和服务于车辆运行的设备装置。服务于乘客的车体内固定附属装置包括通风、空调、座椅、车电和拉手等;服务于车辆运行的设备装置包括蓄电池箱、继电器箱、主控制箱、电动空气压缩机、总风缸、电源变压箱、各种电器开关和接触器箱等,这些装置大多吊挂于车底架。

(7) 车辆电气系统。车辆电气系统是指车辆上的各种电气设备及其控制电路。按照作用分,车辆电气系统可以分为主电路系统、辅助电路系统和电子与控制电路系统三部分。

图 6-1 说明了车辆的各个组成部分在结构上的相互关系。一般来说,车体安放在 2 个

转向架上,车体与车体之间通过车端连接装置连接,制动装置主要安装在转向架上,受流装置安放在车体的上部或者一侧,车辆内部设备和电气系统一般安放在车体底板下部或者其他合适位置。

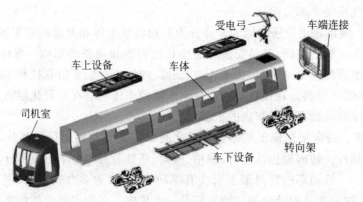

图 6-1 轨道交通车辆的主要组成示意图

6.1.4 城市轨道交通车辆主要技术参数

城市轨道交通车辆技术参数是从总体上表征车辆性能及结构的参数,是车辆技术规格的特征指标,可以分为性能参数和尺寸参数两类。

1. 车辆性能参数

(1) 自重、载重及容积:自重为车辆本身的全部质量,载重即车辆允许的最大装载质量,均以吨(t)为单位;容积以 m^3 为单位。

(2) 构造速度:车辆设计时,按照安全及结构强度等条件所允许的最高行驶速度。车辆的实际运行速度一般不允许超过构造速度。

(3) 轴重:按照车轴形式及在某个运行速度范围内该轴允许负担的并包括轮对自身质量在内的最大总质量。轴重的选择与线路、桥梁及车辆走行部分的设计标准有关。

(4) 每延米轨道载重:在数值上是车辆总质量与车辆全长之比。该参数是车辆设计中与桥梁、线路强度密切相关的一个指标,又是能否充分利用站线长度、提高运输能力的一个指标。该参数按照设计任务书规定。

(5) 最小通过半径:配用某种形式转向架的车辆,在站场或厂段内调车时所能安全通过的最小曲线半径。当车辆在此区段上行驶时不得出现脱轨、倾覆等危及行车安全的事故,也不允许转向架与车底架或车下其他悬挂物相碰。

(6) 轴配置及轴列数:用英文字母或数字来表示动轴与非动轴的排列情况。B—B 表示车辆为 4 轴动车,车辆有前后两台转向架。

(7) 最大启动加速度、平均启动加速度、最大制动减速度:这 3 项指标反映了车辆的加速和制动能力,是频繁停车情况下车辆平均速度的重要保证。

(8) 每吨自重功率指标:一般车辆的每吨自重功率为 10~15 kW/t。

(9) 供电电压、最大网电流、牵引电机功率。

(10) 制动形式:一般有摩擦制动、电阻制动、再生制动和磁轨制动等多种形式。

(11) 座席数及每平方米地板面积站立人数。

2. 车辆尺寸参数

(1) 车辆全长：车辆两端的车钩在闭锁位置时，两钩舌内侧面之间的距离为该车辆的全长。

(2) 车辆定距：车辆底架两心盘间的水平距离。

(3) 转向架固定轴距：转向架前后车轴中心距。客车二轴转向架固定轴距多为2400～2700 mm。

(4) 车辆最大宽度、最大高度：车辆最大宽度是指车体最宽部分的尺寸；车辆最大高度是指车辆顶部距离钢轨水平面之间的最大距离。这两个尺寸均应符合车辆限界的要求。

(5) 车体长、宽、高：该参数有内外之分。

(6) 车钩中心线距轨面高度，即车钩高：是指车钩钩舌外侧面的中心线至轨面的高度。列车各车辆的车钩高基本一致是保证正常传递牵引力及列车运行时不发生脱钩事故所必需的。我国规定新造或者修竣后，空车标准车钩高是880 mm。城市轨道交通车辆的车钩高无统一标准，上海地铁车辆规定为720 mm，北京地铁车辆规定为670 mm，苏州地铁车辆规定为660 mm。

(7) 地板面高度：与车钩高类似，是指新造或者修竣后的车辆地板面距轨面的高度。地板高度一方面受某些结构高度的限制，如车钩高及转向架下心盘的高度等；另一方面又与站台高度有关。上海地铁车辆地板面高度为1130 mm，北京地铁车辆地板面高度为1053 mm，苏州地铁车辆地板面高度为1100 mm。

3. 城市轨道车辆技术规格

城市轨道车辆可以分为地铁车辆、轻轨车辆和独轨车辆等。不同类型车辆的选择是根据各城市的具体情况决定的，并且要有一定的前瞻性。几种地铁车辆的主要技术规格如表6-1所列。

表6-1 地铁车辆主要技术参数

项目名称	上海地铁车辆	北京地铁车辆
车体长度/m	有驾驶室23.54 无驾驶室22.1	19.0
车体宽度/m	3.0	2.8
车体高度/m	3.8	3.175
车辆轴距/m	2.5	2.165
每侧车门数/个	5	4
定员/人	310(超410)	251(超350)
自重/t	动车38，拖车32	动车30.94，拖车24.5
最高运行速度/(km/h)	80	80
平均启动加速度	0～25 km/h时，1 m/s^2	0～36 km/h时，0.9 m/s^2 0～80 km/h时，0.5 m/s^2
平均制动减速度	常用1 m/s^2，紧急1.3 m/s^2	常用1 m/s^2，紧急1.2 m/s^2

(1) 地铁车辆。地铁车辆是承担大运量的轨道交通车辆，采用钢轮钢轨导向，标准轨距，主要在大城市的地下空间修筑的隧道中运行，也可在地上或者高架桥上运行。地铁车辆的基本车型为A型车、B型车和直线电机B型车。A型车的基本宽度为3000 mm，B

型车和直线电机 B 型车的基本宽度为 2800 mm。每种车型可分为带驾驶室和不带驾驶室两种,又可分为动车和拖车。根据 2007 年 6 月 13 日建设部发布的 CJJ/T 114—2007《城市轨道交通分类系统》,地铁车辆各类车型的主要技术参数如表 6-2 所列。

表 6-2 各类车型主要技术参数

项目名称		A 型车	B 型车	C 型车	D 型车	L_b 型车	单轨车
车辆驱动特征		钢轮/钢轨					胶轮跨座单轨
		旋转电机				直线电机	
车轴数		四轴	四轴	4、6、8 轴—铰接车		四轴	四轴
车辆轴重/t		≤16	≤14	≤11		≤13	≤11
车厢基本长度/m	单驾驶室车厢	23.6(24.4)	19(19.55)	—	—	17.2	14.6(15.5)
	无驾驶室车厢	22.0(22.8)	19(19.55)	—	—	16.84	13.9(14.6)
车辆基本宽度/m		3.0	2.8	2.6	2.6	2.8	2.9(车门踏板处 2.98)
车辆高度/m	受流机车 有空调	3.8	3.8	3.7	3.7	≤3.625	车辆总高≤5.53 轨面以上高 3.84
	受流机车 无空调	3.6	3.6	—	—		
	受电弓车(落弓高度)	3.81	3.81	3.7	3.7	3.560	
	受电弓工作高度	3.9~5.6	3.9~5.6	3.9~5.6	3.9~5.6		
车内净高/m		2.10~2.15	≥2.1	≥2.1	≥2.1		2.2
地板面高(车门处)/m		1.13	1.10	0.95	0.35	0.93	1.13
转向架中心距/m		15.7	12.6	11.0	10.70	11.140	9.6
固定轴距/m		2.2~2.5	2.22.3	1.8~1.9	1.7~1.8	1.9~2.0	走行轮 1.5 / 导向轮 2.5
车轮直径/mm		ϕ840	ϕ760 或 ϕ660	ϕ660	ϕ660~ϕ730	走行轮 ϕ1006	导向轮、稳定轮 ϕ730
车门数(每侧)/个		5	4		4	3	2
车门宽度/m		1.3~1.4	1.3~1.4	1.3~1.4		1.4	1.3
车门高度/m		≥1.8	≥1.8	≥1.8		1.86	1.82
定员	单驾驶室车厢	310(超员 432)	230(327)	—	双驾驶室 238	217	151(211)
	其中:座席	56(48)	36	—	66	28	32
	无驾驶室车厢	310(超员 432)	250(352)	—	—	242	165(230)
	其中:座席	56	46	—	—	32	36
车辆最高速度/(km/h)		80~100	80~100	80	80	90	80
启动平均加速度/(m/s²)(0~35 km/h)		0.83~1.0		0.85	0.85	0.95~1.0	≥0.833

续表

项目名称		A型车	B型车	C型车	D型车	L_b型车	单轨车
常用制动减速度/(m/s²)		1.0	1.1	1.1	≥1.0		≥1.1
紧急制动减速度/(m/s²)		1.2	1.5	1.5	≥1.3		≥1.25
等效噪声/dB(A)	驾驶室内	≤80	≤75	≤75	—		≤70
	客室内	≤83	≤75	≤75	75		≤75
	车外	80～85	≤80	≤80	80		≤75

地铁列车编组通常由4～8辆车组成,列车长度为70～190 m,最高运行速度不应低于80 km/h。

A型车和B型车是地铁系统最广泛采用的车型。中国的北京、上海等大城市的车型主要为A型车和B型车。这两种车型的主要优点体现在：应用广,技术成熟,国产化程度高,运行速度较快、运量大。主要缺点有：性能受黏着条件限制较大；噪声与振动较大；转弯半径较大；投资大、建设周期长。地铁车辆的A型车和B型车主要适用于客流较大的中心城市地下线路,客流较大的城市外围区域与中心城市之间联络的大站距、高速度的地下线路。

胶轮车辆实际上也是地铁车辆的一种形式,但是在我国没有采用。胶轮地铁车辆的最大特点是在普通车辆的钢轮转向架上增加了起驱动和导向作用的橡胶轮。

(2) 轻轨车辆。轻轨车辆是承担中运量的轨道交通车辆,采用钢轮钢轨导向,标准轨距,主要在大中城市的地下空间修筑的隧道中运行,也可在地上或者高架桥上运行。轻轨车辆在中等城市的轨道交通中广泛应用。

轻轨车辆的车型包括准地铁C型车、直线电机C型车和现代有轨电车。轻轨车辆的主要技术指标如表6-3、表6-4所列。

表6-3 轻轨车辆主要技术指标

	车型	C-Ⅰ型	C-Ⅱ型	C-Ⅲ型	直线电机C型	小型地铁
线路	车辆基本宽度/mm	2600	2600	2600	2600	2600
	车辆基本长度/m	18.9	22.3	30.4	16.5	19.49/19.44
	车辆最大轴重/t	11	11	11	11	≤14
	列车编组/辆	1～3	1～3	1～3	2～6	4～7
	列车长度/m	60	70	90	99	80～140
车辆	形态、形式	高架、地面或地下,封闭或专用车道			封闭	高架、地面或地下,封闭
	线路半径/m	≥50			≥60	≥140
	线路坡度/‰	≤60				≤30
客运能力/(万人次/h)		1.0～3.0				2.0～3.5
供电电压及方式		DC 750 V/1500 V,架空接触网或第三轨供电				DC1500 接触网供电
平均运行速度/(km/h)		25～35				

表 6-4 轻轨车辆主要技术规格

序列	项目名称		四轴车	六轴车	八轴车
1	两车钩连接面长度/mm		19 800	23 800	29 700
2	车体长度/mm		18 900	22 900	28 800
3	车辆宽度/mm		2600	2600	2600
4	车辆高度 轨面至顶部/mm		3250	3250	3250
	轨面至设备顶部/mm		3700	3700	3700
5	车内高度/mm		2150	2150	2150
6	底板面高度/mm		900~950	900~950	900~950
7	车辆定距/mm		11 000	7500-7500	6700-7500-6700
8	固定轴距(动/拖)/mm		1900/—	1900/1800	1900/1800
9	轴列式		B—B	B—2—B	B—2—2—B
10	第一级踏步距轨面高度/mm				
11	受电弓工作高度/mm		3900~5600	3900~5600	3900~5600
12	受电弓落弓高度/mm		3700	3700	3700
13	每侧车门数/个		4	4	5
14	客室车门宽度/mm		1300	1300	1300
15	客室车门高度/mm		1900	1900	1900
16	定员/人		190~210	235~255	300~320
17	座席占用面积指标/(m^2/人)		约0.3	约0.3	约0.3
18	站立人员面积指标/(人/m^2)	定员	6	6	6
		超员	9	9	9
19	构造速度/(km/h)		80	80	80
20	最高运行速度/(km/h)		70	70	70
21	启动平均加速度/(m/s^2)		1.2	1.1	0.9
22	常用制动平均减速度/(m/s^2)		1.2	1.2	1.2
23	紧急制动平均减速度/(m/s^2)		2	2	2
24	每延米车长自重指标/t		1.4~1.55	1.4~1.55	1.4~1.55
25	车辆每吨自重功率指标/(kW/t)		约12	约11	约10
26	噪声指标 车内/dB(A)		65~70	65~70	65~70
	车外/dB(A)		75~82	75~82	75~82

(3) 单轨车辆。单轨车辆实际属于中等运量的轻轨系统,但是其走行方式和结构具有特殊性,故单独进行说明。单轨车辆跨坐于或者悬挂于一条带形的梁体轨道上,因此又可以分为跨座式单轨车辆和悬挂式单轨车辆两种类型。单轨车辆的车体与其他轨道车辆的车体没有实质差别。由于单轨车辆的车轮一般采用充气橡胶车轮,承载能力有限,往往采用铝合金焊接结构来减轻车体重量。单轨车辆的主要技术参数也在表 6-2 中列出。

6.2 城市轨道交通车辆转向架

6.2.1 转向架概述

转向架是车辆最主要的组成部分之一,它用来传递各方向的载荷,并通过轮轨间的黏着保证车辆牵引力和制动力的产生。转向架主要有以下 4 个作用:

(1) 承载。承担包括车体、安装在车体内的各种机电设备及乘客和货物的重量,并且把这些重量经弹簧悬挂装置传递到钢轨上。

(2) 传力。产生牵引力和制动力,并把产生的牵引力和制动力经牵引装置传递到车底架,然后传递到车钩,保证列车的牵引和制动过程中力的传递。

(3) 缓冲。缓和运行中线路对车辆的冲击,保证车辆运行的平稳性。

(4) 导向。引导车辆顺利通过曲线和道岔,保证车辆在曲线上安全运行。

转向架性能的好坏,对车辆的多种动态性能和安全都有较大的影响。现代车辆转向架应满足以下基本技术要求:

(1) 运行时候良好的动力学性能,尽可能地减少对线路的动作用力及减少轨道和车轮的应力和磨耗等。

(2) 保证最佳的黏着条件,满足牵引力和制动力的要求。

(3) 在满足强度和刚度的前提下,应使结构简单,自重尽量减小。

(4) 转向架各部分应尽可能采用无磨耗或不需维修的结构形式,并有良好的可接近性,以减少维修维护的工作量。

转向架主要由轮对轴箱装置、一系悬挂装置、构架、二系悬挂装置、基础制动装置等组成,动力转向架还有牵引传动装置。一般地铁列车共有 4 种转向架,分别为拖车前端转向架、拖车后端转向架、前动车转向架和后动车转向架。拖车前端转向架和拖车后端转向架结构差别不大,往往不做区分,统称拖车转向架,如图 6-2 所示;同样,前动车转向架和后动车转向架结构差别也不大,统称为动车转向架,如图 6-3 所示。

转向架关键零件简单说明如下,并在后面小节进一步说明。

(1) 轮对:实现直接向钢轨传递车辆重量,通过轮轨间的黏着产生牵引力和制动力,并通过轮对的转动实现车辆在钢轨上的走行。

(2) 轴箱:构架和轮对的联系,保证轮对进行回转运动,还能使得轮对可以相对构架上下、左右和前后活动。

(3) 一系悬挂装置:保证轴重的分配,缓和线路不平顺对车辆的冲击,还能使轮对相对于构架运动,以适应线路条件。一系悬挂装置主要包括弹簧装置、轴箱定位装置和减振装置。

(4) 构架:转向架的骨架,是转向架各部件的安装基础,并承受和传递垂向力及水平力。

(5) 二系悬挂装置:车体和转向架之间的连接装置;其作用是承受车体载荷,传递垂向和横向力,并进一步缓和振动和冲击;还要保证通过曲线时转向架相对于车体的回转。二系悬挂装置主要包括弹簧装置、减振装置、牵引装置和抗侧滚装置。

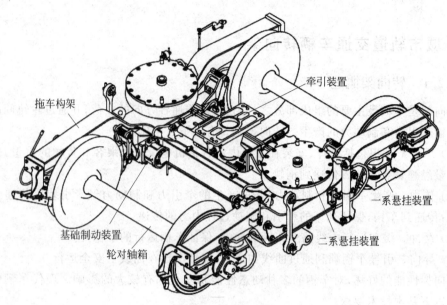

图 6-2 拖车转向架

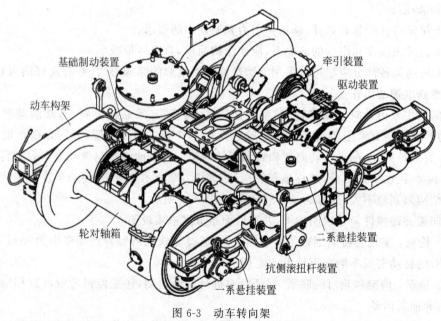

图 6-3 动车转向架

(6) 基础制动装置：其作用是将制动缸传来的力放大并传递给制动执行机构，实现车辆的制动。

(7) 驱动装置：将动力装置的功率传递给轮对。牵引装置包括牵引电机、传动装置和电机悬挂装置。

B 型车转向架主要参数如表 6-5 所示。

表 6-5 B 型车转向架主要参数

参数名称	单位	动车转向架	拖车转向架
轨距	mm	1435	1435
轴重	t	14	14
车辆定距	mm	12 600	12 600
转向架轴距	mm	2300	840
轮径（新轮）	mm	840	840
轮径（全磨损）	mm	770	770
最高运行速度	km/h	80	80
车轮内侧距	mm	1353～1355	1353～1355
轮辋宽度	mm	135	135
构造速度	km/h	90	90
转向架重量	kg	≤6600	≤4500
轴颈直径	mm	120	120

6.2.2 构架

构架是转向架的主构件，用以连接转向架的各个组成部分，并且传递各方向的力，可以保持车轴相对转向架的位置。构架为钢板焊接结构，分为动车构架和拖车构架。动车构架的主体结构由两个侧梁和一个横梁对接而成；拖车构架主体也由两个侧梁和一个横梁焊接而成。

构架主要功能：

（1）安装转向架部件，如轮对、一系悬挂装置、二系悬挂装置、牵引电机、齿轮箱、牵引装置、基础制动单元、减振器等；

（2）传递牵引力、制动力和承担车体重量，以及传递各部件产生的作用力。

拖车转向架构架与动车转向架构架结构基本相同，除了没有牵引电机安装座和齿轮箱安装座等，见图 6-4 和图 6-5。

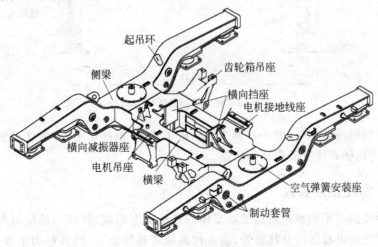

图 6-4 动车转向架构架

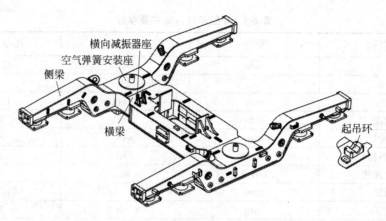

图 6-5 拖车转向架构件组件

6.2.3 轮对轴箱装置

轮对结构由一根车轴和两个车轮通过过盈配合压装成一体。轮对沿钢轨滚动,承受着车辆的全部重量,并且承受运行时来自车体和钢轨的各种动载荷。轮对的质量直接影响列车的运行安全,所以对车轮和车轴的压装有严格的要求,轮对内侧距必须保证在(1353 ± 3)mm范围内。

动车轮对轴箱装置包括(参见图6-6)两个直辐板车轮、一根动车车轴、两套自密封圆锥滚子轴承、两个铸造的轴箱体及锻造轴箱后盖、一套单级减速齿轮箱。

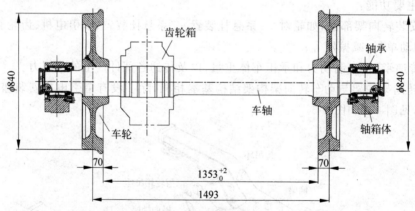

图 6-6 动车轮对轴箱装置(单位:mm)

拖车轮对轴箱装置包括(图6-7)两个直辐板车轮、一根拖车车轴、两套自密封圆锥滚子轴承、两个铸造的轴箱体及锻造轴箱后盖。

6.2.4 弹性悬挂装置

为了减少线路不平顺和轮对运动对车体的各种动态影响,转向架的轮对与构架之间或者构架与车体之间设有弹性悬挂装置,前者称为轴箱悬挂装置,后者称为中央悬挂装置,又称为一系悬挂装置和二系悬挂装置。图6-8所示为一系悬挂装置,图6-9所示为二系悬挂装置。

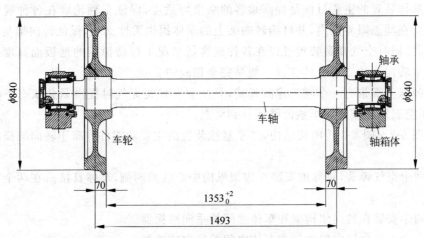

图 6-7 拖车轮对轴箱装置(单位：mm)

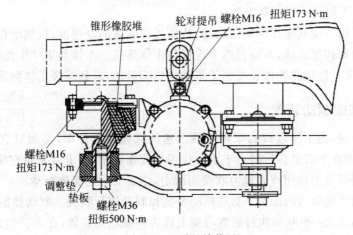

图 6-8 一系悬挂装置

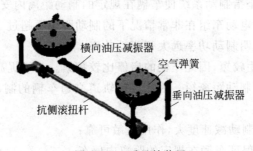

图 6-9 二系悬挂装置

一系悬挂装置的主要功能：
(1) 将轮对定位在构架上，连接轮对与构架；
(2) 传递牵引力和制动力；
(3) 缓冲牵引力及制动力的冲击；
(4) 支承构架与车体重量。

二系悬挂装置的主要目标是提高乘客的乘坐舒适度,保证车辆轮廓在各种规定的动态条件下保持在动态限界以内,并且给转向架上的车体提供柔性支承,保证转向架与车体底架作相对转动,同时空气弹簧装置可以在各种载客量情况下保持恒定的地板面高度。动车转向架与拖车转向架的二系悬挂装置一般是完全相同的。

　　空气弹簧下部带有一个辅助橡胶弹簧,并在空气弹簧无气时提供紧急状态下的支承刚度,保证在空簧意外破损后车辆能够运行到终点。

　　根据图 6-2～图 6-3 转向架结构,二系悬挂装置的主要功能件分布于转向架横向的中间位置,包括:

　　(1) 两个空气弹簧,对称地安装在构架纵向中心线的两侧,车体直接落在两个空气弹簧盖板上。

　　(2) 两个安装在转向架构架和车体之间的垂向减振器。

　　(3) 一个安装在转向架构架和车体之间的横向减振器。

　　(4) 在车体上为两个空气弹簧设置的高度阀,使车体地板面的高度保持恒定。

　　(5) 一个差压阀和一套抗侧滚扭杆。

　　抗侧滚扭杆用于抑制车体的侧滚运动,从而提高乘客的舒适度,抗侧滚扭杆通过两个摩擦套固定在转向架构架底部,并通过两个连杆与车体连接。车体如果产生侧滚,将使抗侧滚扭杆扭曲,抗侧滚扭杆扭曲的过程抵消了车体的侧滚运动,起到减缓车体侧滚的作用。

6.2.5　基础制动装置

　　对于车辆来说,为了使运行的车辆能够迅速地减速或者停车,必须对它实施制动。同时,为了防止车辆在下坡道运行时由于重力作用导致速度增加,也需要对它实施制动;为了避免停放的车辆因重力作用或者风力吹动而溜走,亦需要对它实施制动。

　　车辆的制动系统分为两部分:制动控制系统和制动执行装置。制动控制系统在不同类型的车辆上差别较大;而制动执行装置习惯上称为基础制动装置,在车辆转向架上都具备,包括闸瓦制动和盘形制动。高速列车还配备电磁制动形式,也属于摩擦制动。

　　动车组的制动能力是指制动系统使车辆在规定的制动距离内安全停车的距离。对城市轨道交通车辆来说,要求电动车组在非常情况下的制动距离不超过 180 m,这个距离要远大于启动加速距离,这也说明制动功率远大于驱动功率。

　　城市轨道交通的站距较短,因此车辆的启停比较频繁。为了提高平均运行速度,城市轨道交通车辆必须启动快、制动距离短。因此城市轨道交通车辆的制动系统应保证具备以下多个方面的能力:

　　(1) 操纵灵活方便,制动减速度大,作用灵敏可靠;

　　(2) 制动能力足够,保证车辆在规定的距离内停车;

　　(3) 除了摩擦制动能力外,还应具备动力制动能力;

　　(4) 保证连续制动时,制动力不衰退;

　　(5) 各个车辆的制动能力基本一致,并且可调;

　　(6) 具有紧急制动性能,遇到紧急情况时,制动作用除了由司机操作外,还可由行车人员利用紧急制动按钮进行操纵。

　　按照车辆在制动过程中动能的转移方式,制动方式可以分为两类:

(1) 摩擦制动方式,动能通过摩擦副的摩擦转化为热能,然后消散于大气;
(2) 动力制动,把动能通过发电机转化为电能,然后再将电能转移出去。

摩擦制动是城市轨道交通车辆常用的制动方式,包括闸瓦制动和盘式制动。闸瓦制动的基本原理可以通过图6-10说明。制动时闸瓦压紧车轮,车辆的动能通过车轮和闸瓦之间的摩擦转化为热能,并最终消散到大气中。闸瓦的材料主要是具有较高耐磨性的铸铁或者具有较好摩擦性能和耐磨性能的粉末冶金。闸瓦制动方式中,动能转化为热能的能力大,而热能耗散于大气的能力相对小,所以在制动功率较大时,会由于热能来不及耗散导致闸瓦温度过高的情况,严重时甚至会导致闸瓦熔化等情况,因此闸瓦制动方式的制动功率较小。

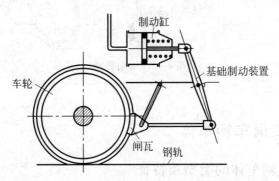

图 6-10 闸瓦制动系统原理

盘式制动又分为轮盘式和轴盘式,如图6-11所示。前者用于动力转向架,因为动力转向架安装有驱动电机,车轴上没有安装轴盘的空间;后者用于非动力转向架。

动力制动通过能量装换装置,将运行中列车的动能转换为其他形式的能量,如电能和热能等,并消耗掉。动力制动的主要特点是:制动力与列车的速度有很大关系,速度越高,往往制动力越大。动力制动有多种形式,如电阻制动、再生制动、电磁涡流轨道制动(磁轨制动)和电涡流转子制动等。

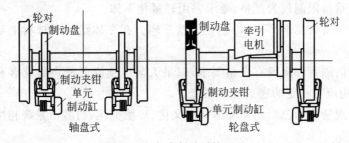

图 6-11 盘式制动系统原理

6.2.6 牵引传动装置

牵引传动装置由牵引电机、联轴节、减速齿轮箱和齿轮箱吊杆组成,如图6-12所示。

电机转矩通过联轴节传递给减速齿轮箱。联轴节能承受电机和减速齿轮箱之间的所有垂向、横向、纵向和圆锥方向上的相对运动。联轴节两个半件之间由一圈螺栓固定,用户可以方便地拆开。

减速齿轮箱采用半悬挂式安装,单级减速。减速齿轮箱通过弹性齿轮箱吊杆连接到转向架构架上。构架上设有一个安全螺栓,当齿轮箱吊挂失效时,可以限制减速齿轮箱相对车轴作旋转运动。

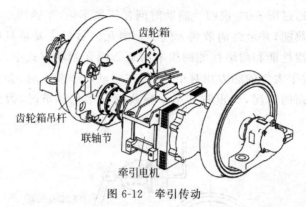

图 6-12 牵引传动

6.3 城市轨道交通车辆车体

6.3.1 轨道车辆车体的类型及特征

城市轨道交通车辆车体与一般铁路客车一样,是车辆的主体结构。它支承在转向架上,构成车辆的主体,用以载客。车体底架下部及车顶上安装机械设备、电气设备等。城轨车辆用作城市或近郊客运的专门客运交通工具,因而车体又有以下特征:

(1) 一般为电动车组,有单节、双节和 3 节式等,有头车(即带有司机室的车辆)和中间车,以及动车与拖车之分。

(2) 因为是服务于市内的公共交通,车内的平面布置上不同于一般的铁路客车:座位少,车门多且开度大,内部服务于乘客的设备较简单。

(3) 对车体重量限制较为严格,要求采用轻量化车体。

(4) 对车辆的防火要求严格,特别是地铁车辆。在车体结构和选材上要求采用防火设计和阻燃处理。

(5) 对车辆的隔音和降噪有严格要求,以最大限度地降低噪声对乘客和沿线居民的影响,因而车体结构应有一定的密封和吸振能力。

(6) 车辆外观造型和色彩还须考虑城市文化、环境美化,与城市景观相协调。

6.3.2 地铁车辆车体介绍

地铁车辆车体整体承载结构由若干纵向、横向梁和立柱组成的骨架(也称钢结构),再安装内饰板、外蒙皮、地板、顶板及隔热、隔音材料、车窗、车门及采光设施等组成。一般包括底架、侧墙、车顶和端墙、车窗、车门、贯通道和车内设施等部分。图 6-13 为车辆车体实物图,图 6-14 为车辆车体框架。

(1) 底架。底架是车体结构和设施的安装基础,承受主要的动、静载荷,必须具有足够的强度和刚度。底架由牵引梁、枕梁、缓冲梁、侧梁、各种横梁等组成。

图 6-13 车辆车体实物图

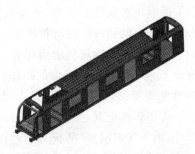
图 6-14 地铁车辆车体框架

（2）侧墙。侧墙由杆件、墙板和门窗组成。杆件包括立柱、上弦梁、横梁和其他辅助杆件，它们与底架的侧梁构成一个整体。墙板有蒙皮和内饰板，蒙皮用钢板、不锈钢板或铝合金板制成，内饰板具有车内装饰的功能，经过阻燃处理。

（3）端墙。车体两端的端墙由弯梁、贯通道立柱和墙板组成。

（4）车顶。车顶结构包括车顶弯梁、车顶横梁、车顶端梁及车顶板等。

苏州地铁车辆车体简介：车体结构形式分为带独立司机室的拖车（Tc）（图 6-15）和带受电弓平顶的动车（Mp）（图 6-14）；车体为 B 型铝合金全焊结构，包括司机室（图 6-16）和牵枕缓结构。独立司机室与客体铝结构通过螺栓连接。

车体结构设计满足 EN12663《铁路车辆车体结构要求》标准中归属 P-Ⅲ（地铁和快速运输车辆）类规定要求。车体主结构为整体承载的大断面铝合金挤压型材的轻量化焊接结构。车体主要由一个底架、两个侧墙、两个端墙（拖车一位端为司机结构）和一个车顶六大部件组成，各模块和模块间均采用焊接连接（司机室除外），结构使用寿命大于 30 年。

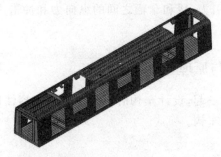
图 6-15 苏州轨道 1 号线 Tc 车车体结构

图 6-16 司机室结构

6.3.3 车体轻量化

轻量化的技术内涵是：采用现代设计方法和有效手段对产品进行优化设计，或使用新材料，在确保产品综合性能指标的前提下，尽可能降低产品自身重量，以达到减重、降耗、环保、安全的综合指标。然而，产品轻量化绝非是简单地将其小型化，应在保持产品原有性能不受影响的情况下，既要有目标地减轻产品自身的重量，又要保证产品的其他性能。车体轻量化技术已在 21 世纪轨道车辆车体设计制造中广泛应用。

城轨车辆车体轻量化的意义如下：

（1）车辆自重减轻可以降低运行阻力，节省牵引和制动动力（能量）；

（2）可减小对轨道的压力，从而减小车轮和轨道的磨耗；

（3）降低车辆和线路的维护保养；

（4）直接减少车辆材料的消耗等。

城轨车辆车体轻量化采取的措施有以下两种途径，它们相辅相成，在保证轨道车辆整体质量和性能不受影响的前提下，最大限度地减轻各零部件的重量，达到轻量化的目的。

（1）选用强度更高、重量更轻的新材料，如高强度钢、铝合金等。

① 采用不锈钢材料（薄板为不锈钢，骨架为普通碳素钢）或全不锈钢车体，免除了车体内壁涂敷防腐涂料和表面油漆，在保证强度、刚度的前提下，板厚可减小，从而达到车体薄壁化和轻量化的目的。

② 采用铝合金材料。由于铝合金的密度仅为钢的 1/3，而弹性模量也为钢的 1/3，因此，为了充分发挥材料的承载能力，铝制和钢制车体在结构形式上有很大的差异。在铝制车体结构设计中，车体主要承载构件一般采用大型中空宽幅挤压型材，以提高构件的刚度，充分发挥材料的承载能力，最大限度地减轻车体自重。

（2）设计更合理的车体结构，使车体零部件薄壁化、中空化、小型化、复合化以及使车体制造工艺进一步改进等。利用有限元法和优化设计等方法对车体进行结构优化设计，以减小车体骨架和车体钢板的质量。

6.4 车钩缓冲装置与贯通道

虽然车钩缓冲装置在轨道车辆上是一个小部件，但对于列车车辆而言它却是一个非常重要的部件。车钩缓冲装置的作用是连接车辆，使得单节的车辆能连挂成一列编组列车，并使其之间彼此保持一定的距离，传递动车牵引力，缓和车辆之间的纵向力和冲击力；此外，还可以实现车辆间的电路和气路连接。

6.4.1 车钩缓冲装置的基本结构与原理

机车或车辆的连接都需要用车钩连接在一起，设计车钩时保证车钩的相容性以及标准化就变得极其重要。现代车辆一律采用自动车钩。

1. 车钩缓冲装置的组成和功能

车钩缓冲装置由车钩、缓冲器、钩尾框和从板等零部件组成。图 6-17 为车钩缓冲装置的一般结构形式。在钩尾框内依次装有前从板、缓冲器和后从板，借助钩尾销把车钩和钩尾框连成一个整体，安装于车底架构端的牵引梁内，从而使车辆具有连挂、牵引和缓冲三种功能。在车钩缓冲装置中，车钩的作用是实现机车和车辆或车辆和车辆之间的连挂并传递牵引力和冲击力，并使车辆之间保持一定的距离。缓冲器用来缓和列车运行及调车作业时车辆之间的冲撞，吸收冲击动能，减小车辆相互冲击时所产生的动力作用。从板和钩尾框则起着传递纵向力（牵引力、制动力或冲击力）的作用。

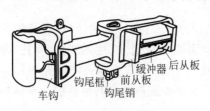

图 6-17 车钩缓冲装置

2. 车钩的三态作用

车钩由钩头、钩身、钩尾三个部分组成。车钩前端粗大的部分称为钩头,在钩头内装有钩舌、钩舌销、锁提销、钩舌推铁和钩锁铁。车钩后部称为钩尾,在钩尾上开有垂直扁锁孔,以便与钩尾框连接。为了实现挂钩或摘钩,使车辆连接或分离,车钩具有以下三种位置,也就是车钩三态:闭锁位置——车钩的钩舌被钩锁铁挡住不能向外转开的位置。两个车辆连挂在一起时车钩就处在这种位置。开锁位置——钩锁铁被提起,钩舌只要受到拉力就可以向外转开的位置。摘钩时,只要其中一个车钩处在开锁位置,就可以把两辆连挂在一起的车分开。全开位置——钩舌已经完全向外转开的位置。当两车需要连挂时,只要其中一个车钩处在全开位置,与另一辆车钩碰撞后就可连挂,如图6-18所示。

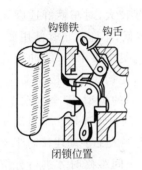 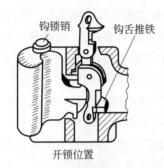 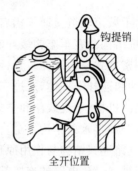

图6-18 车钩三态作用位置示意图

3. 车钩作用力的传递过程

(1)当车辆受拉时,作用力的传递过程为:车钩→钩尾框→后从板→缓冲器→前从板→前从板座→牵引梁。

(2)当车辆受压(冲击)时,作用力的传递过程为:车钩→前从板→缓冲器→后从板→后从板座→牵引梁。

由此可见,车钩缓冲装置无论是承受牵引力还是冲击力,都要经过缓冲器将力传递给牵引梁,这样就有可能使车辆间的纵向冲击振动得到缓和或消减。

6.4.2 车钩缓冲装置分类

自动车钩可分为两种基本类型:非刚性车钩和刚性车钩。此外,还有半刚性自动车钩。非刚性车钩允许两个相连接的车钩在垂直方向上有相对位移(图6-19(a)),当两个车钩的纵轴线存在高度差时,连接着的两钩呈阶梯形状,并且各自保持水平位置。刚性车钩不允许两相连接车钩在垂直方向彼此存在位移,但是在水平方向可产生少许转角(图6-19(b)),如果在车辆连接之前两车钩的纵向轴线高度存在偏差,那么在连接后两车钩的轴线处在同一直线上并呈倾斜状态。两车钩的尾端采用销接,从而保证了两连接车辆之间的位移和偏角。

非刚性车钩结构简单,强度高,重量轻,与车体的连接也较为简单,主要用于一般铁路客车、货车上。刚性车钩减小了两个车钩连接表面之间的间隙,从而大大降低列车运行中的纵向冲动,提高列车运行的平稳性,同时也降低车钩零件的磨耗和噪声。另外,刚性车钩有可能同时实现车辆间的气路和电路的自动连接。所以刚性车钩主要用于地下铁道车辆和城市

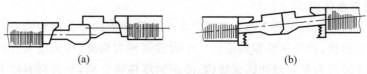

图 6-19 非刚性车钩与刚性车钩
(a) 非刚性车钩；(b) 刚性车钩

轻轨车辆，以及高速列车上。

6.4.3 城市轨道交通车辆常用车钩缓冲装置

由于城市轨道交通车辆启动和变速过程中纵向加(减)速度较大，对车辆舒适度要求较高，传统结构的客车车钩缓冲装置连挂间隙较大、自动化程度较低，不能满足其使用要求，必须采用密接式车钩缓冲装置(刚性自动车钩)。这种密接式车钩集中央牵引、缓冲装置集牵引、缓冲和连挂于一体，通过车辆彼此相向缓慢走行，相互碰撞，使钩头的连接器动作，实现两车辆的机械、电气线路和空气管路的自动连接。它有 3 种不同的类型，即全自动车钩、半自动车钩和半永久车钩。全自动车钩可以实现机械、气路、电路的自动连接。半自动车钩的机械、气路连接结构与作用原理与全自动车钩相同，但是电路需要人工手动连接。半永久车钩的机械、气路、电路的连接都需要人工手动操作，一般只有在车间维修时才进行分解。其中连挂系统是整套设备的关键。苏州地铁 1 号线采用的是半自动车钩和半永久牵引杆；2 号线采用的是全自动车钩和半永久牵引杆。

1. 全自动车钩

全自动车钩可以实现列车之间机械、气路和电气的自动联挂和解钩(图 6-20)。在受控司机室内可以对全自动车钩进行解钩作业，也可在轨道边采用拉环进行手动解钩操作。车钩解钩作业完成后，车钩会自动恢复到联挂预备状态。

全自动车钩主要包括机械、气路和电气的自动连接装置，自动对中装置，司机室解钩设施，手动解钩装置，高度调整装置，能量吸收装置，过载保护装置。

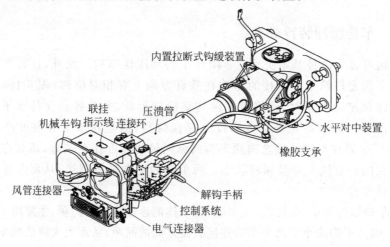

图 6-20 全自动车钩

密接式车钩属于刚性自动车钩,它要求两钩连接后,其间没有上下和左右的移动,而且对前后的间隙要求限制在很小的范围之内。目前,世界上较为先进的密接式车钩主要有柴田式、Schafenberg式、BSI-COMPACT式3种。其中柴田式早已于20世纪60年代用于我国北京地铁,其改进型已在我国高速动车组和多个城市的城轨车辆上应用。而Schafenberg式属引进城轨车辆上使用的形式,进口的上海地铁及轻轨车辆采用Schafenberg密接式车钩。

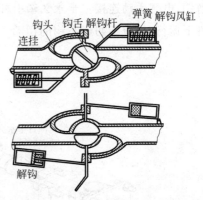

图6-21 密接式车钩作用原理

车钩的连挂与分解作用原理如图6-21所示。

两钩连挂时,凸锥插进对方相应的凹锥孔中。这时凸锥的内侧面在前进中压迫对方的钩舌转动,使解钩风缸的弹簧受压,钩舌沿逆时针方向旋转40°。当两钩连接面相接触后,凸锥内侧面不再压迫对方的钩舌,此时,由于弹簧的作用,使钩舌顺时针旋转恢复到原来的状态,即处于闭锁位置。

要使两钩分解,需由司机操纵解钩阀,压缩空气由总风管进入前车(或后车)的解钩风缸,同时经解钩风管连接器送入相连挂的后车(或前车)解钩风缸,活塞杆向前推并带动解钩杆,使钩舌逆时针转动至开锁位置,此时两钩即可解开。如果采用手动解钩,只要用人力推动解钩杆,也能使钩舌转动至开锁位置实现两钩的分解。

2. 半自动车钩

半自动车钩可以实现列车单元之间机械、气路的自动联挂和解钩,单元间电气连接需要手动操作。可在轨道边采用拉环进行手动解钩操作,车钩解钩作业完成后,车钩会自动恢复到联挂预备状态。

半自动车钩(图6-22)与全自动车钩功能相似,与全自动车钩相比少了电气连接装置。

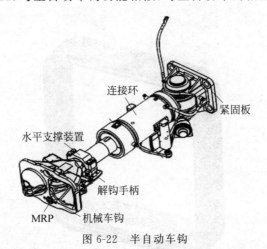

图6-22 半自动车钩

3. 半永久牵引杆

如图6-23所示,半永久牵引杆可以实现车辆之间机械手动联挂和解钩,气路随之联挂和解钩,电气手动连接。半永久牵引杆便于拆卸和连接时的对中。当车辆在最不利的线路条件下运行时,应不妨碍车钩的摆动。

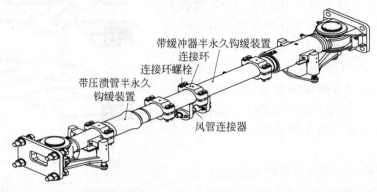

图 6-23　半永久牵引杆

半永久牵引杆主要包括机械连接杆、气路自动连接装置、电气手动连接装置、高度调整装置、能量吸收装置。

一般情况下,半永久牵引杆分为带缓冲装置、带压溃管两种。两种不同类型的半永久牵引杆成对使用。

6.4.4　贯通道

贯通道处在两节车体之间,是列车上的一个柔性部件,允许车厢间的相对运动,为旅客提供安全、舒适的过道。同时,它可以挡风雨,防水隔音,并且是可靠的通道。贯通道的结构设计几乎是免维护的,使用寿命较长。贯通道外观结构示意如图 6-24 所示。

苏州地铁车体贯通道的主要尺寸:两辆车端墙间间距 520 mm;贯通道宽度 1300 mm;贯通道高度 1900 mm。

图 6-24　贯通道示意图

6.5 车辆检修

6.5.1 车辆检修制度

车辆是城市轨道交通系统的主要设备,为保证日常运营安全,要求车辆始终处于良好的技术状态下,检修工作十分重要。城市轨道交通车辆检修制度是车辆安全可靠运行的基本而重要的保证。目前城市轨道交通车辆采用定期预防性维修。

预防性维修的计划是根据车辆制造者所提供的基础信息来确定的,但同时也必须与设备当时的运转情况相适应。如果系统的可靠性比较高,那么维修的周期可以相对延长,反之,则要相对缩短维修周期。车辆的定期检修划分为不同的修程和检修周期。所谓修程,就是根据车辆使用年限对车辆规定的修理种别。城市轨道交通车辆的修程大致分为列检(日检)、月检(双月检)、定修、架修和大修(又称厂修)。车辆的定期计划检修主要根据车辆在运用中的技术状态决定,实际上是由车辆零部件的损伤和失效规律所决定的。定期计划检修分为定修、架修和大修等多级。为保证车辆的安全运行并消除各种先期故障,定期计划检修还包括日常维修。各修程间既有分工,又互相配合,才能保证车辆始终处于良好的技术状态。各种定期计划检修说明如下:

1. **日常维修**

日常维修的基本任务是确保运营车辆具有良好的技术状态,尽量做到能及时发现并消除潜在故障,防止运营事故,并保证行车安全。列车的日常维修一般分为日检、周检(双周检)和月检(双月检)等。根据各城市轨道交通企业及其车辆的不同,检查维修周期都不同。即使同一个企业,由于车辆制造厂家的不同,车辆特性和设计上的差异,也会制定不同的检查维修周期。一般停车场(库)都设有检修库,分别设有日检线、月(周)检线和临修线若干条。列车日常维修的主要任务在于保证列车的安全运行,对车辆的所有不良状况必须进行修复。临修分为掉线修和不掉线修两种情况,一般进行不掉线的临修,如停车场修理条件不够,则需转入车辆修理工厂作临时修理。

2. **定修**

定修周期较短,每年或每 10 万 km 进行一次,着重于经常性的检修,作业范围小,要求也较低。定修主要进行车辆的各系统状态检查、检测,各部件全面检查、清洁、润滑以及部分部件的修理及车辆的调试。主要检修内容是对受电弓、空调机、电气控制、牵引、制动、走行部等关键部件进行局部分解、检查、修理、测试,并在检修后进行静态、动态调试。

3. **架修**

架修是在经过多次(一般 5 次)定修或运行 50 万 km 以后进行的高级修程,检修范围大,质量要求高。架修有的在车辆段内进行;有的在车辆修理工厂内进行。其任务是维护车辆的基本性能,保证安全舒适地运送乘客。架修时对车辆进行全面检查,着重于分解检查车辆的转向架、车钩缓冲装置和制动装置等部件。按规定更换磨损过限的零件,修复车辆零部件各种故障和损伤,提高车辆的使用效率。

4. **大修**

大修要求更高,其周期也较长,大约每 10 年或每运行 100 万 km 进行一次。大修是指在车辆修理工厂内进行的定期检修,其目的在于全面恢复车辆的基本性能,使其修理后的技术状态接近新造车的水平,主要部件应保证运用到下一个大修期不发生较大的故障。大修时对车辆进行全面检查和彻底修理,并对车辆进行必要的现代化技术改造,以提高车辆的质量。

6.5.2 车辆段

车辆段是铁路行车系统的重要单位之一,主要负责列车车辆的运营、整备、检修等工作。车辆段同时也是城市轨道交通系统(地铁、城市轻轨)中对车辆进行运营管理、停放及维修、保养的场所。车辆段还是工作人员的办公场所,包含临时住宿等。某地铁车辆段布局如图 6-25 所示,其中,运用库是车辆检修的场所,联合车库是车辆停放的场所。

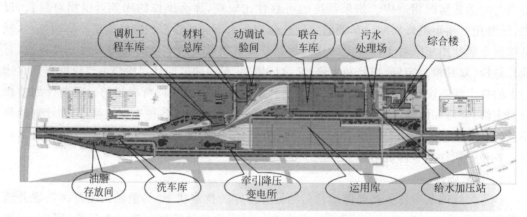

图 6-25 某地铁车辆段布局

按照(GB 50157—2003)《地铁设计规范》的规定,地铁车辆段根据功能可分为检修车辆段(简称车辆段)和运用停车场(简称停车场)。车辆段根据检修作业范围可分为架(厂)修段和定修段。独立设置的停车场应隶属于相关车辆段。对于比较长的城轨线路,为了第二天发车的均衡性,通常在线路一端设车辆段,另一端设停车场,支持列车日检及维护保养。

车辆段的主要功能包括:

(1) 列车的停放、调车编组、日常检查、一般故障处理和清扫洗刷、定期消毒。

(2) 车辆的修理——月修、定修、架修与临修。

(3) 车辆的技术改造或厂修。

(4) 车辆段内通用设施及车辆维修设备的维护管理。

(5) 乘务人员组织管理、出乘计划的编制、备乘换班的业务工作。

根据城市轨道交通线路的情况,有时可以另外设置仅用于停车和日常检查维修作业的停车场或检车区,管理上一般附属于主要车辆段,规模较小,其功能主要如下:

(1) 列车的停放、调车编组、日常检查、一般故障处理和清扫。

(2) 车辆的修理——月修与临修。

(3) 附设工区管理乘务人员出乘、备乘轮班。

6.5.3 车辆检修设备

车辆维修设备通常设在车辆段,车辆段是车辆主要维修基地。车辆段内用于车辆检修的主要大件设备包括不落轮镟床、列车清洗机(图 6-26)、架车机(图 6-27)、轮对轴承压装机、转向架清洗机、转向架升降机等。部分设备简介如下。

(1) 不落轮镟床：用于地铁车辆在整列编组不解体的条件下，对地铁车辆轮对的轮缘和踏面进行测量和镟修，并适用于对单个转向架以及单个带轴箱轮对的修理加工，一般为数控式。

图 6-26　列车清洗机

图 6-27　移动式架车机

(2) 列车清洗机：是地铁车辆段车辆检修工艺设备之一，主要用于地铁列车车体外表面的自动清洗及车辆密封性淋雨试验。

(3) 架车机：由于轨道交通车辆的重要系统及部件主要集中在车辆底部，要检修就需将车辆举升起来再进行拆解，架车机是将车辆举升的专用装置，分为固定式和移动式。

(4) 轮对轴承压装机：是采用冷压方式将轴承压装到轮对轴颈上的专用设备。

思考题

1. 与公路运输和航空运输等非轨道交通运输比较，轨道交通车辆的基本特点是什么？
2. 轨道交通车辆由哪几部分组成？
3. 转向架是车辆最主要的组成部分之一，它主要由哪几部分组成？转向架的主要作用是什么？
4. 为什么要采用弹性悬挂装置，一系悬挂装置和二系悬挂装置在结构和功能上有什么不同？
5. 地铁车辆制动有哪几种形式？
6. 简述车钩缓冲装置的基本组成和功能。
7. 城市轨道交通车辆常用车钩缓冲装置的种类及其结构和作用原理是什么？
8. 城轨车辆性能参数主要有哪些？
9. 城市轨道交通车辆有哪些基本的维修制度？
10. 车辆检修设备主要有哪些？

第 7 章

城市轨道交通牵引系统

学习目的：牵引传动系统是轨道交通车辆装备实现机电能量转换的"心脏"单元,是轨道交通车辆节能升级的关键。通过本章的学习,了解牵引系统在城市轨道交通系统的作用;了解电力系统的供电方式;了解电力牵引系统新技术应用;理解直流电动机的工作原理和直流电动机牵引系统的原理;理解三相异步电机、三相永磁同步电机的原理;理解交流电力牵引系统的原理。

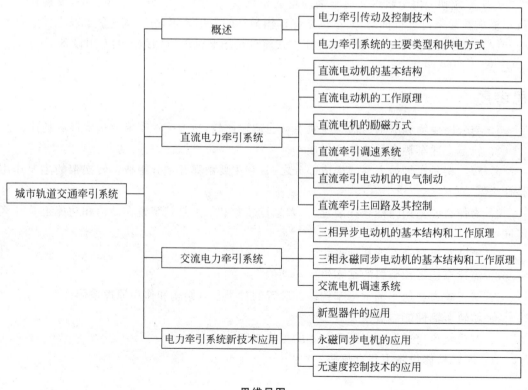

思维导图

课程思政：2020年9月，国家提出"二氧化碳排放力争于2030年前达到峰值，努力争取2060年前实现碳中和"的目标和愿景，是党中央经过深思熟虑做出的重大战略决策，事关中华民族永续发展和构建人类命运共同体，意味着我国更加坚定地贯彻新发展理念，构建新发展格局，推进产业转型和升级，走上绿色、低碳、循环的发展路径，实现高质量发展，对保护地球生态、推进全球应对气候变化行动具有非常现实和重要的意义。由于城市轨道交通牵引系统的牵引动力为电动机，牵引电机实现电能的变换，具有无污染、绿色、节能等特点，为促进国家"二氧化碳排放力争于2030年前达到峰值，努力争取2060年前实现碳中和"的重大战略的实现具有重要意义。

7.1 概述

7.1.1 电力牵引传动及控制技术

电力牵引是一种以电能为动力的牵引方式。轨道交通电力牵引系统通常由受流器从架空接触网或第三轨（输电轨）接收电能，通过车载的变流器给安装在转向架上的牵引电机供电，将电能转换为机械能，通过齿轮传动箱和轮对，驱动牵引电机运行。电力机车牵引传动及控制技术是轨道交通机车车辆必需的技术配置，它推动了机车车辆技术的进步。可以说，是否拥有成熟的牵引传动及控制技术，已经成为衡量一个国家铁路技术水平的重要标志之一。同时，牵引传动领域的技术进步和成熟，将辐射到电气自动化、节能等诸多领域。

以直流电机作为牵引电机被最早应用于城市轨道车辆传动系统中。由于直流串励电机的特性非常符合"启动时力矩大，运行中能自动保持恒功率运行"的要求，所以牵引车辆无论在国内还是国外，都一直是串励电机担当主角，这一地位至今没有改变。另一种他励式直流电机，通过对励磁电流的连续调节也可以得到和直流串励电机一样的工作特性，但这将导致控制系统变得复杂，所以他励式直流电机只运用在大功率的干线机车上，在窄轨工矿电力机车上不会采用这类驱动系统。

采用有触点电器和电阻换相结合的方法来实现直流牵引电机的有级调速，其电机的特性受到一定的影响。自大功率半导体功率器件问世后，直流斩波控制取代了传统的调阻控制，牵引性能及调速效果明显改善。到20世纪80年代，大功率自关断电力电子器件得到了重大进展，特别是门极可关断晶闸管（gate turn-off，GTO）的容量达到4500 V/3000 A 水平，斩波器电路大大简化，工作频率有所提高，从而减小了平波电抗器和滤波电容器的体积，改善了车辆的运行性能。据有关资料介绍，德国的 AEG-Telefunken 公司于1983年成功研制了180 kW GTO 斩波器，并应用于城市无轨电车；到20世纪80年代，我国香港地铁车辆、伦敦本部 Docklands 轻轨车、伦敦地铁、丹麦地铁、南非的电力机车等相继都成功运用GTO 斩波器，实现直流牵引电机的调速。新型电力电子器件及其相关新型半导体材料的研究，一直是电力电子行业极为活跃的领域。随着每一代新型电力电子器件的诞生，电力牵引技术往往都会掀起一场革命浪潮，从晶闸管到 GTO，再到如今的绝缘极双极晶体管（insulated gate bipolar transistor，IGBT）和智能功率模块（intelligent power module，IPM）的问世与大容量器件的研制成功，推动了地铁动车和轻轨车辆传动的发展。

由于直流牵引电机存在电刷和换向器的缺点,而交流感应电机的低成本和几乎免维护的优势一直吸引着人们对交流牵引传动的向往。电力电子器件、拓扑结构及其控制技术的发展,使得这一梦想成真。与直流传动相比,现代交流传动具有如下优点:运行性能优异、节能效果显著、降低运营成本、优良的可靠性和维修性、供电质量大大改善等。因此,世界各国都在大力开展现代交流传动系统的研制工作,我国也于20世纪末提出了用10年时间完成由直流传动到交流传动的转换。

7.1.2 电力牵引系统的主要类型和供电方式

轨道交通电力牵引的电流、电压制与通常的电力牵引电流、电压制相同。轨道交通供电电流制有直流、交流两类;电压制从低压到高压,国际电力牵引设备委员会建议采用下列数值:

(1) 直流:600 V、750 V、1500 V、3000 V(标称值);

(2) 交流:6250 V、15 000 V、25 000 V(标称值)。

轨道交通车辆电力牵引系统按照牵引电机的不同,可分为直流电力牵引系统和交流电力牵引系统。

(1) 直流电力牵引系统:采用直流电机作为牵引电机。由直流电源经直流变换器(DC-DC)向直流牵引电机供电。

(2) 交流电力牵引系统:采用三相交流电机(三相异步电机、三相永磁同步电机等)作为牵引电机,通过直流-交流逆变器将直流电源转换成为变压变频的三相交流电源,向交流牵引电机供电;也可以采用交流-直流-交流方式向三相交流牵引电机供电。

作为城市公共交通工具之一的有轨电车,其工作原理如图7-1所示。电车由架空线获得电源,经车内牵引变流器变成可调节的电压,再供给牵引电机,电流经车轮传到钢轨再流回变电所。

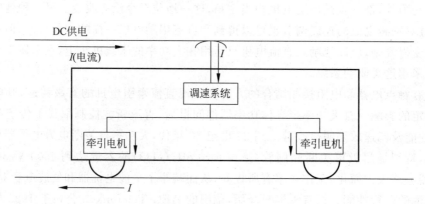

图 7-1 有轨电车工作原理

7.2 直流电力牵引系统

7.2.1 直流电机的基本结构

直流电机的结构形式多种多样,图7-2是一台直流电机的结构示意图。图7-3是直流电机的横截面示意图。

从图 7-2、图 7-3 可见,直流电机主要由定子和转子两大部分组成。定子用来安置磁极和作为电机的机械支承,包括主磁极、换向极、机座、端盖、轴承等,电刷装置也固定在定子上。转子上用来感应电动势而实现能量转换的部分称为电枢,包括电枢铁芯和电枢绕组,还有换向器、轴、通风冷却用的风扇等。(说明:本章部分电机结构图片来自鹏芃科艺网站:http://www.pengky.cn/,如图 7-2、图 7-3、图 7-4、图 7-12、图 7-21 和图 7-22。)

图 7-2　直流电机的结构图

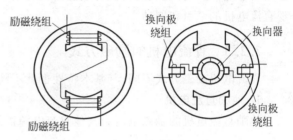

图 7-3　直流电机横截面示意图

7.2.2　直流电机的工作原理

图 7-4 是直流电机的结构原理图。图中 N 和 S 是一对固定不动的磁极。除容量很小的电机是用永磁磁铁做成磁极外,容量较大一些的电机,磁场都是由直流励磁电流通过绕在磁极铁芯上的励磁绕组产生的。为了使图清晰起见,图中只画出了磁极的铁芯,没有画出励磁绕组。在 N 极和 S 极之间有一个可以绕轴旋转的绕组。直流电机的这一部分称为电枢。实际电机中的电枢绕组嵌放在铁芯槽内,电枢绕组中的电流称为电枢电流,图中只画出了代表电枢绕组的一个线圈,线圈两端分别与两个彼此绝缘而且与线圈同轴旋转的铜片连接,铜片上又各压着一个固定不动的电刷。

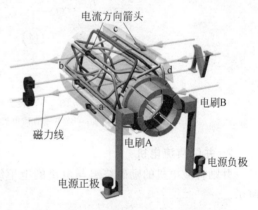

图 7-4　直流电机的工作原理

如果在电刷 A、B 两端加上直流电压,电刷 A 为"+",B 为"-",则电流 i 的方向为从电刷 A 流进电枢,从电刷 B 流出。根据毕奥-萨伐尔电磁力定律,载流导体 ab、cd 受电磁力为

$$f = Bil \tag{7-1}$$

式中,f 为作用于载流导体上力的大小,方向用左手定则来确定;i 为导体内流过的直流电流;l 为导体的有效长度,即每根导体切割磁力线部分的长度。

从图 7-4 可见,两个载流导体 ab、cd 所受到的力均为 f,f 与电枢半径的乘积就是转矩,称为电磁转矩。这里电磁转矩的方向是顺时针的,电磁转矩就是直流电机的驱动转矩。显然,当电刷 A、B 两端加上的直流电压不变时,旋转的载流导体 ab 和 cd 中的电流方向是交变的，即 S 极下电流方向始终从外到里，而 N 极下的电流方向始终从里到外。

由此可见，在直流电机中，为了产生方向始终相同的电磁转矩，外部电路中的直流电流必须转换成电机内部的交流电流，这一过程称为电流的换向（commutation），换向用的铜片称为换向片，互相绝缘的换向片组合的总体称为换向器（commutator）。在直流电机的两电刷端上，加上直流电压，电机将产生电磁转矩以拖动生产机械旋转，此时，电机将电能变换成机械能而成为电动机。如果用原动机或外力拖动直流电机的电枢转动，而电刷上不加直流电压，电枢绕组切割定子磁场产生电动势，则电刷端可以引出直流电动势作为直流电源，可输送出电能，电机将机械能转换为电能而成为发电机。在牵引系统中，利用这种可逆原理实现直流电机的牵引和制动。

7.2.3 直流电机的励磁方式

直流电机励磁方式不同，其基本特性也就不同，按励磁方式可分以下几种。

1. 他励直流电机

他励直流电机的励磁电流由其他直流电源供给，如图 7-5(a)所示。

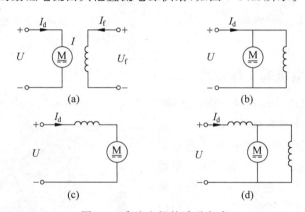

图 7-5 直流电机的励磁方式
(a) 他励直流电机；(b) 并励直流电机；(c) 串励直流电机；(d) 复励直流电机

2. 并励直流电机

并励直流电机的励磁绕组与电机的电枢绕组并联，电枢电压等于励磁电压，如图 7-5(b)所示。

3. 串励直流电机

串励直流电机的励磁绕组与电枢串联，电枢电流与励磁电流相等。电枢电流同时也是它本身的励磁电流，如图 7-5(c)所示。

4. 复励直流电机

复励直流电机有两部分励磁绕组，一部分与电枢并联，另一部分与电枢串联，如图 7-5(d)所示。

7.2.4 直流牵引调速系统

按照牵引电源性质，直流牵引系统可分为直流-直流及交流-直流两大类，直流-直流牵引系统是最早应用于电力牵引的一种牵引装置。它使用的是直流电源（直流电网）和直流串励牵引电机,目前城市轨道交通中仍有采用这种系统。交流-直流牵引系统使用的是交流电源(交流电网),此牵引系统的关键部分是将交流电变成可控的直流电。在这种系统中,可采用晶闸管整流桥,通过控制晶闸管的触发角,使输出的直流电压发生变化。这种系统的交流电网一般都很高,适用于大功率、长距离牵引。目前,大功率的干线电力机车普遍采用这种牵引系统。

直流电机的转速和其他参量之间的稳态关系可表示为

$$n = \frac{U - I_d R}{K_e \Phi} = \frac{U}{K_e \Phi} - \frac{R}{K_e \Phi} I_d = n_0 - \Delta n \tag{7-2}$$

式中,n 为转速,r/min;U 为电枢电压,V;I_d 为电枢电流,A;R 为电枢回路总电阻,Ω;Φ 为励磁磁通,Wb;K_e 为由电机结构决定的电动势常数。

由式(7-2)可知,调节直流电机的转速有 3 种方法:改变电枢回路电阻调速法、减弱磁通调速法和调节电枢电压调速法。

1. 改变电枢回路电阻调速法

保持直流电机外加电枢电压与励磁磁通为额定值,改变电枢回路电阻而实现的调速方法。把电枢回路总电阻 R 分为两部分:电枢电阻 R_a 和电枢回路串接外加电阻 R_{add}。由于电枢电阻 R_a 不能改变,只能通过增大外加电阻 R_{add} 的方法实现直流电动机的调速。

$$n = \frac{U - I_d(R_a + R_{add})}{K_e \Phi} = \frac{U}{K_e \Phi} - \frac{R_a + R_{add}}{K_e \Phi} I_d = n_0 - \Delta n \tag{7-3}$$

比较式(7-2)和式(7-3),改变外加电阻时,直流电机的理想空载转速不变,但在相同的转矩下,直流电机转速降落 Δn 将随 R_{add} 的增加而增大,其机械特性如图 7-6 所示。外加电阻 R_{add} 的阻值越大,机械特性的斜率就越大,相同转矩下电机的转速也越低。

2. 减弱磁通调速法

保持电枢电压为额定值,电枢回路不加入附加电阻,而靠减小直流电机的励磁电流以减弱磁通。这时,机械特性方程(7-2)可写成

$$n = \frac{U}{K_e \Phi} - \frac{R}{K_e K_m \Phi^2} T_e = n_0 - \Delta n \tag{7-4}$$

由式(7-4)可知,直流电机的理想空载转速 n_0 将随 Φ 的减小而增大,而且电机带负载时的速降 Δn 与 Φ^2 成反比,即减弱磁通时有更大的转速降落,相应的机械特性如图 7-7 所示。由图可见,弱磁调速只能在额定转速以上的范围内调节转速。

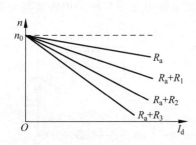

图 7-6 直流电机调阻调速时的机械特性

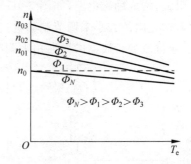

图 7-7 直流电机弱磁调速时的机械特性

3. 调节电枢电压调速法

若保持直流电机的磁通为额定值,电枢回路不串入外加电阻,仅改变电机电枢的外加电压,也能实现直流电机的调速。

由式(7-4)可知,直流电动机的理想空载转速 n_0 将随电枢电压 U 的减少而成比例地降低,而转速降落 Δn 则与 U 的大小无关,相应的机械特性如图 7-8 所示。

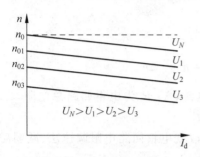

图 7-8 直流电机调压调速时的机械特性

在以上 3 种调速方法中,改变电枢回路电阻调速只能对电机转速有级地调节,转速的稳定性差,调速系统效率低。减弱磁通调速能够实现平滑调速,但只能在基速(额定转速)以上的范围内调节转速。调节电枢电压调速所得到的人为机械特性与电机的固有机械特性平行,转速的稳定性好,能在基速(额定转速)以下实现平滑调速。所以,直流调速系统往往以调压调速为主,只有当转速要达到基速以上时才辅以弱磁调速。

7.2.5 直流牵引电机的电气制动

利用直流电机的可逆原理,可以在制动的情况下把牵引电机运行在发电机状态。采用这种制动可以提高列车的运行速度。电气制动可以分为电阻制动和再生制动。如果利用电阻将电气制动时牵引电机产生的电能转换成为热能散掉,就称为电阻制动或能耗制动。如果将电能重新反馈回电网中加以利用,就称为再生制动或反馈制动。列车通常配备两套制动系统以提高运行的安全性。

1. 电阻制动

直流串励牵引电机在进行电阻制动时,按其接线方式分为他励式电阻制动和串励式电阻制动两种。

(1) 他励式电阻制动。他励式电阻制动方式是在串励电机具有一定的转速时,把电枢从电源断开,接到制动电阻上,励磁绕组再用单独的低压电源供电,构成他励电阻制动,如图 7-9(b) 所示。改变他励绕组的励磁电流和磁通,可以调节电机的制动电流和制动力,这种方法在大功率机车上应用普遍。

(2) 串励式电阻制动。串励式电阻制动方式把电机电枢和反接后的励磁绕组一起接到制动电阻上,构成励磁电路,如图 7-9(c) 所示。这种方式不需要有额外的磁场电源,但是需要改变制动电阻的大小来调节制动电流和制动力。城市轨道交通车辆采用斩波器与制动电阻并联,通过改变斩波器的导通角来调节电阻。

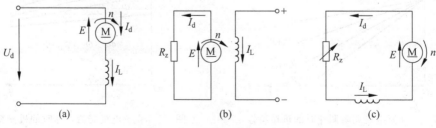

图 7-9 直流电机的电阻制动原理
(a) 电动机牵引状态;(b) 他励式电阻制动;(c) 串励式电阻制动

2. 再生制动

电阻制动是将电能变为热能消耗在电阻上。特别是在地下城市轨道交通中,散失的热量增加了隧道温升,给空调及通风系统造成压力,也带来了一定的安全隐患;而再生制动不仅可以避免电阻制动时散发出的热量,同时可以回收电能。再生制动时,牵引电机处于发电机状态,向电网回馈电能。目前,在直流电机牵引系统方面,采用门极可关断晶闸管(GTO)斩波器,可以方便地实现再生制动,图7-10为再生制动的原理图。如在上海地铁1号线车辆传动系统中,同时具有电阻制动和再生制动这两种形式。其中高速时优先使用再生制动,当再生制动向电网反馈能量过多使电网电压过高,则将再生制动转换为电阻制动。

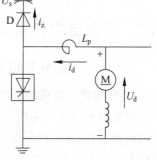

图7-10 再生制动原理图

7.2.6 直流牵引主回路及其控制

直流牵引系统主回路结构如图7-11所示。其工作原理如下:

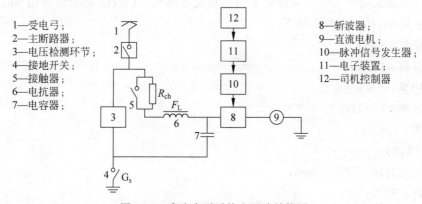

1—受电弓;
2—主断路器;
3—电压检测环节;
4—接地开关;
5—接触器;
6—电抗器;
7—电容器;
8—斩波器;
9—直流电机;
10—脉冲信号发生器;
11—电子装置;
12—司机控制器

图7-11 直流牵引系统主回路结构图

(1) 受电弓1和接地开关4将直流电网中网侧电压(DC 1500 V或DC 750 V)引入机车中,当机车出现短路、过流、接地等故障时,由主断路器2(牵引断路器)切断直流电源,对机车实现故障保护。

(2) 线路滤波电抗器6和线路滤波电容器7组成LC滤波器,用于对电源进行平波处理。

(3) 充电电阻R_{ch}和线路滤波器构成充电电路,实现线路滤波器的软启动。

(4) 牵引电机实现软启动以后,可控制负载接触器5,将充电电阻R_{ch}切断。

(5) 司机控制器12发出控制指令(速度、转矩),通过控制电子装置11和触发脉冲信号发生器10输出控制脉冲信号。

(6) 通过斩波器8将滤波处理后的直流电源变换成幅值可变的直流电源,驱动直流电机9运行。

(7) 电压检测环节3用于对机车电压进行实时检测。

根据牵引要求,控制要求列车尽可能平稳,即尽可能恒加速与恒减速,故斩波器的控制应采用恒流牵引和恒流制动方式。控制单元同时还能完成多种监测功能,包括自动检测。

当直流牵引电机运行过程中发生故障时,系统将根据故障的严重程度做出相应处理,并自动记录故障。其硬件与软件均采用模块化结构,可根据用户的要求增加所需要的功能。

7.3 交流电力牵引系统

7.3.1 三相异步电机的基本结构和工作原理

1. 三相异步电机的基本结构

动车组和轨道交通由牵引电机带动轮对旋转驱动列车运动,由于串励式直流电机有很好的拖动特性,速度控制也方便,非常适合车辆牵引电机,长期以来电力机车都是采用直流电机牵引。但直流电机的电刷与换向器磨损是其致命缺点,维护保养频繁又麻烦。自从有了大功率电力电子器件,各类变流器得到普及和广泛的应用,电力机车开始采用三相交流电机,相比直流电机,交流电机没有电刷与换向器,没有直接磨损部件,故障率与维护大大减少。另外,直流电机由于换向器限制了电压与电流,无法做到特大功率,而交流电机可以做到很大的功率;交流电机单位重量功率比直流电机高出 2 倍以上,造价也低很多。所以目前动车组和轨道交通牵引电机大部分采用三相交流电机。CRH2 动车组使用 MT205 型三相鼠笼异步电机,其主要参数如下:

电源相数:3 相;

电机极数:4 极;

输出功率:300 kW;

电源频率:140 Hz;

转差率:1.4%;

转速:4140 r/min;

最高使用转速:6120 r/min;

定子铁芯槽数:36;

转子铁芯槽数:46;

冷却方式:强制风冷方式。

三相异步电机的结构如图 7-12 所示。它由定子、转子和气隙三部分组成。

1)定子

异步电机的定子由定子铁芯、定子绕组和机座三部分构成。

定子铁芯的作用是作为电机中磁路的一部分和放置定子绕组。为了减少旋转磁场在铁芯中引起的损耗,铁芯一般用导磁性好的电工硅钢片叠成。在定子铁芯内圆冲出许多形状相同的槽,用于嵌放定子绕组。定子绕组是电机的电路部分,主要作用是产生感应电势,通过电流以实现机电能量转换。机座的作用主要是固定和支承定子铁芯,要求有足够的机械强度和刚度。

2)转子

异步电机的转子由转子铁芯、转子绕组和转轴等组成。

转子铁芯也是作为电机中磁路的一部分,一般也由硅钢片叠成。铁芯安装在转轴上。转子铁芯上开有槽,以供放置转子绕组之用。转子绕组的作用是产生感应电动势,流过电流

图 7-12 三相异步电机结构

和产生电磁转矩,其结构有鼠笼式和绕线式两种。

异步电机的转子绕组不必由外界电源供电,可以自行闭合而构成短路绕组,工艺简单。每个转子槽中插入一根导条,在伸出铁芯两端的槽口处,用两个端环分别把所有导条连接起来。如果去掉铁芯,整个绕组外形就像是一个"鼠笼",所以称为鼠笼式转子。

3) 气隙

和其他电机一样,异步电机的定子和转子之间必须有一气隙。异步电机的特点在于它的气隙很小。

气隙大小对异步电机性能有很大的影响。一方面,为了降低电机的空载电流和提高电机的功率因素,气隙应尽可能小;而另一方面,为了装配方便和运行可靠,以及削弱磁场脉振所引起的附加损耗等,气隙稍大是有利的。

2. 三相异步电机的工作原理

旋转电机都是利用电与磁的相互转化与相互作用制成的,只是在不同的电机中,磁场的产生方式和形态不同,因而其工作原理和工作特性也就不同。在三相异步电机中,是利用三相电流通过三相绕组产生在空间旋转的磁场。因此,在讨论三相异步电机工作原理之前,先要了解旋转磁场产生的问题。

1) 旋转磁场的产生

旋转磁场是由三相电流通过三相绕组,或者多相电流通过多相绕组产生的。

3 个匝数相同,形状一样,轴线在空间上互差 120°的绕组称为三相绕组,在图 7-13 中分别用 U_1U_2、V_1V_2、W_1W_2 代表嵌放在铁芯槽内的静止的三相绕组,U_1、V_1、W_1 是它们的首端,U_2、V_2、W_2 是它们的末端。

当波形如图 7-14 所示的三相电流通过三相绕组时,为说明它所产生磁场的性质,任取几个不同的时刻分析它们所产生的合成磁场的情况。为此,选择三相电流的参考方向是从绕组的首端流向末端。

由图 7-13 可知,当 $\omega t=0$ 时,$i_1=0$,U_1U_2 绕组中没有电流;$i_2<0$,实际方向与参考方向相反,即从末端 V_2 流入,如图 7-15(a)所示,用 $\otimes$ 表示,从首端 V_1 流出,用 $\odot$ 表示;$i_3>0$,实际方向与参考方向相同,即从首端 W_1 流入,从末端 W_2 流出。根据右手螺旋定则,它们产生的合成磁场的方向如图 7-15(a)中的虚线所示,是一个二极(即一对磁极)的磁场,上面的磁感线穿出铁芯,为 N 极,下面的磁感线进入铁芯,为 S 极。

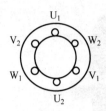

图 7-13　三相绕组

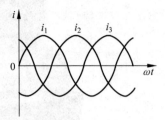

图 7-14　三相电流

当 $\omega t=90°$ 时,$i_1>0$,即从首端 U_1 流入,从末端 U_2 流出;$i_2<0$,即从末端 V_2 流入,从首端 V_1 流出;$i_3<0$,即从末端 W_2 流入,从首端 W_1 流出。它们产生的合成磁场的方向如图 7-15(b)所示,仍是二极磁场,但合成磁场的位置已顺时针旋转了 90°。

同理还可以继续得到其他时刻的合成磁场,从而证明了合成磁场在空间是旋转的。

如果像图 7-16 所示将每相绕组都改用两个线圈串联组成,采用与前面同样的分析方法,可以得到如图 7-17 所示的四极(即两对磁极)的旋转磁场。当电流变化了 90°时,旋转磁场在空间旋转了 45°,比二极旋转磁场的转速慢了一半。

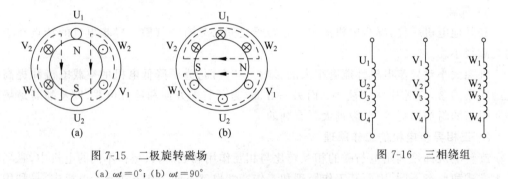

图 7-15　二极旋转磁场

(a) $\omega t=0°$;(b) $\omega t=90°$

图 7-16　三相绕组

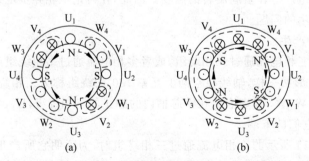

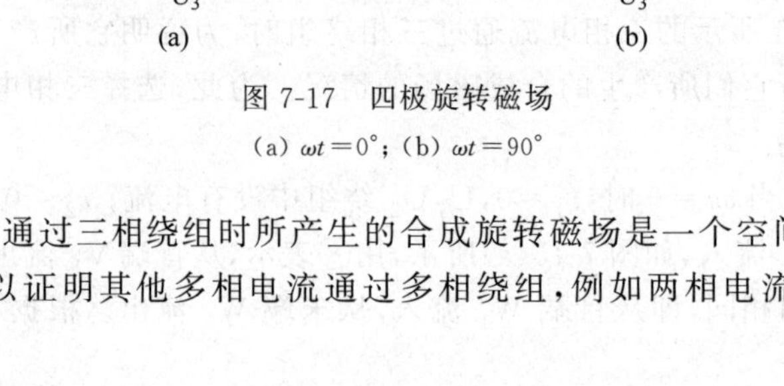

图 7-17　四极旋转磁场

(a) $\omega t=0°$;(b) $\omega t=90°$

可见,三相电流通过三相绕组时所产生的合成旋转磁场是一个空间旋转磁场。利用同样的分析方法还可以证明其他多相电流通过多相绕组,例如两相电流(相位相差 90°的电流)通过两相绕组(轴线相差 90°的绕组)也会产生旋转磁场。在图 7-15 中,电流变化了 360°,一对磁极的旋转磁场在空间也旋转了 360°;在图 7-17 中,电流变化了 360°,两对磁极的旋转磁场在空间只旋转了 180°。可见在电机中存在着两种角度:一种是以机械观点确定的角度,例如磁场在空间转过的角度,称为机械角度;另一种是以电磁观点确定的角度,例如电流变化的角度,称为电磁角度,简称电角度。它们之间的关系为

$$\text{电角度} = \text{磁极对数} \times \text{机械角度} \tag{7-5}$$

从上述两种角度的观点来看,图 7-15 中的三相绕组互差 120°机械角度,即互差 120°电角度;而在图 7-17 中的三相绕组,从机械角度看只差 60°(例如从 3 个首端看),但是从电角度看,仍然是相差 120°。

2) 旋转磁场的转速

旋转磁场的转速称为同步转速,用 n_0 表示。如前所述,若通过静止的三相绕组中的电流的频率为 f_1,则一对磁极的旋转磁场的同步转速应为 $60f_1$,两对磁极的旋转磁场的同步转速应为 $60f_1/2$。依此类推,如果旋转磁场具有 p 对磁极,则同步转速应为

$$n_0 = \frac{60f_1}{p} \tag{7-6}$$

当电流的频率为工频 50 Hz 时,不同磁极对的同步转速如表 7-1 所列。

表 7-1 同步转速

p	1	2	3	4	5	6
$n_0/(\text{r/min})$	3000	1500	1000	750	600	500

3) 旋转磁场的转向

由图 7-15 和图 7-17 可以看出,旋转磁场是沿着 $U_1 \to V_1 \to W_1$ 方向旋转的,即与三相绕组中三相电流的相序一致。

由此可见,三相异步电动机的工作原理可以简述如下:定子三相电压 U_1 产生定子三相电流 I_1,三相电流通过定子三相绕组产生旋转磁场 Φ,由于转子与旋转磁场存在着相对运动,在转子绕组中产生了感应电动势 E_2。由于转子绕组是闭合的,因而产生了感应电流 I_2,I_2 与旋转磁场相互作用产生了电磁转矩 T,从而使转子拖动生产机械以转速 n 运转。这一工作过程可以表示成

$$U_1 \to I_1 \to \Phi \to E_2 \to I_2 \to T \to n$$

由于转子与旋转磁场之间有相对运动时,转子绕组才会切割磁感线而产生感应电动势和感应电流,才能产生电磁转矩,所以转子转速总是小于同步转速的,两者不可能相等,故称为异步电动机。由于这种电机是利用转子绕组中的感应电流与旋转磁场相互作用产生电磁转矩而工作的,故又称感应电机。

转子转速 n 与同步转速 n_0 之差,与同步转速 n_0 的比值称为转差率,用 s 表示,即

$$s = \frac{n_0 - n}{n_0} \tag{7-7}$$

因此,转子转速为

$$n = (1-s)n_0 \tag{7-8}$$

转差率反映了转子与旋转磁场相对运动速度的大小,而这一相对运动速度的存在是电机能够工作的必要条件之一,因而转差率是分析异步电机工作的重要参数,s 不同,电机将工作在不同的状态。

如果电机刚与电源接通而尚未转动,这种状态称为堵转,它也就是电机刚要启动的瞬间的状态。堵转时,$n=0$,$s=1$。

如果电机的转速等于同步转速,这种状态称为理想空载,实际运行时一般不会出现。理想空载时,$n=n_0$,$s=0$。

如果电机作电动机运行,这种状态称为电动机状态。这时 $0<n<n_0$,$1>s>0$。

如果电机的定子三相绕组仍然接在三相电源上,同时又利用原动机拖动转子,使其转向与旋转磁场转向相同,但转速超过同步转速。这时与电动机状态相比,转子与旋转磁场相对运动的方向改变,转子绕组切割磁感线的方向改变,使得转子电流以及引起定子电流的相位都反了过来,异步电机从电源输入电功率改为向外输出电功率,异步电机改作发电机运行,这种状态称为发电机状态。这时,$n>n_0$,$s<0$。

如果电机的定子三相绕组仍然接在三相电源上,同时又因某种原因(例如利用外力)使转子转向与旋转磁场转向相反,从而使得电磁转矩的方向与转子转向相反,成为阻碍转子转动的制动转矩,这时异步电机所处的状态称为制动。制动时,$n<0$,$s>1$。异步电机在不同状态时的转速和转差率范围列于表 7-2 中。

表 7-2 异步电机的各种运行状态

	制动状态	堵转状态	电动机状态	理想空载状态	发电机状态
转子转速	$n<0$	$n=0$	$0<n<n_0$	$n=n_0$	$n>n_0$
转差率	$s>1$	$s=1$	$1>s>0$	$s=0$	$s<0$

7.3.2 三相永磁同步电机的基本结构和工作原理

1. 三相永磁同步电机的基本结构

永磁同步电机是一种采用永磁体励磁的同步电机,定子结构与普通感应电机基本相同,转子方面则由永磁体取代了电励磁同步电机的转子励磁绕组。按照永磁体在转子上位置的不同,永磁同步电机的转子结构一般可分为表面式(凸装式)、嵌入式和内置式三种基本形式。转子结构是永磁同步电机与其他电机最主要的区别,对其运行性能、控制系统、制造工艺和适用场合等均具有重要影响。

1) 表面式转子

其典型结构如图 7-18(a)所示,永磁体通常呈瓦片形,通过环氧树脂直接粘贴在转子铁芯表面上。在体积和功率较小的永磁同步电机中,也可以采用圆环形永磁体,如图 7-18(b)所示,永磁体为一整体的圆环,该结构的转子制造工艺性较好,漏磁小。

2) 嵌入式转子

对于高速运行的永磁同步电机,采用表面式或嵌入式时,为了防止离心力的破坏,常需在其外表面再套非磁性金属套筒或包以无纬玻璃丝带作为保护层。嵌入式转子结构如图 7-19 所示。

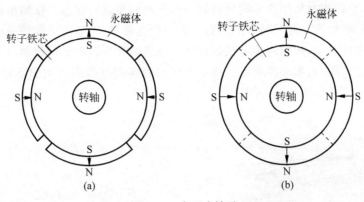

图 7-18 表面式转子
(a) 瓦片形；(b) 圆环形

3) 内埋式转子

在较大的电机中用得较多的是在转子内部嵌入永磁体,称为内埋式永磁转子(或称为内置式永磁转子或内嵌式永磁转子),永磁体嵌装在转子铁芯内部,铁芯内开有安装永磁体的槽,永磁体的布置主要方式如图 7-20 所示,其中图 7-20(a) 为径向式结构,图 7-20(b) 为切向式结构。在每一种形式中又有采用多层永磁体进行组合的方式。

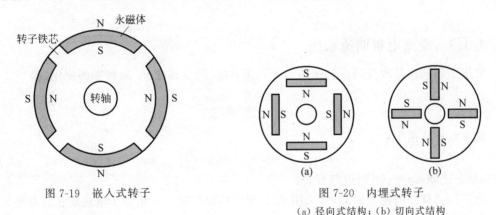

图 7-19 嵌入式转子

图 7-20 内埋式转子
(a) 径向式结构；(b) 切向式结构

近年来,永磁同步电机发展迅速,交流永磁同步电机相比交流异步电机有单位重量功率高、输出转矩大等优点,可使牵引电机体积更小、效率更高。国外已有一些正式运营的高速动车组采用永磁同步牵引电机。国内已有部分地铁列车采用永磁同步电机拖动,用于高速动车组的永磁同步牵引电机已量产,新的高速动车组将配备永磁同步牵引电机。永磁同步电机的内部结构图如图 7-21 所示。

2. 三相永磁同步电机的工作原理

在三相永磁同步电机的定子绕组中通入三相电流,通入电流后就会在电机的定子绕组中形成旋转磁场。由于在三相永磁同步电机转子上安装了永磁体,永磁体的磁极是固定的,根据磁极的同性相吸异性相斥的原理,在定子中产生的旋转磁场会带动转子进行旋转。在这个过程中,转子永磁磁场与定子旋转磁场转速不同,会产生交变转矩。当转子加速到速度接近同步转速时,转子永磁磁场与定子旋转磁场的转速接近相等,定子旋转磁场速度稍大于转子永磁磁场,它们相互作用产生转矩将转子牵入到同步运行状态。在同步运行状态下,转子绕组内不再产生电流。此时转子上只有永磁体产生磁场,它与定子旋转磁场相互作用,产生驱动转矩。由此可知,永磁同步电机是靠转子绕组的异步转矩实现启动的。启动完成后,转子绕组不再起作用,由永磁体和定子绕组产生的磁场相互作用产生驱动转矩。三相永磁同步电机的工作原理如图 7-22 所示。

图 7-21 永磁同步电机内部结构图

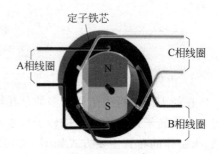

图 7-22 三相永磁同步电机工作原理图

7.3.3 交流电机调速系统

变压变频调速是改变同步转速的一种调速方法,同步转速 n_1 随频率而变化,即

$$n_1 = \frac{60f_1}{n_p} = \frac{60\omega_1}{2\pi n_p} \tag{7-9}$$

异步电机转速为

$$n = n_1(1-s) = n_1 - sn_1 = n_1 - \Delta n \tag{7-10}$$

式中,稳态速降 $\Delta n = sn_1$ 与负载有关。

为了达到良好的控制效果,常采用电压-频率协调控制。三相异步电机定子每相电动势的有效值为

$$E_g = 4.44 f_1 N_s k_{N_s} \Phi_m \tag{7-11}$$

式中,E_g 为气隙磁通在定子每相中感应电动势的有效值;f_1 为定子频率;N_s 为定子每相绕组匝数;k_{N_s} 为定子基波绕组系数;Φ_m 为每极气隙磁通量。

由式(7-11)可知,只要控制好 E_g 和 f_1,便可达到控制气隙磁通 Φ_m 的目的,对此,需要考虑基频(额定频率)以下和基频以上两种情况。

1. 基频以下调速

基频以下运行时,如果磁通太弱,没有充分利用电机的铁芯,是一种浪费;如果磁通过大,又会使铁芯饱和,从而导致过大的励磁电流,严重时会因绕组过热而损坏电机。最好是保持每极磁通量 Φ_m 为额定值 Φ_{mN} 不变。因此,当频率 f_1 从额定值 f_{1N} 向下调节时,必须同时降低 E_g,使

$$E_g/f_1 = 4.44 N_s k_{N_s} \Phi_{mN} = 常值 \tag{7-12}$$

即采用电动势频率比为恒值的控制方式。

然而,异步电机绕组中的电动势是难以直接控制的,当电动势值较高时,可忽略定子电阻和漏磁感抗压降,而认为定子相电压 $U_s \approx E_g$,则得

$$U_s/f_1 = 常值 \tag{7-13}$$

这就是恒压频比的控制方式。

低频时,U_s 和 E_g 都较小,定子电阻和漏磁感抗压降所占的比例比较显著,不能再忽略。这时,可以人为地把定子电压 U_s 抬高一些,以便近似地补偿定子阻抗压降,称作低频补偿,也可称作低频转矩提升。带定子压降补偿的恒压频比控制特性示于图 7-23 中的 b 线,无补偿的控制特性则为 a 线。

2. 基频以上调速

在基频以上调速时,频率从 f_{1N} 向上升高,受到电机绝缘耐压的限制,定子电压 U_s 不能随之升高,只能保持额定电压 U_{sN} 不变,这将导致磁通与频率成反比地降低,使得异步电机工作在弱磁状态。

3. 异步电机电压-频率协调控制

把基频以下和基频以上两种情况的控制特性画在一起,如图 7-24 所示。一般认为,异步电机在不同转速下允许长期运行的电流为额定电流,即能允许长期运行的电流。额定电流不变时,电机允许输出的转矩将随磁通变化。在基频以下,由于磁通恒定,允许输出转矩也恒定,属于"恒转矩调速"方式;在基频以上,转速升高时磁通减小,允许输出转矩也随之降低,基本上属于"恒功率调速"方式。

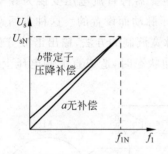

图 7-23 恒压频比控制特性

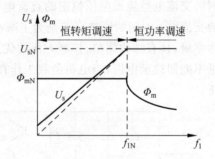

图 7-24 异步电机变压变频调速的控制特性

7.3.4 交流 PWM 变频技术

异步电机变频调速需要电压与频率均可调的交流电源,常用的交流可调电源是由电力电子器件构成的静止式功率变换器,一般称为变频器。变频器结构如图 7-25 所示,按变流方式可分为交-直-交变频器和交-交变频器两种。交-直-交变频器先将恒压恒频的交流电整流成直流,再将直流电逆变成电压与频率均为可调的交流电,称作间接变频;交-交变频器将恒压恒频的交流电直接变换为电压与频率均为可调的交流电,无须中间直流环节,称作直接变频。

早期的变频器用晶闸管(SCR)组成。SCR 属于半控型器件,通过门极只能使其开通而不能关断,需强迫换流才能关断 SCR,故主回路结构复杂。此外,晶闸管的开关速度慢,变

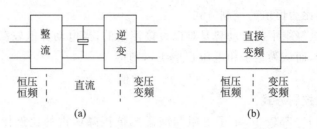

图 7-25 变频器结构示意图
(a) 交-直-交变频器；(b) 交-交变频器

频器的开关频率低，输出电压谐波分量大。全控型器件通过门极既可使其开通又可使其关断，该类器件的开关速度普遍高于晶闸管，用全控型器件构成的变频器具有主回路结构简单、输出电压质量好的优点。常用的全控型器件有电力场效应管（Power-MOSFET）、绝缘栅极双极型晶体管（IGBT）等。

现代变频器中用得最多的控制技术是脉冲宽度调制（pulse width modulation，PWM），其基本思想是：控制逆变器中电力电子器件的开通或关断，输出电压为高度相等、宽度按一定规律变化的脉冲序列，用这样的高频脉冲序列代替期望的输出电压。

传统的交流 PWM 技术是用正弦波来调制等腰三角波，称为正弦脉冲宽度调制（SPWM），随着控制技术的发展，产生了电流跟踪 PWM（CFPWM）控制技术和电压空间矢量 PWM（SVPWM）控制技术。

常用的交-直-交 PWM 变频器主回路结构如图 7-26 所示，左半部分为不可控整流桥，将三相电网的交流电整流成电压恒定的直流电压，再用逆变器将直流电压变换为频率与电压均可调的交流电；中间的滤波环节是为了减小直流电压脉动而设置的。这种主回路只有一套可控功率级，具有结构简单、控制方便的优点，采用脉宽调制的方法，输出谐波分量小；缺点是能量不能回馈至电网，当电机负载工作在回馈制动状态时，造成直流侧电压上升，称作泵升电压。

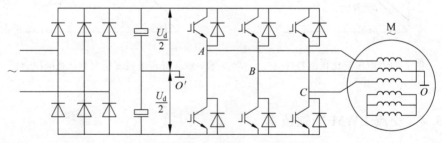

图 7-26 交-直-交变频器主回路结构图

随着交流调速技术的发展，变频器的应用越来越广泛，可以采用直流母线给多台逆变器供电的方式，如图 7-27 所示。多台逆变器并联使用，逆变器从直流母线上得到能量，只需一套整流装置给直流母线供电。此种方式可以减少整流装置的电力电子器件，还可以通过直流母线来实现能量平衡，提高整流装置的工作效率。例如，当某台电机工作在回馈制动状态时，直流母线能将回馈的能量送至其他负载，实现能量交换，有效地抑制泵升电压。

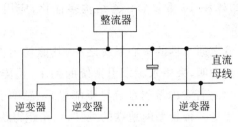

图 7-27　直流母线方式变频器主回路结构图

7.4　电力牵引系统新技术应用

7.4.1　新型器件的应用

碳化硅(SiC)半导体功率器件作为新型器件的代表,在轨道交通变流器领域越来越得到研发人员的关注。SiC 绝缘破坏的电场强度为 Si 的 10 倍,半导体层更薄,导通电阻大幅降低。目前,轨道交通牵引变流器主要采用硅基半导体器件绝缘栅双极晶体管(IGBT)。由于硅基材料自身的限制,IGBT 存在开关损耗大和工作温度较低的缺点。SiC 材料以其开关损耗低、耐高温高压的特点,成为下一代功率半导体的研究热点。全 SiC 逆变器的设计旨在降低功率损耗、大小和质量,相比于传统 IGBT 功率模块,开关损耗降低约 55%。

近年来,SiC 器件在电力牵引系统的应用发展很快。2021 年中车株洲所与深圳地铁集团联合自主研发的国内首台地铁列车全碳化硅牵引逆变器,是基于最新一代宽禁带器件,3300 V 等级高压大功率 SiC MOSFET 的高频化应用。该项目通过从基础理论、关键技术、系统集成、试验考核等层面开展研究,突破了全碳化硅器件应用、电路拓扑、高频控制等关键技术,打破国外行业技术的垄断,形成高频、高效、低耗的地铁牵引系统解决方案,特别是在节能化方面表现优异;经装车试验测试,同比传统硅基 IGBT 牵引逆变器的传动系统,综合能耗降低 10% 以上,牵引电机在中低速段噪声同比下降 5 dB 以上,温升同比降低 40℃ 以上。2021 年 3 月,由中车集团研制的全碳化硅永磁直驱列车正式交付。苏州市轨道交通 3 号线永磁直驱项目由中车南京浦镇车辆有限公司负责整车研制,永磁直驱车辆采用永磁直驱转向架、第三代半导体全碳化硅驱动的永磁驱牵引系统、走行风冷永磁直驱电机、列车以太网控制网络等先进技术。

7.4.2　永磁同步电机的应用

牵引传动系统是轨道交通车辆装备实现机电能量转换的"心脏"单元,其性能在某种程度上决定了轨道交通车辆的动力品质、能耗和控制特性,因而是轨道交通车辆节能升级的关键。永磁同步电机具有能量密度高、过载能力强等优点,德、日、法等国正在积极研制永磁同步电机牵引传动系统。永磁同步电机和现代电力电子技术、控制理论相结合,对轨道交通牵引技术的创新而言将是一场革命。21 世纪,随着永磁材料性能的不断提高和完善,特别是钕铁硼永磁材料的热稳定性和耐腐蚀性的改善,以及电力电子技术的发展,稀土永磁电机的应用和开发进入了一个新阶段,目前正向大功率、高转速、大转矩、微型化和智能化控制方向发展。与异步牵引电动机相比,永磁同步电机具有如下优势:①转速平稳,过载能力强;

②功率因数大,效率高;③体积小,重量轻;④结构多样化,应用范围广;⑤噪声低,可靠性高。

牵引电传动系统是轨道交通车辆的核心系统之一,其能耗约占轨道交通系统总能耗的40%~50%。最新测试数据表明,采用永磁牵引系统的列车,较传统的异步牵引系统列车,其牵引能耗可降低约11.5%;若考虑牵引系统再生能量,永磁牵引系统的综合能耗可低至30%左右。永磁直驱转向架是一种新型的地铁的"腿",列车跑得快、跑得稳、刹得住全靠它。永磁直驱转向架由电机直接与车轴刚性联接,车轴为转子,励磁线圈与电机壳一体为定子,电机直接驱动车轴旋转,因此减免了齿轮箱减速装置、联轴节等传动装置,减少了机械传动消耗,提高了电机的传动效率,降低了传动噪声,提高了再生制动时的发电效率。

为方便验证和实现永磁同步牵引系统,快速的方法便是用永磁电机直接替换现有的异步电机。永磁同步电机在同样的体积下可获得更大的功率;或者在保持与异步电机同样的输出功率和尺寸的情况下,永磁电机有可能做成全封闭自然冷却结构,从而降低电机噪声,减少电机维护工作量。2015年,高铁永磁牵引系统在长沙地铁上成功实现载客运营,意味着我国自主研制的永磁牵引技术首次在地铁领域得到商用,为我国城市轨道交通开辟了新的动力。长沙市轨道交通1号线永磁牵引系统地铁列车,由长沙市轨道交通集团联合中车株机和中车时代电气共同开发,是国内首列全车装载自主永磁牵引系统并投入载客运营的地铁列车。与普通地铁列车相比,永磁牵引系统列车最大的不同在于采用了更为高效、节能的永磁电机作为动力,有助于实现绿色出行。2017年,南京浦镇车辆有限公司下一代城市轨道交通列车——永磁直驱地铁列车研制取得重大突破,其核心部件——永磁直驱转向架样机通过行业专家评审。总之,永磁同步牵引系统符合国家节能低碳经济发展的需要和实现快速绿色交通的目标,为推进我国轨道运输装备的发展,实现牵引传动系统的研发从"跟随创新"(跟随世界先进技术模式、采取消化吸收技术路线、攻克关键理论和工程化技术、实现系统和核心技术自主化)方式转型为"并肩创新"(起点无优劣、技术模式尚未完全定型、共同竞争领导者地位)方式。

7.4.3 无速度控制技术的应用

高可靠性和高功率密度一直是轨道交通牵引变流器的发展方向。列车中采用的速度传感器可靠性较低,增加了列车故障的风险。此外,速度传感器的安装增大了电机的重量和空间。因此,作为一种先进的控制技术,无速度传感器控制对降低传动系统复杂性和提高运用可靠性具有十分积极的意义。

日本205系5000型电动车组和8800型电动车组均采用了无速度传感器控制技术,实验结果表明,无论是空车还是重车,都与原来带速度传感器控制的列车具有相同的性能。日本东芝公司将无速度传感器矢量控制技术应用于大连快轨3号线列车,德国西门子公司也将该技术应用到上海地铁3号线和西班牙地铁列车上。中车株洲电力机车研究所有限公司自主研发的无速度传感器控制系统在无锡地铁1号线列车上完成载客运营,系统运行可靠稳定。

思考题

1. 简述轨道交通中的电力传动控制技术。
2. 轨道电力牵引传动及控制技术未来的发展方向是什么？
3. 轨道交通电力牵引变流器有哪几种类型？
4. 直流电机有哪些励磁方式？
5. 直流牵引电机调速有哪些基本形式？
6. 直流牵引电机的电气制动有哪些形式？各自的制动原理是什么？
7. 简述三相异步电机的工作原理。
8. 简述三相异步电机的调速方法。
9. 简述交流 PMM 变频技术的工作原理。
10. 简述永磁同步电机交流牵引的优点。

第 8 章

城市轨道交通供电

学习目标：轨道交通供电可靠性是现代化城市运行的基础保障。通过本章学习，了解城市轨道交通供电制式与牵引负荷的特点，对供电系统的整体结构有宏观认识；掌握牵引供电回路；了解提高供电可靠性方面的措施；掌握常见的列车受流方式；初步认识电力监控系统。

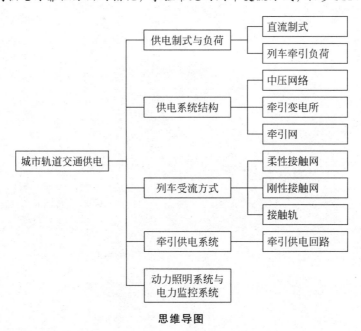

思维导图

课程思政：作为电力系统的重要用户，城市轨道交通能耗与牵引供电系统和车辆技术密切相关。虽然我国电网规模大，技术先进，但着眼于国家能源安全，应想方设法从技术手段、装备水平、运营方式、调度管理等多方面着手，提升能源在轨道交通网络中的使用效率。

供电系统为整个轨道交通中各类机电设备提供电能，包括牵引负荷（列车）和非牵引负荷（车站内的各种机电设备、车辆段设备）。供电系统应满足安全性、可靠性和经济性。

城市轨道交通供电系统的电源通常来源于公用电网，经过轨道交通专门的变电所进行变换后，再由输配电网络分配到沿线供给用电设备。

8.1 供电制式与负荷

8.1.1 供电制式

我国铁路系统采用统一的工频单相交流供电制式,即 AC 25 kV/50 Hz。

城市轨道交通运输的列车较为轻盈,平均行驶速度只有 20~40 km/h,所需功率并不是很大,其供电范围小,且供电线路都处在城市建筑群之间,供电电压不宜过高,以确保安全;直流制的电抗压降较小,在同样电压等级下,直流制比交流制的电压损失也小。因此,绝大多数城市轨道交通采用直流供电制式。

各国牵引供电电压一般都是直流 550~1500 V,这是由于各种不同交通形式和历史发展造成的。

现在,国际电工委员会(IEC)规定的直流牵引供电电压标准为 600 V、750 V、1500 V 三种。我国国家标准规定为 750 V 和 1500 V 两种,通常根据车辆结构、线路条件、受流方式、电气设备制造水平等因素决定采用何种电压等级。

8.1.2 负荷的特点

城市轨道交通电力负荷包含两大类:一类是牵引负荷;另一类是非牵引负荷。

与常规负荷相比,牵引负荷是列车上的电气设备,包括:列车牵引变流器,其功能是驱动牵引电机,产生牵引力,实现列车牵引;辅助变流器,为各种车载电气设备提供低压电源,保证其正常工作。牵引负荷随列车的位置移动而移动,负荷点位置实时变化,负荷电流大小随线路坡度、列车运行密度改变,且随列车启动、加速、制动变化剧烈。

非牵引负荷主要是沿线车站内的用电设备,主要分为以下 3 类:

(1) 车站站厅和站台层的事故救援及照明、通信、信号、防灾装置,这些装置为一级负荷,必须有两路独立的电源双边供电,当任何一路电源发生故障中断供电时,另一路应能保证一级负荷的全部用电。

(2) 车站站厅和站台层的一般照明、设备及管理用房照明、出入口照明、一般风机、直升电梯、自动扶梯为二级负荷。

(3) 车站内广告照明、冷水机组及配套设备、电热设备、清洁机械设备等为三级负荷。

牵引负荷由直流牵引供电系统提供电能,而非牵引负荷通常将中压电能通过降压变电所降压后,由动力照明系统分配。

8.2 供电系统结构

通常,轨道交通供电系统由两部分构成:一部分为由城市电网引入的电源;另一部分为内部供电系统。轨道交通供电系统对城市电网是用户,对内部是电源。城市电网对轨道交通供电的电压等级是 110 kV、63 kV、35 kV、10 kV。

城市电网对轨道交通的供电方式有 3 种:集中式、分散式、混合式。

(1) 集中式。轨道交通在沿线附近建设自己的专用主变电所,将 110 kV 等级电压进行降压，通常降为 35 kV，供给中压环网。集中式供电相对独立，自成系统，主变电所网络资源共享有很大优势，供电调度操作方便，电力部门与城市轨道交通产权划分明晰，便于运营管理，如图 8-1 所示。我国上海、广州、南京、香港及新建大部分地铁均为集中供电方案。

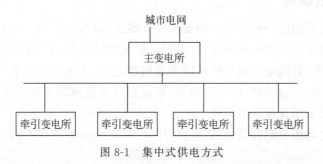

图 8-1　集中式供电方式

（2）分散式。沿线路从城市电网区域变电所直接引入轨道交通所需的电源，通常电压等级为 10 kV。该方式与城网关系紧密，独立性差，运营管理相对复杂，如图 8-2 所示。

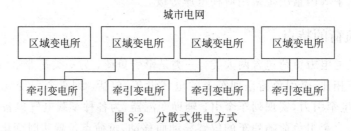

图 8-2　分散式供电方式

（3）混合式。混合式是以集中式为主，分散式作为补充的一种供电方式，如图 8-3 所示。

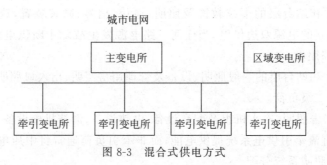

图 8-3　混合式供电方式

这 3 种供电方式在技术上都是可行的，且都有实际应用。具体选用哪种方式，要根据供电质量、供电可靠性、中压网络、对城网的影响、资源共享、工程施工、成本等因素综合考虑。

本书以集中式介绍供电系统的原理与结构。

集中式供电系统主要包括主变电所、35 kV 中压网络、牵引变电所、降压变电所、牵引网系统、动力照明配电系统、电力监控（SCADA）系统、杂散电流腐蚀防护系统、防雷与接地系统。各部分的功能如下：

（1）主变电所：将来自城市电网的 110 kV 电压降压为 35 kV 电压。

（2）35 kV 中压网络：将来自主变电所的 35 kV 电压分配至沿线的变电所。

(3) 牵引变电所：将 35 kV 电压降压整流为列车使用的 DC1500 V 或者 750 V 电压。

(4) 降压变电所：将 35 kV 电压降压为 220/380 V 电压。

(5) 牵引网系统：将来自牵引变电所的 DC1500 V 或者 750 V 电能提供给列车。

(6) 动力照明配电系统：将 220/380 V 电压提供给全线的动力、照明设备。

(7) 电力监控系统：在控制中心，通过调度端、通信通道和执行端（变电所综合自动化系统），对全线供电系统的主要电气设备实现遥控、遥信、遥测和遥调功能。

(8) 杂散电流腐蚀防护系统：减少因直流牵引供电引起的杂散电流并防止其对外扩散，尽量避免杂散电流对线路本身及其附近结构钢筋、金属管线的电化学腐蚀，并对杂散电流进行监测。

(9) 防雷与接地系统：对沿线容易受到过电压侵入而损坏，从而影响系统运行的供电系统电气设备，提出设置过电压保护装置的要求。全线设置统一的、高低压兼容、强弱电合一的接地系统，为设备及人身安全提供防护。

8.3 列车受流方式

牵引变电所将直流电能馈入牵引网，列车通过牵引网获取电能。主流牵引网分为两种：架空接触网和接触轨。

8.3.1 架空接触网

架空接触网是将接触导线架设于线路上方的一种形式，列车通过位于车顶的受电弓从架空接触网取得电流，在电气化铁路和城市轨道交通中被广泛应用，如图 8-4 所示。架空接触网属于无备用的供电设施，其可靠性至关重要。

架空接触网系统应安全、可靠，满足列车最高行车速度的要求，保证受电弓良好的取流。架空接触网采用直流供电方式，额定电压为 1500 V 或 750 V，架空接触网导线的总截面满足远期高峰小时列车取流的要求。架空接触网设备除与列车有相互作用的设备外，任何情况下不得侵入设备界限。悬挂方式应结构简单，便于安装、维修和运行。架空接触网的设备和器材应耐腐蚀、寿命长、少维修。架空接触网可分为柔性架空接触网和刚性架空接触网。

1. 柔性架空接触网

柔性架空接触网由带张力的柔性金属导线组成，列车运行过程中，受电弓与接触线保持可靠的弓网压力进行取流。

按承力索的设置情况，柔性架空接触网又分为简单悬挂和链型悬挂两种类型。

简单悬挂只有接触线和一根架空地线，如图 8-5 所示，支柱安装负荷较轻，但是弛度大，弹性不均匀，接触网取流效果差，车速受到限制，一般用于城市有轨电车以及城市轨道交通线路的车辆段等对行车要求不高的区段。

链型悬挂，接触线通过吊弦悬挂于承力索上，如图 8-6 所示。链型悬挂通过吊弦使接触线增加了悬挂点，调整吊弦可以使接触线对轨面的高度保持一致，接触网弹性均匀。链型悬挂比简单悬挂性能要好，但结构复杂，投资也比较大，施工维修较为困难，但适合列车高速运行的受流。

图 8-4 车顶受电弓

图 8-5 简单悬挂示意图

2. 刚性架空接触网

刚性悬挂是一种新型的城市轨道交通架空悬挂供电方式，主要应用于隧道、车站、桥下通道等小空间。

如图 8-7～图 8-10 所示，刚性接触网位于线路隧道顶部，距轨面 4～5m，由汇流排、悬挂装置、定位装置、化学锚栓等几部分组成。刚性悬挂将接触线夹装在汇流排中，用汇流排取代承力索，并依靠自身的刚性保持接触线的固定位置，使得接触线不因重力产生弛度。汇流排通常由铝材制成，重约 5.9kg/m，一般 12m 一段，安装时用中间接头将其连接为一体。

图 8-6 链型悬挂图

图 8-7 隧道内刚性悬挂图

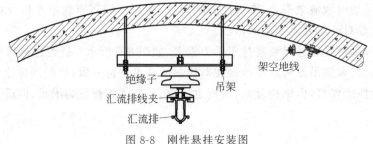

图 8-8 刚性悬挂安装图

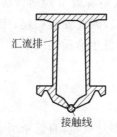
图 8-9　汇流排结构图

图 8-10　汇流排断面图

地下线路一般采用刚性悬挂方式；地面及高架线路一般采用柔性悬挂方式，一般为链型悬挂；车场线采用柔性悬挂方式，一般为简单悬挂。刚性架空接触网一般适用于地下段，而不应用于地面及高架桥，以节约隧道的土建成本。

8.3.2　接触轨

接触轨是沿钢轨线路平行敷设的附加轨道，又称为第三轨，其功能与架空接触网一样，通过它将电能输送给移动的列车。

接触轨敷设在走行轨的侧面，列车通过伸出来的集电靴与之受流，如图 8-11 和图 8-12 所示。第三轨系统可降低隧道上方净空、节省投资，具有供电线路维修工作量少、架设不影响周围的景观等优点。第三轨系统采用高导电性的钢铝复合接触轨，不用额外敷设

图 8-11　第三轨供电

图 8-12　位于列车侧面的集电靴

沿线的馈电电缆;单位电阻小,可降低牵引网电能损耗,从而有效节约运营成本;重量轻,易于调整,接触轨之间采用接板机械连接,不需要现场焊接,因此安装简便;钢铝复合材料制成的接触轨支架具有低维护、耐腐蚀的特点,可以有效降低生命周期成本。

8.4 牵引供电系统

对于最重要的牵引负荷,要保证向其安全、可靠、不间断地供电,直流牵引供电系统用来完成这个任务;同时,提高供电质量,保证必要的电压水平,减少电能损耗,提高功率因数,尽量降低对城市电网引起的负序电流和谐波的影响,降低工程投资和运营成本。

牵引供电系统的结构如图 8-13 所示,由电力部门建设的城市电网作为其电源,向轨道交通部门提供高压交流电能,典型的电压等级为 110 kV。牵引供电系统的高压供电回路将其降压为中压等级 35 kV 或 10 kV,形成中压电能。通过中压电缆,纵向上把上级主变电所和下级牵引变电所、降压变电所连接起来,横向上把全线的各个牵引变电所、降压变电所连接起来,构成中压供电网络。中压网络可以是牵引变电所和降压变电所采用相同的电压等级共用,也可以采用不同的电压等级分开,各自独立。一个典型的混合中压网络构成如图 8-14 所示。

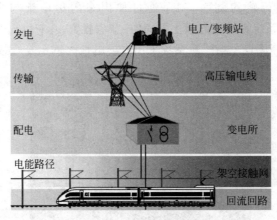

图 8-13 牵引供电系统

沿线分布的牵引变电所实现降压整流的功能,将 35 kV 或 10 kV 的中压交流电能通过降压整流设备,变换为列车所需的直流电能 DC750 或者 DC1500,供给沿线牵引网,车载受流装置将其引入列车。

典型的牵引变电所接线形式如图 8-15 所示。其功能为:将中压系统提供的 35 kV 交流电能降压、整流为列车所需的 1500 V 直流电能,供给牵引网。如图 8-16 所示,牵引变电所设两套整流机组,并接于同一段母线。每套整流机组采用三相桥十二脉波整流方式,两套整流机组构成等效二十四脉波整流,输出空载电压波形如图 8-17 所示。整流变压器接线形式采用 Dy5d0/Dy7d2(相位正移 7.5°,相位负移 7.5°),整流机组进线侧通过断路器与 35 kV 母线相连;整流机组阀侧正极通过直流快速断路器与 DC1500V 母线相连,负极通过手动隔离开关与负极柜的负极母排连接。

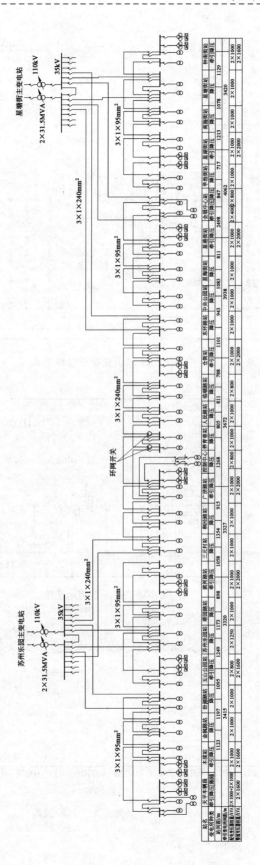

图 8-14　苏州地铁 1 号线中压网络示意图

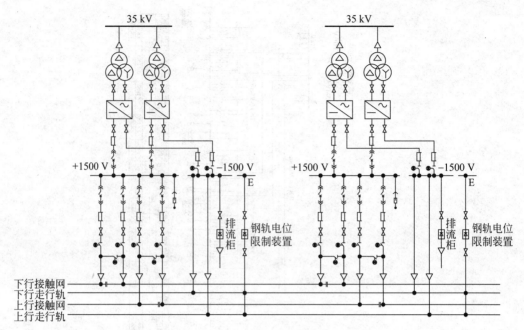

图 8-15 牵引变电所接线形式

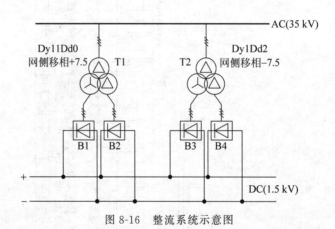

图 8-16 整流系统示意图

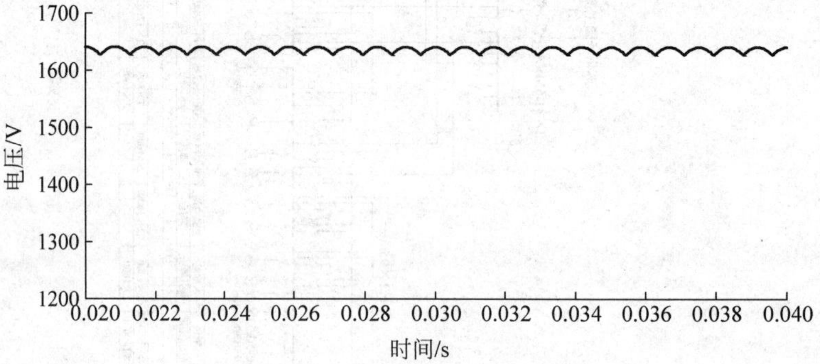

图 8-17 直流二十四脉波波形

直流母线采用单母线不分段接线形式,通过 1500 V 直流馈线接至接触网上网开关,引入牵引网,负极母排直接连到走行轨。每回直流馈线均设置直流快速断路器。

整个牵引供电回路为:直流电能从牵引变电所输出,经馈电线输出至牵引网,经受流设备到列车,再由走行轨或负馈线至回流线,最后返回牵引变电所。如图 8-18 所示,牵引供电回路的构成是牵引变电所、馈电线、接触网、列车、钢轨、回流电缆。

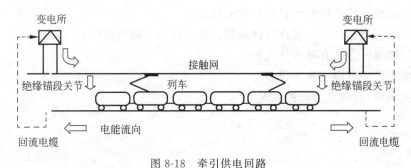

图 8-18 牵引供电回路

8.5 动力照明系统与电力监控系统

动力照明系统向非牵引负荷提供电能,即沿线车站内的用电设备,这些机电设备的正常运行是线路安全运营的重要保证。通常动力照明系统与直流牵引供电系统合用网络,将中压网络馈出的电能通过降压变电所进行降压,获得低压 400 V 三相交流电能。

电力监控(supervisory control and data acquisition,SCADA)系统,是一个分布式计算机控制系统,利用计算机测控和通信技术,实现在控制中心对全线各类供电设备的遥控、遥测、遥信。其主要功能是:对城轨供电系统的主变电所、牵引变电所、降压变电所等不同类型变电所内部的高压 110 kV、中压 10~35 kV、直流 750 V、1500 V、低压 400 V、交直流电源屏、排流柜等对象进行监控,实现对各种设备的控制、信息采集数据分析处理、远程维护、统计报表、事故报警、画面调阅、历史数据查询等,一个典型的 SCADA 系统的界面如图 8-19 所示。

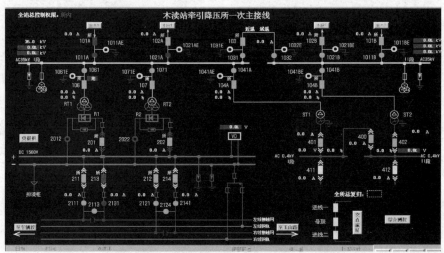

图 8-19 SCADA 系统界面图

思考题

1. 轨道交通供电系统的负荷有哪些?
2. 轨道交通供电系统的结构是怎样的,各部分有什么作用。
3. 列车受流方式有哪些?各自有什么特点?
4. 刚性悬挂是怎样的?柔性悬挂是怎样的?各自有哪些部件?
5. 第三轨供电方式有哪些优点?
6. 供电系统中有哪些基本设备?
7. 查找资料,阐述电力监控系统。

第 9 章

城市轨道交通通信与信号

学习目标：通信与信号是城市轨道交通系统的基本构成和关键部分，通信是轨道交通的中枢神经，信号则是轨道交通的指挥大脑。通过本章的学习，了解通信系统和信号系统在轨道交通运营中的总体作用和发展趋势；理解通信系统和信号系统的常规分类方法；掌握通信系统和信号系统的子系统组成、子系统的基本原理、基本设备和关键技术。

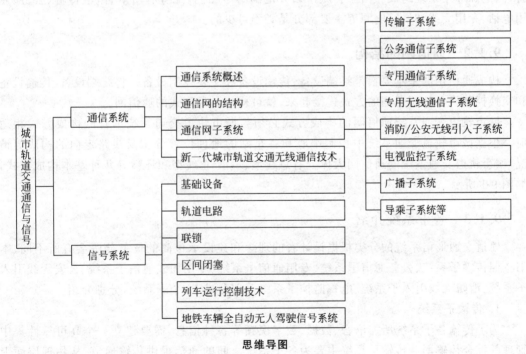

思维导图

课程思政：基于通信的城市轨道交通信号系统是保证列车安全运行的基础和关键。在建设城市轨道交通初期，绝大多数信号设备由国外引进，随着我国在轨道交通建设领域的长足发展，信号技术从整套引进国外信号系统，到采用国产 ATS 和计算机联锁，并与国外的 ATP/ATO 配套，再到某些线路采用具有自主知识产权的国产信号系统（例如最早的亦庄线），正在不断追赶世界先进水平。

9.1 通信系统

9.1.1 通信系统概述

通信系统是轨道交通的神经中枢,为轨道交通车辆运行、调度指挥、设施维护和客运服务等运营和管理工作提供语言、文字、数据和图像等信息的传递服务。

轨道交通通信系统是一个高可靠性、易扩充、组网灵活的综合数字通信网,由专用的有线和无线通信系统组成,用于轨道交通运营管理中的公务联络和传递各种信息,确保列车的高效、安全运行。当出现紧急情况时,通信系统能迅速及时地为防灾救援和事故处理的指挥提供通信联络。为了保证城市轨道交通系统列车运行的安全、可靠、准点、高密度和高效率,实现运输的集中统一指挥,行车调度自动化和列车运行自动化,城市轨道交通系统必须配备专用的、完整的、独立的通信系统。

轨道交通通信系统一般包含多个子系统,各子系统可单独完成一定的功能,又与通信系统内部的其他子系统或其他专业(系统)有联系,存在特定的分工界面与接口。

轨道交通通信系统一般由传输、公务电话、专用电话、调度专用无线通信系统、公安专用无线通信系统、消防应急通信、广播系统、电视监控系统以及保证通信系统正常工作所需的时钟、电源等子系统组成。由于各城市划分范围不尽相同,配置有所取舍,但传输、公务、专用电话、专用无线、时钟、电源等主要部分是必不可少的。

9.1.2 通信网的结构

构成通信网的基本要素是终端设备、传输设备和交换控制设备。将终端设备、传输设备和交换控制设备按照适当的方式连接起来,就可构成各种形式的通信网。

城市轨道交通系统通信网的构成方式必须与城市轨道交通系统本身的构成方式相适应。根据城市轨道交通系统中控制中心和各车站的地理位置分布及线路走向的构成等情况,城市轨道交通系统的通信网大体上有总线型、星型-总线型和环型等几种基本构成形式,如图9-1所示。

9.1.3 各子系统介绍

轨道交通通信系统的分类根据设计者的理念和建设承包商的任务分解会有所不同,本书按照传输子系统、公务通信子系统、专用通信子系统、专用无线通信子系统、公安无线引入子系统、消防无线引入子系统、电视监控系统等划分成12个子系统,分别介绍。

1. 传输子系统

为了传输各子系统所需语音、数据、数字视频等各种信息,需要建立一个高可靠性集中管理的综合传输网。传输子系统主要为各子系统之间的通信提供传输通道,从物理层面上讲是为控制中心与公安中心、各车站、车辆段、停车场之间信息流传递提供传输通道,也为信号、自动售检票、设备监控等系统提供信息流的传输通道。与公共通信网络一样,轨道交通通信系统的传输子系统通常也由数字光纤传输系统构成。光纤传输具有频带宽、容量大、抗干扰能力强,以及耐腐蚀、重量轻等特点,已成为城市轨道交通通信传输最主要的方式。整个系统主要由光端机、光缆、光中继器以及复接设备等组成。

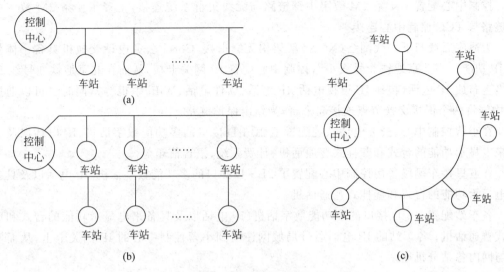

图 9-1 通信系统组网方式
(a) 总线型；(b) 星型-总线型；(c) 环型

2. 公务通信子系统

公务通信子系统是为城市轨道交通系统内运营、管理、维修等部门工作人员提供日常工作联系手段的系统，它通常是集语音、中低速数据、窄带图像为一体的 ISDN 交换网络，可提供轨道交通内部用户之间的电话联络、轨道交通内部用户与公用网用户之间的电话联络、能将"119""110"和"120"等特种业务呼叫自动转移至市话局的"119""110"和"120"上。在城市轨道交通专用通信系统(如调度电话系统)出现重大故障时，公务通信系统也可以作为专用电话的应急通信手段。

轨道交通公务通信系统一般由程控交换机及远端模块组成，分为以电路交换为基础的模拟组网方案和以分组交换为基础的软交换方案。以北京地铁 6 号线公务通信系统为例介绍模拟组网方案。

该系统采用"双中心＋星型"的网络结构。交换机选用昆明塔迪兰 Coral 交换机，具备强大的汇接能力和组网能力，具备多种组网接口和信令，适应灵活的组网方式。

全系统由两个汇接中心(小营控制中心、五里桥车辆段备用控制中心)和 29 个独立交换节点(27 个车站、东小营车辆段和停车场)组成。

29 个独立交换节点以 2M 数字中继链路按大星型辐射网络连接方式，分别接到两个汇接中心。两个汇接交换节点之间配置了 3 条 2M 数字中继链路，用于实现控制中心和五里桥车辆段备用控制中心之间的电话连接，以及实现与东小营车辆段、停车场和 27 车站呼入控制中心或者五里桥车辆段的迂回路由保护功能，即两个路由互为迂回热备份保护。当控制中心主交换机与各车站分交换机的中继链路发生故障时，可经由五里桥车辆段主交换机中继迂回，保持通信畅通，电话接续正常。反之，当五里桥车辆段主交换机与各车站分交换机的中继链路发生故障时，可经由控制中心主交换机中继迂回，保持通信畅通，电话接续正常。

与市话网连接采用 2M 数字中继线方式，由控制中心和车辆段两点出入市话网。

控制中心配置了 1 条 2M 数字中继链路与无线集群系统连接,配置了 4 条 2M 数字中继链路与 TCC 控制中心连接。

为适应后续与下一代网络(NGN)新架构无缝衔接,Coral 公务电话交换机具备一体化 VoIP 功能。在北京地铁 6 号线小营控制中心配置 IP 网关卡板,从而在北京地铁 6 号线 IP 网络上布放 IP 电话(包括 IP 可视电话、IP 电话、软件电话、WiFi 手机等),同时也可以通过 IP 中继将两个汇接交换节点连接起来,作为路由保护链路。

在小营控制中心,公务电话系统配置了 2B+D 接口的多功能数字话机、IP 电话以及具备来电显示功能的台式和壁挂式普通话机、计费系统,语音信箱等。

在五里桥车辆段备用控制中心配置了 2B+D 接口的多功能数字话机、IP 电话以及具备来电显示功能的台式和壁挂式普通话机。

各车站配置 B+D 接口的多功能数字话机、IP 电话以及具备来电显示功能的台式和壁挂式普通话机;各车站的 IP 电话通过局域网注册到小营控制中心的 IP 网关卡上,从而实现与网内各站分机通话。

综上所述,该公务通信系统以车辆段、控制中心为汇接交换中心,分别从控制中心、车辆段接入北京市话网,控制中心、车辆段主交换机分别以 2M 数字中继链路连接东小营车辆段、停车场和各车站,计费系统、话务员及查询系统、网管系统皆安装在控制中心,如图 9-2 所示。

3. 专用通信子系统

专用通信子系统是建立在公务通信子系统之上专门用于调度指挥的以电话为主的通信子系统,由设于控制中心的数字式调度交换机、录音设备、维护终端、调度台和设于各车站、车辆段、停车场的调度模块(或调度分设备)、数字电话机(或值班台)、调度分机、接车电话机、站间行车电话(主用和备用)、紧急电话机、站内电话(含电梯召唤电话)和站场电话等组成。一个典型的专用通信子系统结构如图 9-3 所示。

4. 专用无线通信子系统

由于列车的移动特征,轨道交通调度指挥仅有有线通信是不够的,还必须设有专用无线通信子系统。专用无线通信子系统按照工作区域的不同,分为运行线路上的调度无线通信子系统和车辆段内的无线通信子系统。运行线路上的调度无线通信子系统相对复杂,其网络组成为在全线部分车站设置基站,分别利用光纤连接相邻的几个直放站,在车辆段和停车场设置基站、直放站,车辆段、停车场的调度值班人员、各列车和有关移动工作人员分别配置远端调度台、车载台、数字固定台及便携台等无线终端。网络覆盖视情采用不同技术,通常在隧道及高架线路采用泄漏同轴电缆,而在室内、站内及车辆段和停车场采用天线。

5. 公安无线引入子系统

公安无线引入子系统是专用无线通信子系统的一种,覆盖地铁全线及各车站。通过该子系统,公安中心的工作人员能够与沿线、车站等处于移动状态下的公安人员实现通话。

公安无线引入子系统主要由集群分基站、网络管理和调度设备、手持台、车载台以及漏缆、射频缆、室内外天线等组成。

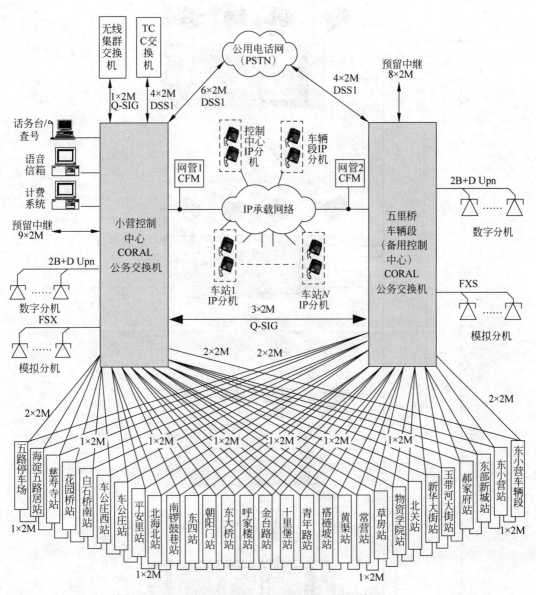

图 9-2 北京 6 号线二期公务通信系统示意图

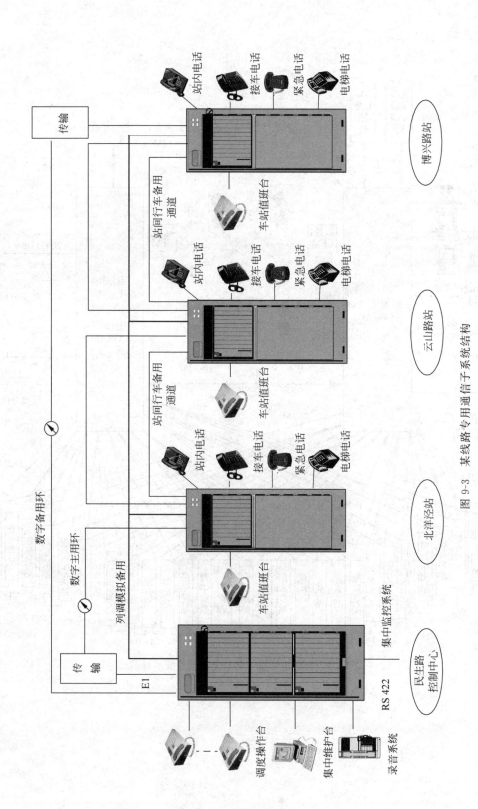

图 9-3 某线路专用通信子系统结构

图 9-4 为若干个地下车站的公安集群网组网框图。地下车站通过地铁出入口安装的室外链路天线,接入到地面 350 M 集群系统中,每个基站通过站厅天线以及区间漏缆完成对站厅、站台以及隧道区间的信号覆盖。

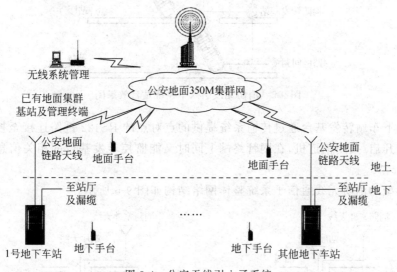

图 9-4　公安无线引入子系统

6. 消防无线引入子系统

消防无线通信子系统是在事故应急情况下使用的子系统,其功能一般有:

(1) 当某个车站发生灾情时,控制中心值班人员通过操作控制盘,打开控制中心链路电台及各相关车站的转发台,建立地面与地下的联系通道。

(2) 在地下区域消防人员之间的手持机,可通过车站转发台的转发进行通话。

(3) 地下区域消防人员手持机可与消防指挥中心进行通话,同时经消防指挥中心电台转发,可与地面消防无线终端建立双向呼叫和通话。

(4) 地下区域本站内消防人员手持机,在近距离范围可进行对讲。

(5) 消防指挥中心通过链路台、车站转发台可对地下区域消防人员的手持机进行全呼。

(6) 地铁控制中心消防值班员通过通话手柄、链路电台可与现场消防指挥员及消防指挥中心值班员进行通话。

(7) 地铁控制中心的监测终端能监测中心链路电台、车站转发电台和电源设备的工作状态,具有故障告警功能。

为完成以上功能,消防无线引入子系统由转发基站、系统控制器、控制台、手持台、网管计算机以及射频电缆等组成。各个地下无线基站由常规转发基台系统设备承担本地铁站和隧道无线通信的转发工作,每一座地下无线基站配备一个接口控制器(例如,由 RS422 数据接口组成),负责完成控制信号与地铁控制中心的连接。地铁控制中心对各个地下基站的启动、关闭、监控、自动报警等控制功能,可由 RS422 数据通道来完成。

为完成对隧道区间、站厅、站台及出入口的信号覆盖,消防无线引入子系统与公安无线引入子系统可共用一套分合路平台。

一个典型岛式消防无线引入子系统站台效果图如图 9-5 所示。

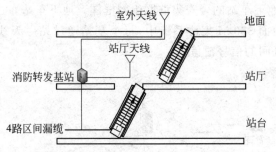

图 9-5　消防无线引入子系统站台效果图

每个地下车站转发基台通过传输系统提供的点对点的 RS422 链路连接至控制中心,控制中心可以开启/关闭信道机,在网管终端上同时又能监控转发基台的相关信息,具有故障告警功能。

一个典型的消防无线通信子系统整体网络结构如图 9-6 所示。

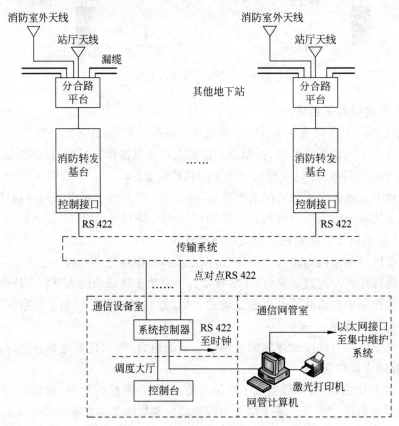

图 9-6　消防无线引入子系统网络结构图

系统控制器设置于控制中心通信设备室内,主要负责全线车站转发基台与控制中心设备的通信联系。

控制台设置于控制中心调度大厅环控系统操作台上,负责全线车站转发基台的远程遥控(开启/关闭),并有相应的灯光显示。

网管计算机设置于控制中心通信网管室内,负责全线车站转发基台的状态检测、故障告警和报表统计。

车站转发基台机柜内含多套全双工中继台、控制单元、接口单元和电源单元等部件,设置于车站通信设备室内。

7. 电视监控子系统

为了确保列车的运行安全,及时向有关人员提供车站各部位的安全情况以及客流分布情况,列车停站、售、检票情况,列车门开启、关闭等现场实时图像信息,需要设置闭路电视监控子系统。轨道交通闭路电视监控子系统一般由车站、运营控制中心、公安监控中心及管理中心(或备用控制中心)组成,车站视频前端可以是模拟的,也可以是数字的。各个控制中心和各车站通过地铁通信传输系统平台共享视频图像资源。系统采用数字化、网络化监控方式。

图9-7是某地铁线视频监控子系统结构简图。该子系统为一个以传输系统为传送平台、数字与模拟相结合的视频系统,由车站监控设备、主控制中心设备、传输子系统主干网和公安视频网络组成。各车站的控制和视频信号(模拟)被送入本地模拟矩阵,输出视频信号供本地监视;并经视频编码设备完成所有监控视频信号的数字化,送入传输设备的1000 M以太网接口进行远距离传输,送达控制中心和公安监控中心。

车站的视频信号经过本地模拟视频切换矩阵,切换输出视频信号供车站值班员通过彩色液晶监视器进行监视。车站值班人员可调看本站任意摄像机的图像,既可用各种时序自动循环切换画面,也可由操作人员手动切换监控画面,支持单画面显示及多画面分割显示。

在各车站设置网络视频图像存储设备,对本站所有摄像机摄取的视频信号进行实时不间断录像存储。

通过字符发生器,系统能将车站名称、摄像机的号码及位置、摄像日期和时间等信息进行叠加,还可以实时叠加云台摄像机操作员名称等信息,以便在监视器上及录像文件上显示标示性信息。

控制中心数字视频服务器根据中心对所需监视视频信号的需求,依次对各个车站接入本地传输设备的视频信号进行选择;被选中的图像信号经中心数字视频解码器解码后,在各调度员处设置的视频显示器及大屏幕上显示,组成一个两级控制的电视监视网络。公安视频监视系统组网方式类似。

控制中心调度员也可根据时间、地点等信息对全线车站内任何一路图像信号进行检索及查询,在回放时完全不影响系统的实时录制存储。

8. 广播子系统

车站广播子系统是实现集中管理的重要组成部分。其用途和服务范围包括:通过该系统及时向旅客通报列车到站及离站的实时预告信息,非常情况下的疏导信息等;同时,为组织好行车,应及时将运行信息告知行车相关人员;发生故障、灾害等紧急情况时,发出警报,指挥救援。为了实现集中管理,车站广播子系统除了车站广播外,还可由控制中心集中播音。

广播子系统通常由两个下一级子系统组成:车站广播子系统和停车场、车辆段广播子系统。

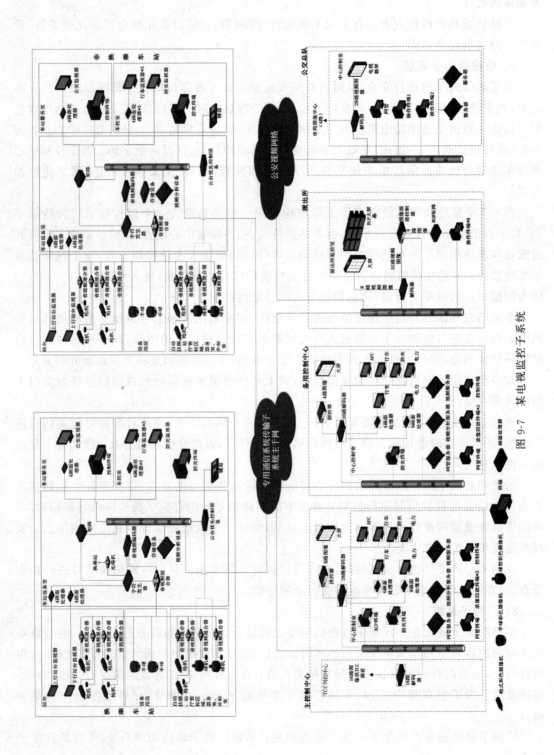

图 9-7 某电视监控子系统

车站广播子系统：供控制中心的总调、列调、防灾调及各车站的值班员、副值班员使用，为乘客播放列车到/发信息、向导及紧急状态的安全等服务信息，为工作人员播放作业命令及管理信息。车站广播子系统由控制中心广播设备、车站广播设备、系统监测终端及传输通道构成二级控制广播网。

车辆段、停车场广播子系统：供各自信号楼值班员、车辆段调度、运用库值班员及停车列检库值班员向现场工作人员播放车辆调度、列车编组等有关作业信息。

9. 导乘子系统

在正常情况下，导乘子系统提供列车时间信息、政府公告、出行参考、股票信息、媒体新闻、广告等实时多媒体信息；在火灾、阻塞及恐怖袭击等情况下，提供动态紧急疏散指示，使地铁车辆高效、安全地运营。

导乘子系统由控制中心导乘设备、车站导乘设备、车载设备、系统监控终端及传输通道构成，如图9-8所示。

导乘子系统在控制中心通过接口采集外部信息流，经编辑、处理手段，生成内部信息，按既定规则或版式播出，向乘客传递信息。

车站导乘设备接收并下载控制中心下传命令（设备开关机等）、各类信息内容（连同节目列表）、系统参数（时钟信息等），在控制中心或网络子系统故障时，按照下载的节目列表和节目内容在本站显示终端上自动播放。车站导乘设备原则上无须人工干预，在特殊或紧急情况下，通过车站权限操作员登录将需要发布的信息（或预定义信息）发布至显示屏。

10. 时钟子系统

时钟子系统采用分布式结构，由GPS时间信号接收单元、一级母钟、监控设备、二级母钟、输出接口箱、子钟等组成。

一级母钟、二级母钟可产生和显示年、月、日、时、分、秒的信息。

二级母钟独立于一级母钟，可单独控制各路子钟，一级母钟可对二级母钟进行管理监控。一级母钟接收GPS标准时间信号，产生精确时间码。二级母钟在传输通道中断的情况下，能独立正常地工作，子钟脱离母钟能单独运行。时钟设备分别安装在全线各站及车辆段、停车场。

11. 通信电源子系统

通信电源子系统由下一级各车站通信电源子系统、车辆段和停车场的通信电源子系统、控制中心通信电源子系统、通信电源网管子系统、通信接地子系统等组成，主要设备有交流自切配电柜、不间断电源、直流高频开关电源、蓄电池等。

12. 故障集中监视子系统

故障集中监视子系统由服务器、系统工作站、打印机、网卡、交换式集线器、软件、网络线缆及连接器、车站（段）设备等组成。控制中心的系统工作站通过传输系统提供的通道与各车站、车辆段的数据采集单元进行连接。

故障集中监视子系统的故障告警信息尽量利用各子系统已具有的自诊断功能实现，在车站、车辆段、停车场及控制中心的设备故障信息由各子系统网管通过控制中心局域网提供，经过数据统计和分析处理，输出记录和告警。

故障集中监视子系统网络内的所有计算机在统一的软件平台上工作。所有网络操作

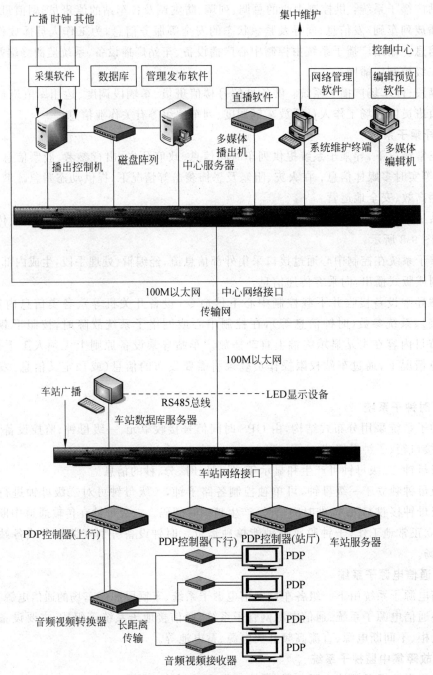

图 9-8 某导乘子系统结构图

都具有安全子系统,不允许非法入网。维护软件模块具备较强的冗余、校验、互锁、检错、纠错及自恢复功能;软件按功能分成输入/输出、报警、报表和趋势服务器。设立网管工作站确保以太网正常运转,实现各系统独立工作、彼此联动、显示、监视等作用。

13. AI 技术在通信子系统中的若干应用

作为安防系统重要分支的 CCTV 视频监控系统目前已经成为城市轨道交通安全运营

管理的重要手段。它能为相关工作人员提供事发现场即时图像，在现场指挥救援及乘客疏导等方面发挥积极作用。但受限于人的生理特点，当工作人员长时间监视海量视频画面时，其注意力会严重下降，导致监控效果降低。因此，现有依靠人工实现监督的传统视频监控系统难以实现对站台异常事件，如拥挤、踩踏、斗殴、摔倒的主动预警，以及火灾、设备故障、线缆脱落的及时发现和即时报警，导致视频监控系统往往只能够用于事后取证。因此，以现有视频监控系统为基础，利用先进的人工智能算法构成乘客异常行为智能分析和检测的功能模块，从根本上突破传统的以人工监督为主的作业方式，实现视频监控系统的智能化改造和功能完善，可以大大推动城市轨道交通视频监控系统向信息化、自动化和智能化发展，有效提升城市轨道交通的综合管理水平，同时无须重复建设、避免资源浪费。最近几年，这些需求已经出现在招标文件里，成为轨道交通新线设计、老线改造关注的热点。

9.1.4 新一代城市轨道交通无线通信技术

车地无线通信作为保障城市轨道交通安全运营的重要环节，承载了列车控制系统（communications-based train control，CBTC）、列车运行监测系统、集群调度系统、多媒体子系统（IP multimedia subsystem，IMS）、乘客信息系统（passenger information system，PIS）等数据的传输。

在 2015 年前，城市轨道交通车地无线通信网络主要采用无线局域网（WLAN），工作在免执照的开放频段。但随着经济的发展，商用无线设备逐渐增多，该频段受到的干扰日益严重，甚至会影响城市轨道交通信号系统的正常运行。例如，某些地铁车地通信使用 2.4 GHz 频段，而我国无线电管理委员会明确规定 2.4 GHz 为不受保护的免执照频段。在该频段范围内，符合发射功率限制的各类无线电通信设备及工业、科学和医疗等非无线通信设备均可使用。因此该频段各类应用和用户大量集中，导致了无线干扰问题普遍存在。此外，随着各地政府大力推广"智慧城市"建设，2.4 GHz 无线频段干扰问题日益严重，给轨道交通的安全运营造成了极大风险。同样，免执照的 5.8 GHz 频段也存在类似问题。因此迫切需要新一代无线通信技术的出现。

1. LTE-M 技术

为了解决这一问题，需要利用 TD-LTE（time division-long term evolution）技术，构建基于 LTE 的城市轨道交通车地通信综合承载系统，为列车控制系统提供行业专用频段，提升列车运行的稳定性、安全性和可靠性。

2015 年 3 月工业和信息化部发布了《关于重新发布 1785~1805 MHz 频段无线接入系统频率使用事宜的通知（工信部无〔2015〕65 号）》，该文件明确指出 1785~1805 MHz 频段可用于城市轨道交通行业专用通信，从政策上为 LTE-M 系统在城市轨道交通行业的建设应用提供了保证。

LTE 是一种专门为移动高宽带应用而设计的无线通信标准，相比于 WLAN，无线传输技术有着更为完善的服务质量（quality of service，QoS）传输管理策略。LTE 具备先进的业务优先级调度算法，可以根据业务优先级的不同对业务进行调度，保证优先级高的业务率先进行传递，为使用 LTE 系统进行轨道交通的多业务承载提供了保障。城市轨道交通的车地通信业务与公网业务相比，实时性和可靠性的要求更高，并且要求 LTE-M 系统在同时承载多种业务时保证高优先级的CBTC等安全相关业务的传输质量。实现在1.8 GHz专用频点使用LTE技术承载轨道交通信号、乘客信息、车载视频监控、多媒体集群调度等多种业务。创建了针对轨道交通场景的网络部署方式、无线传输介质、高速移动切换算法、业务调度保障体系等多种保证复杂电磁环境下列车正常运营的技术与设备，将其应用在城市轨道交通综合承载系统中，称为LTE-M(LTE for metro)。

LTE-M系统具有抗干扰能力强、综合承载能力强、频谱利用率高的特点，能够满足轨道交通业务需求。LTE-M系统用于综合承载轨道交通多种业务，在保证CBTC业务高可靠传输的同时，也能够为CCTV、PIS和无线调度等业务提供有效的传输通道。

LTE-M建立了基于城市轨道交通专用无线频段的车地通信系统，整合车地无线通信业务承载需求，使得CBTC信息、列车状态监测信息、IMS、PIS(含紧急文本)等能及时、准确地传输，为城市轨道交通系统的安全、高效运营提供有力支撑，提高了列车运行安全性，满足了列车运行中实时、带宽、稳定、具有服务质量保障的业务需求，提高了轨道交通的管理水平与服务水平，促进了整个轨道交通行业的良性发展。

2. LTE-M承载的业务

当前城市轨道交通应用的业务信息，主要有基于通信的列车控制系统(CBTC)业务信息、列车实时状态业务信息、PIS紧急文本业务信息、车载IMS多媒体子系统业务信息和PIS图像业务信息。不同的业务传输性能要求不同，主要体现在安全性、通信速率、误码率、传输时延等指标上。

(1) CBTC业务信息：主要负责列车自动运行与调度、列车间距及速度防护，是要求安全性最高的业务，也是城市轨道交通自动化系统中最为关键的部分。主要包含列车位置信息、运行状态信息、移动授权信息、命令及其他任务报文。要求最高的优先级及最可靠的冗余设置。

(2) PIS紧急文本信息：用于通知乘客列车运营信息或其他紧急信息，如某车站通过不停车等。该业务属于应用层，要求实时数据可靠传输。

(3) 列车运行状态监测信息：传输列车各个监控点的信息，如轴温、设备工作状态等运行状态信息，供控制中心掌握列车的工作状态。

(4) 车载IMS多媒体子系统信息：是一种全新的多媒体业务形式，提供有关列车运行、防灾、救灾、乘客情况以及变电所设备运行情况等方面的视频，IMS车地传输数据主要为视频信息。

(5) PIS图像信息：用于列车车厢内资讯发布、乘客指引信息的视频展播、及时准确地引导乘客的乘车行为。PIS系统车地传输数据主要为视频信息，PIS为单向下行(从地面到列车)业务。

(6) 集群调度业务：集群调度业务是指利用集群移动通信系统进行的专用指挥、调度、线路运营、应急和维护等需要的各种语音、视频和数据呼叫通信以及管理业务。

3. 典型的LTE-M系统设备组成

LTE-M的城市轨道交通无线通信系统包括控制中心、车站设备、列车设备等，如图9-9所示。控制中心包括核心网设备CNS、主备与信号系统、PIS系统、IMS系统，通过路由的方式隔离每个业务，核心网为业务系统提供LTE-M的数据交换功能。车站设备由基带处理单元(base band unit, BBU)和射频拉远单元(radio remote unit, RRU)组成，车站设备与控制中心通过通信传输系统或交换机网络进行连接。列车设备主要包括终端接入设备（TAU）、乘客信息系统、闭路电视系统。车头和车尾各放一个 TAU，并通过交换机进行连接，车载 TAU 可以上传实时的监控信息并接收控制中心发送的 PIS 图像。为了保证信号系统车地通信的安全可靠传输，城市轨道交通无线通信系统采用 A、B 双网设计，两个网络完全独立、并行工作，互不影响，每个网络包括了核心网、轨旁无线接入网、车载无线终端，A 网络单独用于 CBTC 业务的承载，B 网络用于 CBTC 业务和 PIS、无线调度等业务的承载。其中，为承载 CBTC 业务，车头放一个 A 网 TAU，车尾放一个 B 网 TAU，TAU 通过网线与车载 VOBC 连接，当用于承载 PIS、车载 CCTV 等业务时，车头车尾独立设置各一个 TAU，并通过交换机与车载 PIS/CCTV 设备进行连接，车载 TAU 可以上传实时的监控信息并接收控制中心发送的 PIS 图像，车头、车尾 TAU 互为备份。

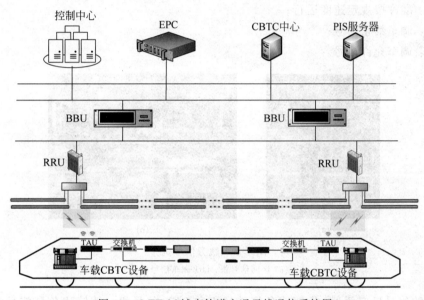

图 9-9　LTE-M 城市轨道交通无线通信系统图

9.2　信号系统

在城市轨道交通系统中，信号系统是一个集行车指挥和列车运行控制为一体的非常重要的机电系统，直接关系到城市轨道交通系统的运营安全、运营效率以及服务质量。它保证乘客和列车的安全，实现列车快速、高密度、有序运行。

整个信号系统应满足以下要求：

（1）信号系统必须确保列车运行安全；

（2）满足运营及行车组织的要求；

（3）需严格按照预定的时刻表（运行图）组织列车运行；

（4）在控制中心能对全线列车进行集中监控，具有自动/人工运行转换功能；

（5）实现列车自动驾驶或有超速防护的人工驾驶；

（6）具有必要的降级/后备控制模式。

9.2.1 基础设备

1. 信号机

如图 9-10 所示,轨道交通使用的色灯信号机设置在车站、区间、车辆段,作为进站、出站、进路、防护、预告、调车、复示、通过及引导等地面灯光信号。城市轨道交通采用右侧行车制,信号机通常布置在列车运行方向的右侧,不能侵入设备限界,以其颜色、数目和亮灯的状态来表示信号,信号显示颜色应明确、易于辨认,具有足够的显示距离。目前,基本颜色为红色、绿色、黄色三种,再加上蓝色、白色构成显示系统,其基本含义如下。

红色:要求停车;

黄色:要求注意或降低速度;

绿色:准许按规定速度运行;

蓝色:调车禁止信号;

白色:调车允许信号。

(a) (b)

图 9-10 轨旁信号机
(a) 区间信号机;(b) 调车信号机

常用的信号机有两种:透镜式色灯信号机和 LED 信号机。透镜式色灯信号机利用点灯电路点亮白色灯泡,再利用一组有色外棱透镜和一组无色内棱透镜将灯泡发出的白光进行折射,得到需要的颜色。LED 信号机运用光电材料和电子稳压管技术,实现颜色显示,与透镜式相比,具有亮度高、显示距离远、节能、寿命长、结构紧凑、无须调焦等特点。LED 信号机已逐步替代透镜式色灯信号机。

城市轨道交通中,列车的运行速度不取决于信号显示,信号为非速差信号,允许信号绿灯代表运行进路走直道,黄灯代表走弯道,岔区段设置防护信号机,具备出站性质的道岔防护信号应设引导信号,线路尽头设置阻挡信号机。车辆段(停车场)的出口处设置段(场)信号,在能同时存放两列及以上列车的停车线中间进段方向设列车阻挡信号,其他地点需要设置调车信号。

2. 计轴系统

计轴系统完成轨道区段空闲检查、运行方向、列车完整性检查等功能。

计轴器的基本工作原理为:在一个区间两侧 A、B 的同一轨道钢轨上安装轨道磁头作为计轴点,轨道磁头由两个线圈装置组成,轨道外方是 2 个发送线圈 Rx,产生约为 30 kHz 的不同频率的两种信号,在轨道附近形成电磁场。轨道内侧为两个接收线圈 Tx,发送线圈和接收线圈一一对应,磁头装置提供了两个时间偏移的感应电压,利用这些装置可以在电子单元中确定通过列车轮轴的存在和方向,如图 9-11～图 9-13 所示。

计轴系统的工作条件与钢轨轨面条件及道床电气特性变化无关,是轨道电路的替代设备。

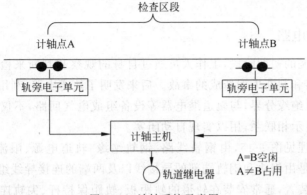

图 9-11　计轴系统示意图

图 9-12　计轴磁头实物

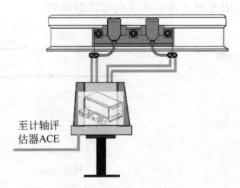

图 9-13　轨旁电子单元

3. 转辙机

如图 9-14 所示,转辙机安装在道岔旁,完成道岔转换和锁闭以及对道岔位置和状态实施监督,是关乎行车安全的关键基础设备。

转辙机的作用包括:转换道岔的位置,根据作业需要转至定位或反位;道岔转至所需位置并密贴后,实现锁闭;正确反映道岔实际位置,给出相应表示;道岔被挤或因故处于两侧尖轨均不密贴时,发出告警。

对转辙机的基本要求:作为转换装置,应具有足够大的拉力,以带动尖轨作直线往返运动;作为

图 9-14　转辙机

锁闭装置,当尖轨与基本轨不密贴时,不应进行锁闭,一旦锁闭,应保证不因车过振动而解锁;作为监督装置,正确反映道岔状态;道岔被挤后,在未修复前不应再使道岔转换。

转辙机可以按照传动方式,分为电动转辙机和电动液压转辙机;也可以按照供电方式,

分为直流转辙机和交流转辙机;或可以按照锁闭道岔的方式,分为内锁闭转辙机(仅内部有锁闭装置)和外锁闭转辙机(内外部都有锁闭装置),后者更为可靠。

常用的转辙机型号有直流 ZD6 系列、交流 ZDJ9 系列、S700K 系列以及电液 ZYJ7 系列电动转辙机。

9.2.2 轨道电路

在信号技术发展的初期阶段,工作人员通过自身的观察和判断来检测线路上是否有列车占用,时有因观察和判断失误造成的事故。后来发明了轨道电路,利用轨道的两条钢轨作为导线,两端以钢轨绝缘分界,与轨道继电器等设备组成电气回路,不仅用来检查线路是否空闲,而且与信号显示相联系,用以实现自动闭塞。

轨道电路的原理见图 9-15,由钢轨线路、钢轨绝缘、轨道电源、限流器、接收设备等组成。其中钢轨线路是由钢轨和钢轨端部的导接线以及两端的连接导线组成。钢轨绝缘是钢轨线路两端的绝缘装置,通常安装在轨道的轨距板、轨距保持杆、尖轨连接杆等处。电源常用直流电源、交流电源、脉冲电源等。限流设备由可调整的电阻器或电抗器组成。接收设备常用电磁式继电器或电子式继电器。

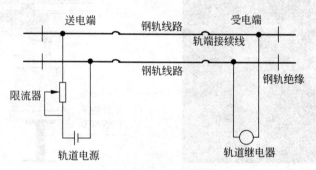

图 9-15 轨道电路原理

送电端由轨道电源和限流器组成。根据轨道电路类型的不同,轨道电源可以用直流电源、轨道变压器或信号发生器提供信号。限流器一般由电阻器或电抗器构成,它的作用是保护电源设备,当轨道电路被列车分路时,防止电流过大而损坏电源,以保证在列车占用轨道时,轨道继电器能可靠地落下;对某些交流轨道电路而言,它还兼有相位调整功能。轨道电路如使用电子设备,则不需要限流器。钢轨绝缘安装于轨道电路分界处,是为了分割或者划分轨道回路而装设的。受电端的主要设备是轨道继电器,用于接收轨道信号电流来反映轨道电路的工作状态,电子轨道电路的接收设备一般都采用电子器件,其作用和轨道继电器相同。

如图 9-16 虚线所示,当区段内无列车行驶时,电流会从轨道电源经由轨道流经轨道继电器,使其线圈励磁,带动其接点翻转。当有列车驶入区段时,由于车轴的分路作用,电流改经列车车轴,并不会流经继电器,继电器因失去电流而失磁。这样,轨道继电器的励磁状态表征了区段空闲,失磁状态表征了区段有车占用。假若轨道断裂,轨道电路因此阻断,造成继电器失磁,亦会显示禁止信号,仍可保障列车行驶安全,这体现了故障导向安全的原则。

当设有轨道电路的某段线路上空闲时,轨道电路上的继电器有足够的电流通过,吸起被

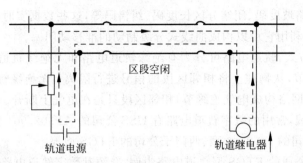

图 9-16 轨道区段空闲

磁化的衔铁,闭合前接点,从而接通信号机的绿灯电路,显示绿色灯光,表示前方线路空闲,允许机车车辆占用,如图 9-16 所示。当机车车辆进入该线路区段时,由于轮对电阻很小,使轨道电路短路,继电器吸力减弱,释放衔铁,使之搭在后接点上,接通信号机的红灯电路,显示禁行信号,如图 9-17 所示。轨道电路的这一工作性能,能够防止列车追尾和冲突事故,确保行车安全。

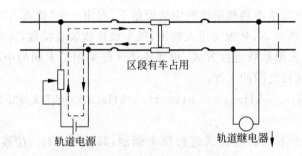

图 9-17 轨道区段占用

轨道电路的作用主要有两个:
(1) 反映线路和道岔区段是否有车占用。由轨道电路反映该段线路是否空闲,为开放信号、建立进路后构成闭塞提供依据。
(2) 作为车地传输通道,传递行车信息。例如,音频数字编码轨道电路中传递的行车信息,为 ATC 系统直接提供控制列车运行所需要的前行列车位置、运行前方信号机状态和线路条件等有关信息,以决定列车运行的目标速度,控制列车在当前运行速度下是否停车或减速。

轨道电路的分类:
(1) 按照所传送的电流特性,轨道电路可以分为工频连续式轨道电路和音频轨道电路,音频轨道电路又可分为模拟式和数字式。

工频连续式轨道电路中传送连续的交流电流。这种轨道电路只能监督轨道区段的占用情况,不能传递更多信息。

模拟音频轨道电路用低频信息调制载频,除了监督轨道区段的占用外,可以一定数量的信息,代表不同速度,主要是预告运行前方三个或者四个闭塞分区的占用与否。利用它可以构成阶梯式分级制动模式的固定闭塞。

数字编码式轨道电路采用报文方式,根据数字编码去调制载频,编码通常有多位二进制数,包含速度码、线路坡度码、闭塞分区长度码、纠错码等,这些数据实时传递给列车后,作为 ATC 的基础信息。利用它可以构成曲线式分级制动的准移动闭塞。

(2) 按照分割方式,轨道电路可分为有绝缘轨道电路和无绝缘轨道电路。有绝缘轨道电路采用机械绝缘节,从物理上将相邻区段的信号进行隔离;无绝缘轨道电路利用谐振原理,选择适当的 LC 网络构成电气绝缘节,相邻区段只是在电气上断开。

在轨道交通领域,常用的数字轨道电路有 USS 公司的 AF902/904 型、阿尔斯通公司的 DTC921 型、西屋公司的 FS-2500 型、西门子公司的 FTGS 型等。

这里以西门子公司的 FTGS 型轨道电路为例,介绍其数字轨道电路的特点。

FTGS 轨道电路用以检测轨道电路的占用状态,并发送 ATP 报文。当区段空闲时,由室内发送设备传来的移频键控信号,通过轨旁单元在轨道电路始端馈入轨道,并由轨道电路终端设备接收传至室内接收设备,经过信号鉴别判断(幅值计算、调制检验、编码检验),完成轨道区段的空闲检测。当接收器计算出接收到的轨道电压足够高,并且解调器鉴别到发送的编码调制正确时,接收器产生一个"轨道空闲"状态信息,这时轨道继电器吸起表示"轨道空闲"。当列车进入轨道区间时,由于列车车轮的分路作用,降低了终端接收电压,以致接收器不再响应,轨道继电器达不到相应的响应值而落下,发出一个"轨道占用"状态信息,此时,发送器将来自联锁系统的 ATP 报文送入轨道,供车载接收装置接收,进行解调译码。

FTGS 轨道电路采用移频键控方式,相邻轨道区段采用了不同的中心频率和不同的位模式,因此可以防止区段之间的干扰。

FTGS917 载频有 9.5 kHz、10.5 kHz、11.5 kHz、12.5 kHz、13.5 kHz、14.5 kHz、15.5 kHz、16.5 kHz。

轨道电路由 15 个不同的位模式进行频率调制,频偏 64 Hz。位模式是数码组合,以 15 ms 为一位,用 +64 Hz 代表"1",用 -64 Hz 代表"0",构成不同的数码组合。15 种位模式是 2.2,2.3,2.4,2.5,2.6,3.2,3.3,3.4,3.5,4.2,4.3,4.4,5.2,5.3,6.2。

每个周期最少 4 bit,最多 8 bit。

例如,2.3 位模式即每个周期 5 bit,连续 2 bit 为 1,另外 3 bit 为 0,频率为 +64 Hz、+64 Hz、-64 Hz、-64 Hz、-64 Hz、+64 Hz、+64 Hz 等,其波形如图 9-18 所示。

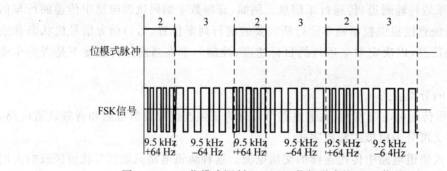

图 9-18 2.3 位模式调制 9.5 kHz 载频形成的 FSK 信号

报文式数字编码从轨旁设备向车载 ATP 设备传输,传输速率 200 波特。电码有效长度 136 位,包括车站停车点、下一个轨道电路的制动曲线、运行方向、开门/入口速度、允许速度、紧急停车、限速区段速度、目标速度、目标距离、当前轨道电路识别、下一轨道电路识别、轨道电路长度、下一个轨道电路坡度、下一个轨道电路的频率等信息。

FTGS轨道电路由室内设备和室外设备两部分组成,每段轨道电路之间由S棒隔开,不需要绝缘节,如图9-19所示。

室内设备主要是发送器和接收器,室外设备主要为耦合单元和S棒。发送器和接收器集中安装在控制室内,从控制室到轨道区段的最大距离可达6 km。室外设备有电气绝缘节和轨旁盒。室内、室外设备通过电缆连接。发送电缆和接收电缆分开使用,排除了由于芯线接触而引起的电气干扰。

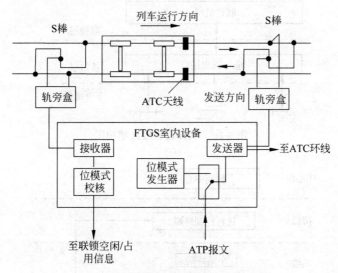

图 9-19 FTGS轨道电路的组成示意图

9.2.3 联锁

联锁设备是利用技术手段,确保列车和调车作业安全、提高车站通过能力的一种信号设备。

为了确定列车在线路中的位置,必须首先确定列车行走的线路,即确定"进路";若要列车进入确定的线路,则必须扳动相关的道岔;扳动道岔后,不能让其他人员再扳动这组道岔,即必须"锁定"道岔。若要司机明确要行驶的线路,则必须给出相应明确的信号。

为保证行车安全,必须使相关信号机、道岔和进路之间保持相互制约的关系,该关系就称为联锁。

联锁关系是对信号机、道岔与进路之间相互联锁的基本规律的概括,集中地表现为开放信号机所必须具备的条件:

(1) 道岔位置正确——开放信号时,进路上有关的道岔应处于开通该进路的位置;
(2) 线路空闲——开放信号时,要求该进路上没有车辆占用。
(3) 没有敌对进路——开放信号时,要求该进路有关的敌对信号没有开放。
(4) 锁闭道岔和敌对信号机——开放信号后,要求该进路上的相关道岔不能扳动,其敌对信号机不能开放。

联锁设备分为正线联锁设备和车辆段联锁设备。

由于计算机控制技术在轨道交通领域的应用,联锁设备已经由电磁继电器构成的电气集中联锁过渡到以硬件电路和软件系统构成的计算机联锁。计算机联锁对值班员的操作命令和现场控制设备的表示信息进行逻辑运算,完成对信号机、道岔和进路之间的逻辑控制(图9-20、图9-21)。

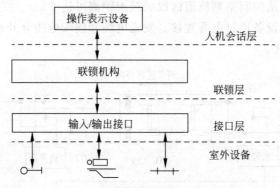

图 9-20 联锁设备层次结构图

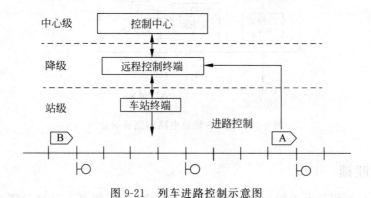

图 9-21 列车进路控制示意图

城市轨道交通联锁系统的特点如下:

(1)运行3级控制。联锁操作要实现3级控制,即控制中心控制、远程控制终端控制、车站工作站控制。

控制中心集中控制全线的列车运行,系统根据列车运行时刻表及列车运行状况发出控制命令,并进行自动调整。在控制中心设备故障或上下级设备的通信线路有故障时,系统自动转入自动控制的降级模式。在站级控制模式下,列车运行的进路在车站工作站进行控制。

(2)追踪进路。追踪进路为联锁系统本身的一种自动排列进路功能。列车接近信号机,占用其前方第1个接近区段时,列车运行所要通过的进路自动排列。

(3)折返进路。列车需要折返时通过列车自动选路、追踪进路或人工排列进路,从指定的折返线出发。

(4)多列车进路。城市轨道交通运行间隔小,车流密度大,在一条进路中可能出现多列列车在运行,对于多列车进路,当第1列车离开进路始端信号机的监控区后,可以排列第2条相同终端的进路。如图9-22所示,S1—S2为多列车进路,虽然前车A位于TC5区段,但只要监控区空闲,以S1为始端的进路仍可以排出,S1开放,供后车B前行。

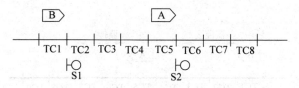

图 9-22 多列车进路示意图

而第 2 条进路排出,第 1 列车通过后进路中的轨道区段直到第 2 列车通过后才解锁。当前车 A 通过 TC2、TC3、TC4 后,这 3 个区段均正常解锁,这时,可以排列第 2 条进路 S1—S2,S1 开放正常绿灯。如果前车 A 继续前行,则通过 TC5、TC6、TC7 后,这 3 个区段不能解锁,只有在列车 B 通过这 3 个区段后才能解锁。若第 2 条进路排出后又要取消,这时只能取消始端信号机 S1 到列车 A 之间的进路,其余的进路会随着列车 A 的通过后自动解锁。

(5) 联锁监控区段。在传统铁路上信号机开放必须检查所防护进路的所有区段空闲,而在装备准移动闭塞的城市轨道交通中,开放信号机前联锁设备不需检查全部区段,只要检查部分区段,即联锁监控区段,如图 9-23 所示。

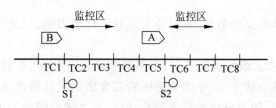

图 9-23 联锁监控区段示意图

(6) 保护区段。为了保护列车的运行安全,避免列车由于某种原因不能在信号机前停住而导致事故的发生,充分考虑列车的制动距离及线路等因素,在停车点后设置了保护区段,即终端信号机后方的 1~2 个区段为保护区段。

(7) 侧面防护。侧面防护主要用来防止列车的侧面冲突,避免其他列车从侧面进入进路。

9.2.4 区间闭塞

当一条线路建设完成以后,利用信号系统指挥行车,想方设法缩小前后两列车之间的行车间隔,最大限度地利用线路的通过能力,提高运能。与此同时,又要保证前后车不发生追尾撞车事故,最简单的方法是划分一定长度的"区段",在某一时间段内,在此区段内只容许一列车占有(运行或停放),这就是"闭塞"的概念。闭塞是保证行车安全,同时通过技术手段提高线路运能的理念,将列车正在运行、停放的线路区段予以"封闭",不允许其他列车进入此区段,以防止对向列车、后续列车的正面冲突或追尾事故的发生,在闭塞解除后,才允许其他列车驶入。

如图 9-24 所示的列车运行方向,有 3 个区间 S1、S2、S3,列车 A 位于区段 S1,根据闭塞的概念,S1 区间被封闭,其指示信号显示禁止红色,其后续列车只能运行至 S1 的入口处,只有列车 A 再继续前行,出清 S1 区段后,S1 入口处给出开放信号绿灯,后续列车才能继续向前。

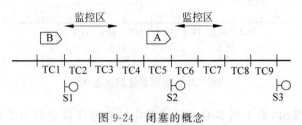

图 9-24 闭塞的概念

自动闭塞根据列车的运行位置以及闭塞分区的状态,自动地变化信号显示,无须人工干预。

按照列车的定位方式,常用的闭塞方式有 3 种:固定闭塞、准移动闭塞、移动闭塞。

(1) 固定闭塞。将线路在物理上划分为固定的区段,不论前、后列车的位置,还是前、后列车的间距都用固定的地面设备来表示,列车定位利用轨道电路来判别区间的空闲或者占用,前后车的间距为一个闭塞分区的长度,整个线路的通过能力受该参数的影响,闭塞分区的长度越小,区间通过能力越强,而闭塞分区的长度主要考虑列车的最高运行速度和列车的制动性能。

固定闭塞按照传输信息的数目,可以分为二显示自动闭塞、三显示自动闭塞、四显示自动闭塞。

① 二显示自动闭塞。信号机具有红、绿两种显示,能预告列车前方一个闭塞分区状态的自动闭塞方式。在该方式下,一个闭塞分区的长度能满足从最高速度制动至停车,因此,当列车最高速度较高时,闭塞分区的长度较长,前后车之间的间隔较大,整条线路的通过能力就受到限制。

② 三显示自动闭塞。信号机具有红、黄、绿三种显示。当前方闭塞分区被列车占用时,信号显示红灯,而该信号机防护的闭塞分区空闲时显示黄灯,其运行前方有两个及两个以上的闭塞分区空闲时显示绿灯,如图 9-25 所示。该方式下,绿灯为允许信号,能预告列车前方两个闭塞分区状态,分两个速度等级显示。这样做的好处是:当列车运行前方显示黄灯时,列车即开始制动减速,等到前方显示红灯后,列车速度已经变慢,此时开始停车制动,制动距离会较短。因此,三显示自动闭塞的前后车间距仍然是一个闭塞分区的长度,但因为有黄灯预警信号,其长度可以设计得较短,相应的线路的通过能力得到提高。

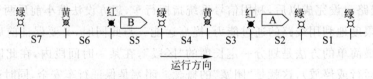

图 9-25 三显示自动闭塞示意图

③ 四显示自动闭塞。如图 9-26 所示,具有红、黄、绿黄、绿四个显示。列车以规定的速度越过绿黄后必须减速,以便使得列车在抵达黄灯时速度较慢,保证在红灯前停车。该方式预告列车前方三个闭塞分区的状态,具备三个速度等级,两个闭塞分区的长度满足从最高速度降至零的制动距离,这样就能显著地缩短闭塞分区的长度,减小列车之间的行车间隔,提高运能。与三显示自动闭塞相比,四显示自动闭塞可以获得更高的列车运行时速。

图 9-26 四显示自动闭塞示意图

（2）准移动闭塞。前行列车的定位依然采用固定闭塞的方式，只能利用轨道电路得到前车对区间的占用或者空闲情况，而后续列车的定位采用连续式，能较为精确地得到后车在闭塞分区中的具体位置，如图 9-27 所示。这样，准移动闭塞可以理解为"预先设定列车的安全追踪间隔距离，根据前方目标状态设定后车的运行距离和运行速度"。由于前后车的定位方式不一样，若前车不动而后车前进时，后车的最大允许速度是连续变化的，若前车前进，其尾部驶过闭塞分区的分界点时，后续列车的最大速度将按阶梯状调升。准移动闭塞模式下，后车的制动起点可以提前至后车所在闭塞分区的任意位置，这样就改善了列车的速度控制，进一步缩小了行车安全间隔，提高了线路的通过能力。

（3）移动闭塞。这种模式下，线路不设置固定的闭塞分区，前、后车均采用连续定位方式，前、后车直接实时通信，后车实时地获得前车的速度、位置信息，通过区域控制器获得移动授权，追踪前车末尾，只要保证必要的安全距离，前后车的间隔可以很小，如图 9-28 所示。这样，移动闭塞大大缩短了行车间隔，最大限度利用了线路的通过能力。

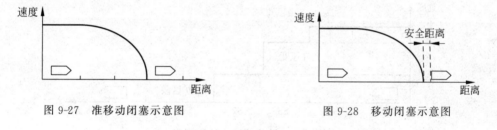

图 9-27 准移动闭塞示意图　　　　图 9-28 移动闭塞示意图

9.2.5 列车运行控制技术

现代列车运行控制系统以安全为核心，以保证和提高列车运行效率为目标，调节列车运行间隔和运行时分，保证列车和乘客安全，实现列车运行控制和行车指挥自动化。

信号系统的核心是列车自动控制（ATC）系统，由列车自动防护（ATP）子系统、列车自动监控（ATS）子系统、列车自动运行（ATO）子系统构成。各子系统之间相互渗透，实现地面控制与车上控制相结合、现地控制与中央控制相结合，构成一个以安全设备为基础，集行车指挥、运行调整以及列车驾驶自动化等功能为一体的自动控制系统，是现代城市轨道交通核心控制技术之一。

ATC 系统：列车按地面传送的速度（或距离）信息，自动控制列车运行的信号设备。后续列车根据与先行列车之间的距离和进路条件，在车内连续地显示出允许的速度信息，或按设定的运行条件达到该允许速度的距离信息。根据上述信息，列车自动地控制运行速度，进行超速防护，确保列车高效、安全地运行。ATC 由以下三个子系统组成。

（1）ATO——列车自动运行子系统。ATO 子系统主要用于实现"地对车控制"，即用地面信息实现对列车驱动、制动的控制。使用 ATO 子系统后，可以使列车经常处于最佳运行状态,避免了不必要的、过于剧烈的加速或减速,因此明显提高了乘坐的舒适度,提高了列车准点率及减少轮轨磨损。ATO 子系统与列车的再生制动相配合,可以节省电能的消耗。

(2) ATS——列车自动监控子系统。ATS 子系统主要实现对列车运行的监督和控制,辅助行车调度人员对全线列车运行进行管理。它给行车调度人员显示全线列车的运行状态,监督和记录运行图的执行情况,在列车因故偏离运行图时及时做出反应(提出调整建议或者自动修正运行图)。ATS 通过 ATO 的接口,向旅客提供运行信息通报(列车到达、出发时间,运行方向,中途停靠站名等)。

(3) ATP——列车自动防护子系统。ATP 子系统是 ATC 系统的核心和关键。ATP 子系统具有实现列车的间隔控制、超速防护、进路的安全监控、车门和站台屏蔽门的控制等功能。

根据不同的闭塞制式,ATC 系统可以分成固定闭塞 ATC 系统、准移动闭塞 ATC 系统、移动闭塞 ATC 系统,下面分别予以介绍。

1. 固定闭塞 ATC 系统

固定闭塞又称分级速度控制方式或阶梯式速度控制模式,如图 9-29 所示。其特点是采用固定划分区段的轨道区段、计轴区段,提供分级速度信息,实施台阶式的速度监督,使列车由最高速度逐步降至零。列车超速时由设备自动实施最大常用制动或紧急制动。

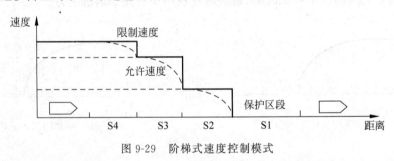

图 9-29 阶梯式速度控制模式

采用阶梯式速度控制模式的 ATC 系统设备构成简单,具有投资成本低、性能可靠等优点。固定闭塞轨道电路传输的信息是模拟信号,抗干扰能力差。此外,轨道电路传输的信息量有限,速度信息划分为若干等级。因此,采用阶梯式速度控制方式的 ATC 系统控制精度不高,不易实现列车优化和节能控制,也限制了行车效率的提高。

2. 准移动闭塞 ATC 系统

准移动闭塞方式的 ATC 系统采用目标距离控制模式,又称连续式一次速度控制方式。目标距离控制模式根据目标距离、目标速度及列车本身的性能决定列车的制动曲线,不设定每个闭塞分区速度等级,采用一次制动方式。如图 9-30 所示,准移动闭塞的追踪目标点是前行列车所占用闭塞分区的始端,并留有一定的安全保护距离,而后车从最高速开始制动的起始点是根据目标距离、目标速度及列车本身的性能计算决定的。目标点相对固定,在同一闭塞分区内不依前行列车的走行而变化,而制动的起始点是随线路参数和列车本身性能不同而变化的,追踪间隔要比固定闭塞小。通常,闭塞分区是用轨道电路或计轴装置来划分,兼顾列车定位和区段占用检查功能。

采用准移动闭塞的 ATC 系统设备构成相对简单,性能可靠,在兼顾建设成本的同时,可以获得令人满意的运行效果。但是整条线路仍在物理上划分为闭塞分区,一次制动方式对列车的制动性能要求较高。

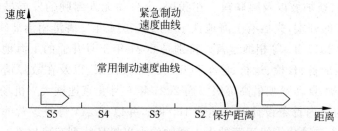

图 9-30　基于准移动闭塞连续曲线速度控制方式示意图

3. 移动闭塞 ATC 系统

如图 9-31 所示,移动闭塞没有固定的闭塞分区,无须轨道电路装置判别闭塞分区列车占用与否。移动闭塞 ATC 系统利用无线电台实现车地数据传输。轨旁 ATC 设备根据控制区列车的连续位置、速度及其他信息计算出列车移动授权信息,并传送给列车,车载 ATC 设备根据接收到的移动授权信息和列车自身运行状态计算出列车运行速度曲线,对列车进行牵引、巡航、惰行、制动控制。在移动闭塞 ATC 系统中,列车之间保持最小安全距离进行追踪运行。该安全距离是指后续列车安全行车间隔停车点与前行列车尾部位置之间的动态距离。

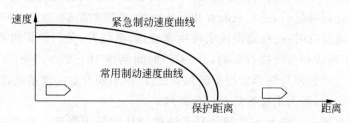

图 9-31　基于移动闭塞连续曲线速度控制方式

由于在移动闭塞制式下,列车安全行车间隔停车点较准移动闭塞和固定闭塞更靠近前行列车,因此安全行车间隔距离也较短,在保证安全的前提下,能最大程度地提高列车区间通过能力。并且由于轨旁设备数量的减少,降低了设备投资、运营及维护成本。移动闭塞的 ATC 系统常称作基于通信的列车运行控制系统(CBTC)。

城市轨道交通由于车站之间的距离较短,平均站间距在 1000～2000 m,列车启动制动频繁,在 CBTC 系统故障时,列车可按站间自动闭塞模式运行,两个车站之间为一闭塞分区,同一时刻,只允许有一列车运行。

9.2.6　地铁车辆全自动无人驾驶信号系统

我国以及世界上一些大城市的轨道交通经过几十年甚至上百年的建设和发展,已经形成了城市轨道交通网,城市轨道交通正在成为市民出行的主要公共交通工具。乘客方和运营方从安全、舒适、正点高效、运营灵活、绿色节能、降低全生命周期成本等方面对城市轨道交通提出了更高的要求。全自动无人驾驶作为目前城市轨道交通的最先进技术,从上述多维度解决了乘客方和运营方的需求,是城市轨道交通的发展目标之一。1984 年 5 月全球首条无人驾驶全自动地铁——法国里尔地铁一号线正式投入运营。截至 2016 年,全球 37 个大都市都应用了全自动无人驾驶地铁,约有 55 条全自动化地铁线路,其中一半集中在 4 个国家:法国、韩国、新加坡以及阿联酋。在我国,全自动无人驾驶的发展虽然尚处于初级阶段,但已有了良好的开端,先后有上海地铁 10 号线(2014 年)、香港南港岛线(2016 年)、北京轨道交通燕房线(2017 年)等相继运营。特别是 2021 年 1 月开通的上海地铁 15 号线,实现了自动列车唤醒、准备、自检、运行、停车和开/关车门、休眠,以及在故障情况下的自动恢复等功能,达到 GoA4 自动驾驶最高等级。而 2021 年 6 月北京地铁大兴机场线"白鲸号"的上线载客,更是成为国内首条设计时速达到 160 km,并以 GoA4 等级运营的全自动轨道交通线路。实现 GoA4 自动化等级运营的无人驾驶的大兴机场线列车可以准时从休眠中自动唤醒,完成自检后自动出库,按照时刻表自动投入正线运营,完成站间行驶、到站精准停车、自动开闭车门、自动发车离站等一系列运营工作。列车全过程均无须人工操作,成功实现具有完全自主知识产权的全自动运行系统(FAO)的所有功能。2021 年以来,国内多地采用全自动无人驾驶系统的地铁线路,正在密集建设和交付之中。

而全自动无人驾驶的核心正是其信号系统。

1. 全自动无人驾驶信号系统的特点与功能

信号系统,作为地铁运行的"大脑",一旦需要应用于无人驾驶的车辆上,对其功能性、安全性和可靠性的要求将有显著的提高。传统的轨道交通信号系统通常由列车运行自动控制系统和车辆段信号控制系统两大部分组成,一般只是在城市轨道交通正线实现自动驾驶和安全防护。运营计划确定后,受司机配置和系统维护、监控的影响,运营时间为日间,遇到临时的集会等大客流情况时,往往靠限流实现乘客管理,系统开/关门由司机和站台人员确认后操作,由于人工确认和系统执行延时,开/关门时间至少 16~20 s,影响运行效率;另外,信号系统的列车自动监控与综合监控系统独立设计,由不同专业实现系统管理,在异常情况时不能实现自动联动,需人工交互信息进行处理。

下一代地铁车辆全自动无人驾驶信号系统的设计则采用高度一体化和深度集成的方案,实现全过程的列车运行安全防护,提升运营组织的灵活性,实现列车节能运行,相比于传统的轨道交通信号系统,全自动无人驾驶信号系统运行更加高效和节能。一般而言,轨道交通安全评估所定义的自动驾驶有以下等级之分(见表 9-1,表格来自德国莱茵 TUV 网站)。

表 9-1 自动驾驶等级与功能

列车运行的基本功能		目视运行 TOS GOA0	非自动运行 NTO GOA1	半自动运行 STO GOA2	无人驾驶运行 DTO GOA3	无人值守运行 UTO GOA4
保证列车 安全移动	保证进路安全	X (道岔控制/通过系统控制)	S	S	S	S
	保证安全间隙	X	X	S	S	S
	保证安全速度	X	X	X (部分通过系统监控)	S	S
驾驶	控制加速与制动	X	X	X	S	S

续表

列车运行的基本功能		目视运行 TOS GOA0	非自动运行 NTO GOA1	半自动运行 STO GOA2	无人驾驶运行 DTO GOA3	无人值守运行 UTO GOA4
监控轨道	防止与障碍物碰撞	X	X	X	S	S
	防止与人员碰撞	X	X	X	S	S
监控乘客上下车	控制客室门	X	X	X	X 或 S	S
	防止人员在车辆间或车辆与站台间受伤	X	X	X	X 或 S	S
	保证安全启动条件	X	X	X	X 或 S	S
运行列车	上线运行或下线退出运行	X	X	X	X	S
	监控列车状态	X	X	X	X	S
保证紧急情况发现与处置	执行列车诊断、探测火灾/烟雾,处理紧急情况(报告/评估,监控)	X	X	X	X	S 与(或)由运行控制中心内的人员控制

注：X——由运行人员负责(可能由系统实现);S——由系统实现。

GOA1 级：在 ATP 防护下的人工驾驶,由司机控制列车的启动、运行、停止、开/关车门,以及对突发情况进行处理。

GOA2 级：半自动驾驶。司机控制列车运行、开/关车门及应对突发情况。但列车的启动、停止为自动化。

GOA3 级：无人驾驶。但列车配备一名随车人员,控制车门的开/关及应对突发情况。列车的启动、停止为自动化。

GOA4 级：无人驾驶。列车的唤醒、启动、停止、车门开/关及应对突发情况全部自动化,无任何人员参与。

全自动无人驾驶信号系统正是对应 GOA4 级无人值守运行的信号系统,是下一代地铁车辆的核心安全控制设备,是将列车驾驶员执行的工作实现全自动化、智能处理、高度集中控制的列车控制系统。系统具备列车自动唤醒启动和休眠、自动出/入停车场、自动清洗、自动运行、自动停车和自动控制车门上/下客等功能。即将传统的城市轨道交通线路中由列车驾驶员进行的驾驶列车、出车前的启动和检查、对列车运行前方轨道的瞭望、开/关车门以及部分项目的开/关安全门、启动列车、车辆故障检测和故障排除、与乘客的通信、引导乘客疏散等工作,完全交由全自动无人驾驶系统进行控制。

2. 全自动无人驾驶信号系统的关键技术

全自动无人驾驶信号系统的关键技术主要包括列车控制技术、监测系统联动技术、故障管理技术及乘客监督和管理技术。列车控制技术包括休眠唤醒、过冲回退、重新开/关门、自动出/入库、自动洗车、车辆管理和工程车管理等；监测系统联动技术包括障碍物检测、站台门防夹、工作人员防护、烟火报警联动、牵引供电联动等；故障管理技术包括牵引制动故障、门故障处理、远程复位、蠕动模式、列车救援和备份运行控制中心等；乘客监督和管理技术包括乘客紧急手柄/紧急呼叫、逃生门控制等。

3. 全自动无人驾驶信号系统组成

一个典型的下一代地铁车辆全自动无人驾驶信号系统如图 9-32 所示，由综合自动化系统、轨旁控制器、车载控制器、计算机联锁、计轴机、通信系统、轨旁基础设备等组成。

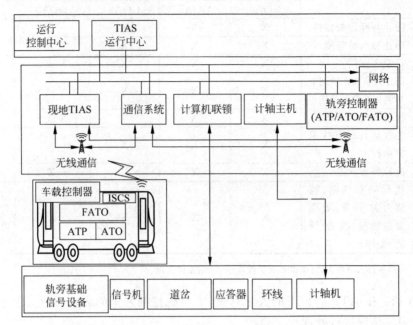

图 9-32　下一代地铁车辆全自动无人驾驶信号系统结构示意图

（1）综合自动化系统。综合自动化系统（traffic control integrated automation system，TIAS）以行车指挥为中心，由信号与综合监控、车辆、通信等多系统深度集成，采用统一的硬件平台、软件平台及网络平台，实现列车自动监控、列车计划及调度指挥、电力监控、环境与设备监控等功能，并与火灾报警系统、机电系统、乘客信息系统、广播系统、闭路电视系统等设置接口，减少信息流通环节，以最优的算法和时间执行异常情况下的综合联动。

（2）轨旁控制器。轨旁控制器（含 ATP/ATO/FATO）（automatic train protection，ATP，列车自动防护；automatic train operation，ATO，列车自动运行；full automatic train operation，FATO，全自动列车运行）通过计算机联锁提供的轨旁基础信号设备和进路状态信息，结合车载控制器汇报的列车位置信息，为车载控制器计算移动授权信息；在唤醒过程中，通过计算列车位置，给出允许唤醒授权和静态、动态测试授权信息，同时，轨旁控制器还可实现线路数据的管理，对轨道数据库及全线的临时限速进行处理。

（3）车载控制器。车载控制器（含 ATP/ATO/FATO）采用车头、车尾两端二乘二取二的安全计算机平台，实现首尾冗余和无扰自动切换。单端车载控制器由列车自动防护（ATP）、列车自动运行（ATO）、全自动运行控制（FATO）组成，当降级到人工控制时，司机显示器采用与车辆一体化的方式进行司机驾驶显示。车载控制器通过轨旁控制器提供的移动授权对列车运行安全进行自动防护，并实现列车的自动发车、自动站停、自动开/关门、自动折返等驾驶功能。全自动无人驾驶车载控制器可以实现列车在车辆段/停车场全自动运行，包括自动唤醒、自动休眠、全自动调车、自动出入库、自动投入和退出运营、自动洗车等；

车载控制器可以响应来自 TIAS 的调度和运营调整指令。在异常情况下,车载控制器与轨旁控制器、计算机联锁一起,实现列车的自动调整、车门与站台门对位隔离,以及异常情况下的自动紧急制动和远程控制等。

(4) 计算机联锁。计算机联锁通过与信号机、转辙机、环线控制器、计轴机、站台门控制器等轨旁设备以及 TIAS 连接,实现传统的联锁功能,并通过与轨旁控制器的接口,为其提供轨旁设备及进路状态信息,并与其协作实现全自动无人驾驶下的保护区段、进路方向、站台门隔离、工作人员防护、紧急停车、扣车等功能。

(5) 通信系统。由于列车运行由系统自动控制和控制中心远程监控实现,没有司机和司乘人员进行处理,因此,通信系统除了进行信号系统的车地双向数据通信之外,还需要将车辆现场图像、故障信息通过车地通信网络上传至 TIAS,并在异常情况下传输 TIAS 下发的相关联动调度指令。

计轴机与轨旁基础设备承担与传统轨道交通列车运行控制系统相同的功能。

总之,全自动无人驾驶列车运行完全依靠信号控制,信号系统须采用高可靠、高安全及高冗余设计,需要更高的列车定位精度以及实时的列车运行控制命令和设备状况报告,同时要求 ATC 车载与轨旁设备之间能双向高容量通信。

思考题

1. 轨道交通的通信系统有什么作用?
2. 轨道交通的通信系统主要由哪些子系统组成?
3. 试阐述轨道交通通信子系统的分类和作用。
4. 轨道交通的通信系统能否和市话系统合二为一?为什么?
5. 什么是 LTE-M?
6. 试阐述什么是轨道交通信号。
7. 什么是闭塞?固定闭塞、准移动闭塞、移动闭塞如何区分?
8. 轨道交通信号系统中有哪些基本设备?
9. 试阐述联锁的基本概念和实现联锁的技术手段。
10. ATC 系统由 ATP、ATS 和 ATO 组成,试阐述其各部分功能。
11. 轨道交通全自动无人驾驶对信号系统的需求是什么?由此引出的信号系统的关键技术是什么?

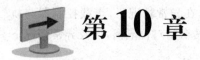

第 10 章

城市轨道交通行车组织与运营管理

学习目标：行车组织和运营管理工作是城市轨道交通线路开通运营后的常规性工作。通过本章的学习，了解城市轨道交通行车组织涉及的具体工作内容、步骤和方法；掌握相关

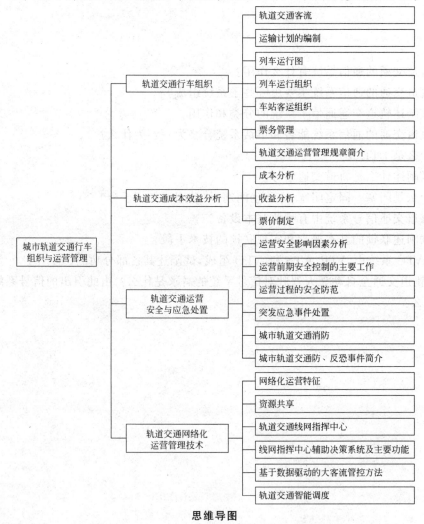

思维导图

的运输计划编制、运行图图解原理和列车运行与车站客流组织方法;了解城市轨道交通成本收益的组成,了解提高城市轨道交通经济效益的方法途径,掌握城市轨道交通票价制定的基本原则;了解城市轨道交通安全管理工作的内容和重要性,了解城市轨道交通典型突发事件的应急处置方法;了解城市轨道交通网络化运营特征,掌握网络化调度指挥的方法,了解新技术在网络化调度指挥中的应用。

课程思政:城市轨道交通的运营管理工作不仅直接影响运营管理企业的经济效益,也与每一位轨道交通乘客的出行安全、出行效率息息相关。一方面,日常运营过程中,高效的运营组织计划不仅能大大降低运输成本,提高设施设备的利用效率,也能方便城市轨道交通乘客的出行,提升城市公共交通出行效率,增加城市活力。另一方面,在突发事件的应急处置过程中,正确、及时、科学、有效的处置措施是减少人员伤亡、降低财产损失、缩小事故影响范围、尽快恢复正常行车的关键所在。因此,运营管理工作是轨道交通线路开通运营后的常规性主要工作,需要不断地利用新技术、新方法来提升其效率和安全水平。

10.1 轨道交通行车组织

10.1.1 轨道交通客流

轨道交通客流是规划轨道交通网络、安排工程项目建设顺序、设计车站规模和确定车站设备容量的依据,也是轨道交通系统安排运力、编制运输计划、组织行车和分析运营效果的基础。

1. 客流的概念

(1)客流。这里的客流专指轨道交通客流,是指在单位时间内,轨道交通线路上乘客流动人数和流动方向的总和。客流的概念既表明了乘客在空间上的位移及其数量,又强调了这种位移带有方向性和具有起讫位置。客流可以是预测客流,也可以是实际运营客流。

(2)断面客流量。断面客流量是指在单位时间内,通过轨道交通线路某一地点的客流量。这里,单位时间可以是一昼夜、1 h 或其他的时间单位。显然,通过某一断面的客流量就是通过该断面所在区间的客流量。断面客流量可分为上行断面客流量和下行断面客流量,计算公式为

$$p_{i+1} = p_i - p_下 + p_上 \tag{10-1}$$

式中,p_{i+1} 为第 $i+1$ 个断面的客流量,人;p_i 为第 i 个断面的客流量,人;$p_下$ 为在车站下车人数,人;$p_上$ 为在车站上车人数,人。

(3)最大断面客流量。在单位时间内,通过轨道交通线路各个断面的客流量一般是不相等的。最大断面客流量是指最大客流断面的客流量。上下行方向的最大客流断面一般不在同一断面。

最大断面客流量通常按高峰小时最大断面客流量和全日最大断面客流量计算。高峰小时最大客流断面和全日最大客流断面一般也不在同一个断面。

(4)高峰小时最大断面客流量。在以小时为单位计算断面客流量的情况下,分时断面客流量最大的小时称为高峰小时。轨道交通线路的高峰小时一般出现在早晨和傍晚,称为早高峰小时和晚高峰小时。高峰小时最大断面客流量是指高峰小时最大客流断面的客流

量。高峰小时最大断面客流量是行车组织和确定车站设备容量的一项基础资料。

2. 客流的产生

1）城市交通需求

需求是指人们对于某种物质或精神目标获得满足的愿望。在经济学意义上，对商品和服务的需求受到社会经济条件的制约，必须建立在有购买能力的基础上。城市交通需求，是指人们在城市中实现位移的愿望，同样，它也应是建立在有能力支付交通服务价格的基础上。因此，城市交通需求是位移欲望和购买能力的统一。而城市交通线路上的客流，可以认为是被实现了的城市交通需求。

2）城市交通需求的特点

城市交通需求的特点有以下4个方面：

（1）广泛性。与其他商品和服务的需求相比较，城市交通需求是一种广泛性的需求，城市的各项功能活动都不可能离开它而独立存在。

（2）派生性。城市交通需求是一种派生性需求，因为在绝大多数的情况下，乘客实现位移的目的往往不是位移的本身，而是通过空间位移的完成来满足工作、生活或娱乐方面的需求。正是由于城市交通需求是一种非本源性的需求，决定了部分城市交通需求的满足在空间和时间上的弹性以及可以被部分替代的特点，如乘客可以选择迂回径路或避开交通高峰期，现代通信手段的发展减少了城市中人员的流动，等等。

（3）时间性。城市交通需求按一周内的工作日和双休日、一天内的各个小时以及1 h内的时间间隔有规律地变化。城市交通需求的这种时间特点是城市公共交通系统规划设计和运输组织的基本依据之一。

（4）空间性。城市交通需求的空间性特点是指城市出行在方向上和线路上分布的不均衡。这种不均衡主要是由城市各区域的土地使用和功能活动不同所决定的。但城市交通网的布局、线路通过能力、交通服务价格与质量也是构成城市出行在空间分布上不均衡的原因。

3）城市交通需求的影响因素

影响城市交通需求的因素包括经济的和非经济的两方面因素，概括起来主要有城市经济发展水平、城市各功能区域的布局、人口密度、流动人口数量、国民收入、城市交通网的布局、客运服务的价格与质量、替代服务的价格与质量、政府的交通运输政策、私人交通工具的拥有量等。

如果把影响城市交通需求的各种因素作为自变量，把城市交通需求作为因变量，则可用需求函数来表示影响城市交通需求的因素与城市交通需求之间的关系。以 D 代表需求，a，b，c，d，$\cdots$，n 代表影响需求的因素，则需求函数为

$$D = f(a,b,c,d,\cdots,n) \tag{10-2}$$

3. 客流的时空分布特征

轨道交通的客流是动态流，它的分布与变化因时因地而不同，但这种不同归根结底是城市社会经济活动与生活方式以及轨道交通本身特征的反映，因此，客流的分布与变化是有规律的。

1）客流的时间分布特征

（1）一日内小时客流分布特征。轨道交通一日内小时客流通常是双峰型。反映客流不均衡程度的系数可按下式计算：

$$a_1 = \frac{p_{\max}}{\sum_{t=1}^{H} p_t / H} \qquad (10\text{-}3)$$

式中,a_1 为单向分时客流不均衡系数;$p_{\max}$ 为单向高峰小时最大断面客流量,人;p_t 为单向分时最大断面客流量,人;H 为全日营业小时数,个。

分时客流不均衡系数值大于 1。a_1 趋向于 1 表明分时客流分布比较均衡,a_1 越大表明分时客流分布越不均衡。$a_1 \geqslant 2$ 时,表明分时客流的不均衡程度比较大。

位于市区范围内的地铁、轻轨线路的 a_1 值通常为 2 左右,而通往远郊区的市域轨道交通线路的 a_1 值通常大于 3。

(2) 一周内全日客流分布特征。由于人们的工作与休息是以周为循环周期进行的,这种活动规律性必然要反映到一周内全日客流的变化上来。在以通勤、通学客流为主的轨道交通线路上,双休日的客流会有所减少;而在连接商业网点、旅游景点的轨道交通线路上,双休日的客流又往往会有所增加。

双休日的早高峰出现时间往往推迟,而晚高峰出现时间又往往提前。此外,周一与节假日后的早高峰小时客流和星期五与节假日前的晚高峰小时客流,都会比其他工作日的早、晚高峰小时客流要大。

根据全日客流在一周内分布的不均衡和有规律的变化,轨道交通常在一周内实行不同的全日行车计划和列车运行图,以适应不同的客运需求和提高运营经济性。

(3) 季节性或短期性客流变化。一年内,客流还存在季节性的变化,如由于梅雨季节和学生迎考等原因,6 月份的客流通常是全年的低谷。而在旅游旺季,流动人口的增加也会使轨道交通线路的客流增加。短期性的客流激增通常发生在举办重大活动或遇到天气骤然变化的时候。

对于季节性的客流变化,可采用实行分号列车运行图的措施来缓和运输能力紧张状况。当客流在短期内增加幅度较大时,运营部门应针对某些作业组织环节、某些设备的运用方案采取应急调整措施,以适应客运需求。

2) 客流的空间分布特征

(1) 各条线路客流分布特征。沿线土地利用状况的不同是各条线路客流不均衡的决定因素,而轨道交通线网与接运交通的现状也是各条线路客流不均衡的影响因素。

各条线路客流的不均衡包括现状客流分布的不均衡和客流增长的不均衡两个方面。

(2) 上下行方向客流分布特征。由于客流的流向原因,轨道交通线路上下行方向的最大断面客流通常是不均衡的。这种不均衡在放射状轨道交通线路上尤为明显。

反映轨道交通线路上下行方向客流不均衡程度的系数按下式计算:

$$a_2 = \frac{\max\{p_{\max}^{\text{上}}, p_{\max}^{\text{下}}\}}{(p_{\max}^{\text{上}} + p_{\max}^{\text{下}})/2} \qquad (10\text{-}4)$$

式中,a_2 为上下行方向客流不均衡系数;$p_{\max}^{\text{上}}$ 为上行方向最大断面客流量,人;$p_{\max}^{\text{下}}$ 为下行方向最大断面客流量,人。

上下行方向客流不均衡系数值大于 1。a_2 趋向于 1 表明上下行方向客流比较均衡,a_2 越大表明上下行方向客流越不均衡。当 $a_2 \geqslant 1.5$ 时,表明上下行方向客流的不均衡程度比较大。

(3) 线路断面客流分布特征。在轨道交通线路上,由于各个车站乘降人数的不同,线路上各区间的断面客流通常各不相同,甚至相差悬殊。

反映轨道交通线路单向各个断面客流不均衡程度的系数可按下式表示:

$$a_3 = \frac{p_{\max}}{\sum_{i=1}^{K} p_i / K} \tag{10-5}$$

式中,a_3 为单向断面客流不均衡系数;p_i 为单向断面客流量,人;K 为单向线路断面数,人。

断面客流不均衡系数值大于1。a_3 趋向于1表明断面客流比较均衡,a_3 越大表明断面客流越不均衡。当 $a_3 \geqslant 1.5$ 时,表明断面客流的不均衡程度比较大。位于市区范围内地铁、轻轨线路的 a_3 值通常小于1.5;而通往远郊的市域轨道交通线路的 a_3 值通常为2左右。

(4) 站间OD客流分布特征。重点是各个客流区段内和不同客流区段间的各站发到客流分布特征。

在轨道交通线路较长,并且各个客流区段的断面客流不均衡程度较大时,大客流区段通常位于市区段,小客流区段通常位于郊区段。站间OD客流分布特征可以用市区段内与郊区段内各站间发到客流分别占全线各站总发到客流的百分比,以及在市区段与郊区段间各站发到客流占全线各站总发到客流的百分比来反映。

(5) 各个车站乘降客流分布特征。轨道交通各个车站的乘降人数不均衡,甚至相差悬殊的情况并不少见。不少线路全线各站乘降量总和的大部分往往是集中在少数几个车站上。

车站乘降人数的不均衡决定了各个车站的客运工作量、设备容量或能力的配置、客运作业人员的配备以及日常运营管理的重点。

(6) 车站内客流分布特征。分析轨道交通车站内乘客流向及行程轨迹,车站内客流在空间分布上也存在不均衡现象,包括经由不同出入口的客流不均衡、通过不同收费区的客流不均衡、通过同一收费区不同检票机的客流不均衡和上下行方向的乘降客流不均衡等。

掌握客流在站内的空间分布特征,对车站自动售检票设备等的合理配置与优化布局具有指导意义。

10.1.2 运输计划的编制

运输计划是轨道交通系统运输组织的基础。从社会服务效益看,轨道交通系统应充分发挥运量大和服务有规律的特点,安全、迅速、正点和舒适地运送乘客。从企业经济效益看,轨道交通系统的运营应实现高效率和低成本。为了达到这个目标,轨道交通系统的运输组织必须以运输计划作为基础,即根据客流的特点,合理编制运输计划,组织列车运行,实现计划运输。

1. 客流计划

客流计划是对运输计划期间轨道交通线路客流的规划。它是全日行车计划、列车运行计划和车辆运用计划编制的基础,是运输计划的重要组成部分。在建成新线投入运营的情况下,客流计划根据客流预测资料进行编制;在既有运营线路的情况下,客流计划根据客流统计资料和客流调查资料进行编制。客流计划的主要内容包括站间发、到客流量,各站方向上下车人数,全日高峰小时和低谷小时的断面客流量,分时最大断面客流量等。

客流计划以站间发、到客流量数据作为原始资料,首先计算出各站上下车人数,然后计算出断面客流量数据。例如,表 10-1 是某轨道线路的站间发、到客流 OD 表,根据站间发、到客流量数据可以计算出各站的上下车人数,如表 10-2 所列。根据各站的上下车人数,按式(10-1)又可计算出断面客流量数据,如表 10-2 所列。根据表 10-2 的断面客流量数据资料即可绘制断面客流图,如图 10-1 所示。

表 10-1 轨道交通线路站间发、到客流量表 单位:人

到＼发	A	B	C	D	E	F	G	H	合计
A	0	5830	5200	6200	3505	8604	9620	1765	56 617
B	6890	0	1420	4575	3694	5640	6452	1456	43 237
C	4580	1212	0	423	724	2100	2430	3511	14 980
D	6520	2454	523	0	423	1247	1434	3569	16 170
E	3586	1860	866	513	0	356	1211	2456	10 848
F	7625	6320	1724	2413	385	0	750	4857	24 074
G	9654	8214	2130	4547	1234	960	0	1463	28 202
H	1560	1250	4324	5234	2567	5427	2401	0	48 060
合计	5446	3839	1618	2390	1253	2433	2429	4808	242 188

表 10-2 各站上下车人数

下行方向断面客流量/人	下行上客数/人	下行下客数/人	车站	上行上客数/人	上行下客数/人	上行方向断面客流量/人
	56 617	0	A	0	54 462	
56 117	36 347	5830	B	6890	32 560	54 462
87 134	9188	6620	C	5792	9567	80 132
89 702	6673	11 198	D	9497	12 707	83 907
85 177	4023	8346	E	6825	4186	87 117
80 854	5607	17 947	F	18 467	6387	84 478
68 514	1463	21 897	G	26 739	2401	72 398
48 080	0	48 080	H	48 060	0	48 060

从断面客流图(图 10-1)中可以直观地看出,上行的最大断面客流量出现在 D-E 区间,下行的最大断面客流量出现在 C-D 区间。该数据将是计算全日行车计划的基础。

在客流计划编制过程中,高峰小时的断面客流量可以通过高峰小时站间发、到客流数据来计算,也可以通过全日站间发、到客流量数据来估算。在用全日站间发、到客流数据时,求出全日断面客流量数据后,高峰小时的断面客流量按占全日断面客流量的一定比例来估算,比例系数的取值可通过客流调查来确定。

2. 全日行车计划

全日行车计划是营业时间内各个小时开行的列车对数计划,它规定了轨道交通线路的日常运输任务,是编制列车运行图、计算运输工作量和确定车辆运用的基础资料。

全日行车计划根据营业时间内各个小时的最大断面客流量、列车定员人数和车辆满载

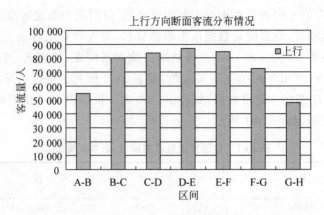

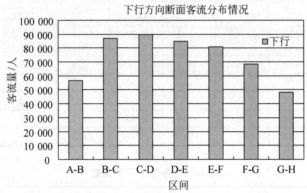

图 10-1　线路上下行方向断面客流分布图

率,以及希望达到的服务水平综合考虑编制。

1) 编制资料

(1) 营业时间。轨道交通系统营业时间的安排主要考虑两个因素:①方便乘客,满足城市生活的需要,即考虑城市居民出行活动的特点;②满足轨道交通系统各项设备检修养护的需要。根据资料,世界上大多数城市的轨道交通系统营业时间在 18~20 h,个别城市是 24 h 运营,如美国的纽约和芝加哥。适当延长运营时间,是轨道交通系统提高服务水平的体现。

(2) 全日分时最大断面客流量。可在求出高峰小时断面客流量的基础上,根据全日客流分布模拟图来确定全日分时最大断面客流量。

(3) 列车定员数。列车定员数是列车编组辆数和车辆定员数的乘积。

列车编组辆数的确定以高峰小时最大断面客流量作为基本依据,其限制因素包括轨道交通系统保有的运用车辆数、车站站台长度、车辆段停车线长度等。

车辆定员数的多少取决于车辆的尺寸、车厢内座位布置方式和车门设置数。一般来说,在车辆限界范围内,车辆长宽尺寸越大载客越多,车厢内座位纵向布置较横向布置载客要多,车厢内车门区较座位区载客要多。

(4) 线路断面满载率。线路断面满载率是指在单位时间内、特定断面上的车辆载客能力利用率。在实际工作中,线路断面满载率通常是指早高峰小时单向最大客流断面的车辆载客能力利用率,计算公式为

$$\beta = \frac{p_{\max}}{c_{\max}} \times 100\% \tag{10-6}$$

式中，β 为线路断面满载率；$p_{\max}$ 为单向最大断面客流量，人；$c_{\max}$ 为高峰小时线路输送能力，人。

线路断面满载率既反映了高峰小时开行列车在最大客流断面的满载程度，也反映了乘客乘车的舒适程度。为了提高车辆运用效率、降低运输成本和提高经济效益，在编制全日行车计划时，轨道交通系统可采取列车在高峰小时适当超载的做法。

2）编制程序

（1）计算营业时间内各小时应开行列车数，即

$$n_i = \frac{p_{\max}}{p_{列}\beta} \tag{10-7}$$

式中，n_i 为全日分时开行列车数，列或对；$p_{列}$ 为列车定员数，人。

（2）计算行车间隔时间，即

$$t_{间隔} = \frac{3600}{n_i} \tag{10-8}$$

式中，$t_{间隔}$ 为行车间隔时间，s。

（3）最终确定全日行车计划。在已经计算得到各小时应开行列车数和行车间隔时间的基础上，应检查是否存在某段时间内行车间隔时间过长的情况。行车间隔时间过长，会增加乘客的候车时间，降低乘客的出行速度，不利于吸引客流。为方便乘客、提高服务水平，轨道交通系统在非高峰运营时间内，如 9：00—21：00 间，最终确定的行车间隔时间标准一般不宜大于 6 min；而在其他非高峰运营时间内，最终确定的行车间隔时间标准也不宜大于 10 min。另外，对全日行车计划中的高峰小时行车间隔时间应检验是否符合列车在折返站的出发间隔时间。

3．列车交路

1）列车折返

列车折返是指列车通过进路改变、道岔转换，经过车站的调车进路由一条线路至另一条线路运营的方式。

具有列车折返条件的车站称为折返站。列车折返分为站前折返和站后折返。

（1）站前折返。利用站前渡线进行折返作业称为站前折返，如图 10-2 所示。由于其会占用区间线路，影响后续列车的运行，并且行车安全保障要求较高，故行车组织中较少采用。

（2）站后折返。列车利用站后渡线进行折返作业称为站后折返，如图 10-3 所示。由于车站接发车采用平行作业，不存在进路交叉，行车安全，有利于提高列车的行车速度，因此是城市轨道交通行车作业中常用的折返方式。

图 10-2 站前折返示意图

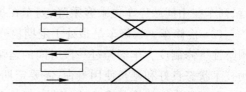

图 10-3 站后折返示意图

2) 交路种类及其适用情况

列车交路有长交路、短交路和长短交路3种。

(1) 长交路又称为常规交路，列车在线路的两个终点站间运行，到达线路终点站后折返，如图10-4所示。采用长交路方案行车组织简单、乘客无须换乘、不需要设置中间折返站。若线路各区段断面客流不均衡程度较大，则会产生部分区段列车运能的浪费。

(2) 短交路又称为衔接交路，是若干短交路的衔接组合，列车只在线路的某一区段内运行、在指定的中间站折返，如图10-5所示。采用短交路方案可提高断面客流较小区段的列车满载率，但跨区段出行的乘客需要换乘，并且需要设置中间折返站。短交路列车在中间站是双向折返，增加了折返作业的复杂性。

(3) 长短交路又称为混合交路，长短交路列车在线路的部分区段共线运行，长交路列车到达线路终点站后折返、短交路列车在指定的中间站单向折返，如图10-6所示。采用长短交路方案可提高长交路列车满载率、加快短交路列车周转，但部分乘坐长交路列车乘客的候车时间增加，需要设置中间折返站。

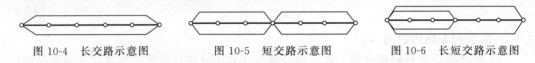

图 10-4　长交路示意图　　　图 10-5　短交路示意图　　　图 10-6　长短交路示意图

在线路各区段客流量不均衡程度较大的情况下，可以采用以长交路为主、短交路为辅的列车交路安排，组织列车在线路上按不同的密度行车。同样，当高峰期间客流在空间分布上比较均匀，而低谷期间客流在空间分布相差悬殊时，也可以在低谷时间采用长短交路列车运行方案，组织开行部分在中间站折返的短交路列车。

4. 车辆运用计划

1) 车辆运用分类

为完成乘客运送任务，轨道交通系统必须保有一定数量的车辆。车辆按运用上的区别，分为运用车、检修车和备用车三类。

(1) 运用车。运用车是为完成日常运输任务而配备的技术状态良好的车辆，运用车的需要数与高峰小时开行列车对数、列车旅行速度及在折返站停留时间各项因素有关，按下式计算：

$$N = \frac{n_{\text{高峰}} \theta_{\text{列}} m}{3600} \quad (10\text{-}9)$$

式中，N 为运用车辆数，辆；$n_{\text{高峰}}$ 为高峰小时开行列车数，对；$\theta_{\text{列}}$ 为列车周转时间，s；m 为列车编组辆数，辆。

列车周转时间是指列车在线路上往返一次所消耗的全部时间。它包括了列车在区间运行、列车在中间站停车供乘客乘降、列车在折返站进行折返作业的全过程。

(2) 检修车。检修车是指处于定期检修状态的车辆。车辆的定期检修是一项有计划的预防性维修制度。车辆经过一段时间的运用后，各部件会产生磨耗、变形或损坏，为保证车辆技术状态良好和延长使用寿命，需要定期对车辆进行检修。

车辆的定期检修分成月检、定修、架修和大修（又称厂修）等，也有安排双周检与双月检的情况。不同的检修级别有不同的检修周期，如表10-3所列。车辆检修级别和检修周期是根据车辆各部件使用寿命以及车辆运用环境等因素综合考虑确定的。通过对车辆的不同部件制定不同的技术标准、检修级别和检修周期,使车辆在经过不同级别的定期检修后,能在整个检修周期内保持良好的技术状态。

表 10-3 车辆检修级别、周期及停时

检修级别	运用时间	走行里程/km	检修停时
双周检	2 周	4000	4 h
双月检	2 月	20 000	2 d
定修	1 年	100 000	10 d
架修	5 年	500 000	25 d
大修	10 年	1 000 000	40 d

(3) 备用车。为了适应客流变化,确保完成临时紧急的运输任务,以及预防运用车发生故障,必须保有若干技术状态良好的备用车辆。备用车的数量一般控制在运用车数的 10% 左右。备用车原则上停放在线路两端终点站或车辆段内。

车辆总保有数＝运用车辆数＋检修车辆数＋备用车辆数

2) 车辆运用计划

车辆运用计划在列车运行图和车辆检修计划的基础上进行编制。车辆运用计划包括以下 4 个方面:

(1) 排定车辆出入段顺序和时间。在新列车运行图下达后,车辆段有关部门应根据列车运行图的要求,及时排定运用车辆的出段顺序、时间和担当车次、回段顺序、时间和返回方向。出段时间根据列车运行图关于列车在始发站出发时刻的规定确定,出段时间应分别明确乘务员出勤时间、客车车底出库和出段时间。回段时间和返回方向同样也根据列车运行图确定。

(2) 铺画车辆周转图。列车正线运行通常采用循环交路,根据列车运行图和车辆出段顺序,车辆运用计划以车辆周转图的形式规定了全日对应各出段顺序的车辆在线路上往返运行的交路、车辆在两端折返站到达和出发时间,以及车辆出入段时间和顺序,如图 10-7 所示。

(3) 确定对应各出段顺序的车辆(客车车底)。根据车辆的运用情况和技术状态,在每日傍晚具体规定次日车辆的出段顺序和担当交路。在具体规定车辆的运用时,应注意使各客车车底的走行里程数能在一定时期内大体均衡。

(4) 配备乘务员。为提高车辆利用效率和劳动生产率,轨道交通系统的乘务制度通常采用轮乘制。由于乘务员值乘的列车不固定,在编制车辆运用计划时,应对乘务员的出退勤时间、地点和值乘列车车次,以及工间休息和用餐等同步作出安排。在安排乘务员的工作时,应注意乘务员的连续工作时间不要超劳。

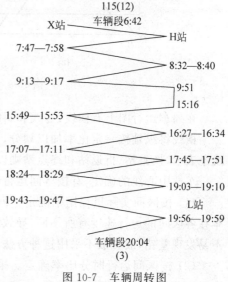

图 10-7 车辆周转图

10.1.3 列车运行图

1. 列车运行图图解

1) 列车运行图概念

列车运行图是列车运行的时间与空间关系的图解,它规定了各次列车占用区间的次序,列车在区间的运行时分,在车站的到达、出发或通过时刻,在车站的停站时间和在折返站的折返时间,以及列车交路和列车出入车辆段时刻等。

它能直观地显示列车在各区间运行及在各车站停车或通过的状态。列车运行图是列车运行组织的基础。

在运营企业内部,列车运行图不但规定了线路、车站、车辆等技术设备的运用,同时也规定了与列车运行有关各部门、各工种的工作要求。所有与列车运行有关的部门、工种均应根据列车运行图的要求,严格按照一定程序有条不紊地进行工作,因此,列车运行图是轨道交通运营组织的综合性计划。

经济、合理的列车运行图既要考虑城市轨道交通系统能提供的运营设备能力,又要在符合各时期、各时段线路客流量规律的前提下,使运能与运量达到最佳的组合,既方便乘客出行,又使得企业获得最佳经济效益。

2) 列车运行图图解方法

列车运行图有两种格式,一种是以横坐标表示时间,纵坐标表示距离,如图 10-8(a) 所示;另一种是以横坐标表示距离,纵坐标表示时间,如图 10-8(b) 所示。我国通常是采用第一种图解方式。

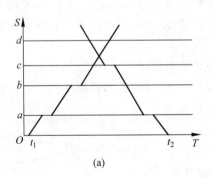
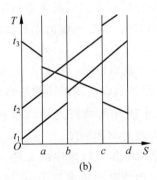

图 10-8 列车运行图的两种格式

在列车运行图上有横线、竖线和斜线 3 种线条,如图 10-9 所示。

横线将纵轴按一定比率加以划分,代表车站的中心线,通常中间站的车站中心线以较细线条表示,换乘站、折返站和终点站则以较粗线条表示。

车站中心线的确定,有按区间运行时分比率和按区间实际里程比率两种方法。

(1) 按区间实际里程比率确定。列车运行图上的站间距完全反映实际情况,但由于列车在各区间的运行速度有所不同,导致列车在整个区段的运行线是一条斜折线,既不整齐也不易发现差错,故一般不采用这种方法。

(2) 按区间运行时分比率确定。采用这种方法时,可以使列车在整个区段运行线基本上是一条斜直线,既整齐又美观,也容易发现列车在区间运行时分上的差错,故多被采用。

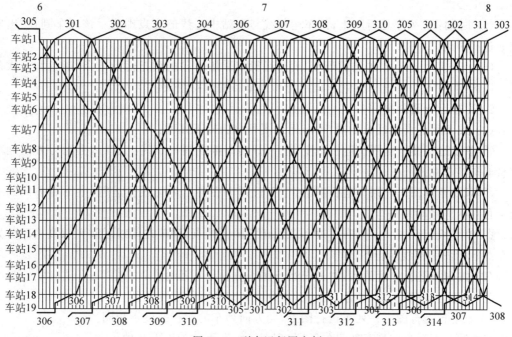

图 10-9 列车运行图实例

竖线将横轴按一定的时间单位进行等分,代表一昼夜的小时和分钟。根据竖线等分横轴的时间单位不同,列车运行图主要有以下 4 种格式:

(1) 一分格运行图,横轴以 1 min 为单位进行等分,是地铁、轻轨采用的列车运行图格式。

(2) 二分格运行图,横轴以 2 min 为单位进行等分,是市郊铁路编制新图时的列车运行图格式。

(3) 十分格运行图,横轴以 10 min 为单位进行等分,是市郊铁路日常使用的列车运行图格式。

(4) 小时格运行图,横轴以 1 h 为单位进行等分,是编制旅客列车方案图、机车周转图或客车周转图时采用的格式。

斜线是列车运行的轨迹,代表列车运行线。

在列车运行图上,下行列车的运行线由左上方向右下方倾斜,车次数为单数;上行列车的运行线由左下方向右上方倾斜,车次数为双数。

3) 列车运行图要素

(1) 横坐标:表示时间,用一定的比例进行时间划分,城市轨道交通列车运行图一般采用一分格或二分格。

(2) 纵坐标:表示距离分格,根据区间运行时分比率或区间实际里程比率,采用规定的比例,以车站中心线所在的位置进行距离定点。

(3) 垂直线:是一族平行的等分线,表示时间等分段,这些垂直线将横轴按一定的时间单位进行划分,代表一昼夜的小时和分钟。

(4) 水平线:是一族平行的不等分线,这些水平线将纵轴线按一定比例加以划分,代表车站的中心线。

(5) 时刻:在列车运行图上,列车运行线与车站中心线的交点即表示该列车到达、出发或通过的时刻。

(6) 车次:对于不同种类的列车,列车运行图采用不同的列车运行线条、颜色和车次范围加以区别,列车车次通常由列车识别符和列车目的地符组成。

2. 列车运行图分类

(1) 按区间正线数目的不同,列车运行图可分为以下几种:

① 单线运行图——列车运行图上,上下行列车都在同一正线上运行,上下行方向列车交会必须在车站进行。

② 双线运行图——列车运行图上,上下行列车在各自的正线上运行,上下行方向列车交会可在区间或车站进行。

③ 单双线运行图——兼有单线和双线运行图的特点,列车在单线区间和双线区间分别按单线运行图和双线运行图运行。

(2) 按列车运行速度的不同,列车运行图可分为以下几种:

① 平行运行图——列车运行图上,同方向列车的运行速度相同。

② 非平行运行图——列车运行图上,同方向列车的运行速度不相同。

(3) 按上下行方向列车数目的不同,列车运行图可分为以下几种:

① 成对运行图——列车运行图上,上下行方向的列车数目相等。

② 不成对运行图——列车运行图上,上下行方向的列车数目不相等。

(4) 按同方向列车运行方式的不同,列车运行图可分以下几种:

① 连发运行图——列车运行图上,同方向列车的运行以站间区间为间隔,采用连发运行图时,在连发的一组列车之间不铺画对向列车。

② 追踪运行图——列车运行图上,同方向列车的运行以闭塞分区或制动距离加上安全防护距离为间隔,即在一个区间内允许有一列以上同方向列车运行。采用追踪运行图必须是安装自动闭塞设备的线路。

3. 列车运行图编制

在新线投入运营,既有线技术设备、客运量或行车组织方法发生较大变化时,均需要进行列车运行图的重新编制。

1) 编制原则

(1) 在保证安全可靠的条件下,提高列车的行车速度,缩短列车运行时间。列车行车速度是城市轨道交通系统的主要优势,在安全得到保证的前提下,通过提高列车行车速度,可提高系统的运行效率、竞争力和服务水平。

(2) 尽量方便乘客。根据客流变化的规律,尽量考虑在满足运行技术要求的前提下选择较小的列车发车间隔,以减少乘客的候车时间。在安排低谷时段的列车运行时,最大的列车运行间隔不宜过大,以保持一定的服务水平。

(3) 充分利用线路的能力和车辆的能力。

(4) 在保证运量需求的条件下,尽量降低运营车数。可通过综合考虑高峰时段列车运行速度、折返作业时间、列车开行方式等要素,使上线列车数量达到最少,降低车辆保有量和运营成本。

2）编制步骤

列车运行图的编制由运营管理部门负责组织，大体经历研究讨论、编制方案、铺画详图和计算指标 4 个阶段。

（1）按编图要求与编图目标确定编图注意事项。
（2）收集编图资料，对有关问题组织调查研究和试验。
（3）总结分析现行列车运行图的完成情况和存在问题，提出改进意见。
（4）根据线路客流变化特点确定全日行车计划。
（5）根据现有设备条件计算所需运用列车数量。
（6）确定运行图所需的各种基础数据。
（7）确定列车交路计划，并铺画列车运行图方案。
（8）征求调度、车站、车辆部门对列车运行方案的意见，并进行必要的调整。
（9）根据列车运行方案铺画详细的列车运行图，编制列车时刻表。
（10）对列车运行图的编制质量进行全面的检查，并计算列车运行图指标。
（11）将编制完毕的列车运行图、列车时刻表与编制说明等报有关部门审核批准。

3）指标计算

列车运行图编制完毕后，应对其质量进行检查，主要检查内容有：

（1）开行列车数、折返列车数及列车折返站是否符合要求；
（2）列车运行线的铺画是否符合规定的各项时间标准；
（3）停在折返站上的列车数是否超过该站的站线数；
（4）停在越行站上的列车数是否超过该站的侧线数；
（5）换乘站的列车到发是否均衡；
（6）乘务员的作息时间是否符合规定。

在确认列车运行图符合各项要求后，计算列车运行图指标。为了评价新编列车运行图的质量，应将新图的各项指标与现图的各项指标进行比较，分析各项指标提高或降低的原因。列车运行图主要指标有开行列车数、折返列车数、行车间隔、首末班车列车始发站发车时刻、客运列车技术速度、客运列车行车速度（运送速度）、输送能力、高峰小时运用车组数、列车周转时间、车辆总走行里程、车辆日均走行里程、运能利用率等。

4）实行新图前的准备工作

为保证新图能够正确和顺利的实行，必须在实行新图前做好下列准备工作：

（1）发布实行新图的命令；
（2）印刷并分发列车运行图和列车时刻表；
（3）拟定执行新图的技术组织措施；
（4）做好车辆和乘务员的调配工作；
（5）组织有关人员学习新图，了解与熟悉新图的规定与要求。

在铺画好列车运行图后，应编制列车时刻表。各车站接到列车时刻表后，应在实施新的列车运行图之前，将首、末班车时刻以及相应的行车间隔对外通告。

10.1.4　列车运行组织

1. 行车闭塞法

为保证列车运行的安全，在组织列车运行时，通过设备或人工控制，使连续发出列车保持一定间隔距离安全行车的办法,称为行车闭塞法。

保持列车间隔距离的方法有两大类:

一类是空间间隔法,按一定的空间间隔开行列车,即在区间、闭塞分区或轨道电路区段内没有列车的时候,才准许驶入列车;或是前后行列车间必须保持一个列车制动距离加上安全防护距离。

另一类是时间间隔法,按一定的时间间隔开行列车,即第一列列车发出后,需经过一定的时间才发出下一列车。由于按时间间隔法行车,不易严格保持前后行列车间的安全间隔,如果进路办理疏忽或司机操纵不当,容易发生尾追事故。

因此,正常情况下,轨道交通采用空间间隔法行车。只是在特殊情况下,如一切电话中断时才准许采用时间间隔法,并且要有安全保证措施。

按空间间隔法行车时,行车闭塞法有基本闭塞法和代用闭塞法两类。

基本闭塞法是指使用基本闭塞设备时采用的行车闭塞法。在自动闭塞设备线路上,基本闭塞法是连续发出列车以闭塞分区、轨道电路区段,或者以列车制动距离加上安全防护距离作为安全间隔运行。在非自动闭塞设备上线路,基本闭塞法是连续发出列车以站间区间作为安全间隔运行。

代用闭塞法是指基本闭塞设备因故不能使用时临时采用的行车闭塞法,电话闭塞法是常用的代用闭塞法。

轨道交通采用的基本闭塞设备主要是自动闭塞设备。按信号显示制式,自动闭塞信号系统有三显示带防护区段和四显示两种,如图10-10和图10-11所示。

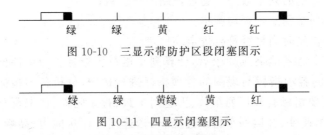

图 10-10　三显示带防护区段闭塞图示

图 10-11　四显示闭塞图示

按区间线路是否划分固定的闭塞分区或轨道电路区段,自动闭塞信号系统有固定闭塞和移动闭塞两种。

固定闭塞将区间线路划分为若干个闭塞分区或轨道电路区段,列车间隔为若干个闭塞分区或轨道电路区段,列车制动的起点和终点总是在分界点位置,最小列车间隔时间约为120 s。

移动闭塞没有固定划分的闭塞分区或轨道电路区段,列车间隔按后行列车制动距离加上安全防护距离控制,列车间隔是动态的、随着前行列车移动而移动,列车制动的起点和终点均无分界点位置限制,最小列车间隔时间约为80 s。

2. 列车自动控制系统

传统的信号系统以地面信号显示为依据,驾驶员按行车规则操纵列车运行。目前,世界各国的城市轨道交通信号系统大都采用列车自动控制系统(ATC)。列车自动控制系统包括列车自动防护子系统(ATP)、列车自动驾驶子系统(ATO)和列车自动监控子系统(ATS) 3个子系统(图10-12)。

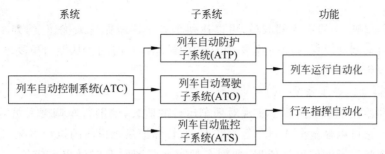

图 10-12　ATC 系统组成与功能

1) 列车自动防护子系统(ATP)

列车自动防护子系统主要用于对列车驾驶进行防护,对与安全有关的设备或系统实行监控,实现列车间隔保护、超速防护等功能。ATP 的工作原理是:将信息不断从地面传至车上,从而得到列车当前容许的安全速度,据此来对列车实现速度监督及管理。

城市轨道交通的一个显著特点是列车间隔时间短,目前在大城市修建的地铁与轻轨,往往都提出 2 min(甚至 90 s)的列车间隔要求。在如此短的列车间隔条件下,作为确保行车安全的信号系统已不能以地面信号显示作为控制行车速度的主要依据,而必须有一个高度可靠、连续不断地实现速度显示和速度监督、防护的系统。ATP 子系统在城市轨道交通中承担着确保行车安全的重要职责,是 ATC 系统中最关键的一环。在评价 ATP 子系统时,总是把可靠性和安全性放在首位。

ATP 系统具有以下功能:

(1) 停车点防护。ATP 子系统计算得出的紧急制动曲线即以停车点为基础,保证列车不超越停车点。

(2) 速度监督与超速防护。ATP 子系统始终严密监视线路各处的速度限制不被超越,一旦超过,先做警告,而后启动紧急制动,并做记录。

(3) 列车间隔控制。又称为移动闭塞,是一种既能保证行车安全,又能提高运行效率的信号概念。

(4) 测速与测距。ATP 子系统利用装在轮轴上的测速传感器来测量列车的即时速度,并在驾驶室内显示出来。ATP 子系统的列车定位是以轨道电路为基础的,而在轨道电路内的运行距离测量则可依赖于所记录的车轮转数及预知的车轮直径加以转换。

(5) 车门控制。对车门开闭的安全条件进行严格的监督。

(6) 其他功能。如紧急停车功能、给出发车命令、列车倒退控制等。

2) 列车自动驾驶子系统(ATO)

列车自动驾驶子系统主要用于实现"地对车控制",即用地面信息实现对列车驱动、制动的控制。由于使用 ATO,列车可以经常处于最佳运行状态,避免了不必要的、过于剧烈的加速和减速,因此可显著提高乘客舒适度,提高列车准点率及降低轮轨磨损。

ATO 的优点是可缩短列车间隔,提高线路的利用率和行车的安全性和可靠性。ATO 子系统的功能包括:控制列车在允许速度下运行,并自动调整列车的速度,列车在区间或站外停车后;一旦信号开放,即可自动启动;系统控制列车到达站台的最佳制动,使列车停于预定目标点;停站结束后,保证车门关闭后,列车能自动启动;当列车到达折返站时,自动准备折返。

列车自动驾驶,不管有无驾驶员,可以让列车更紧密地保持最优速度,列车最终进站时在较晚时间启动制动以保持较高效率,如较少的站间运行时间。从能力角度来看,可以减少进站启停过程所需时间。

3) 列车自动监控子系统(ATS)

列车自动监控子系统主要是实现对列车运行的监督,辅助行车调度人员对全线列车运行进行管理。它可以显示全线列车运行状态,监督和记录运行图的执行情况,为行车调度人员的调度指挥和运行调整提供依据,如列车偏离运行图时及时做出反应等;通过 ATO 接口,ATS 还可以向乘客提供运行信息通报,包括列车到达、出发时间,列车运行方向,中途停靠点信息等。

ATS 子系统具有以下功能:

(1) 列车时刻表(列车运行图)的编辑、修改,如由基本时刻表或计划时刻表生成使用时刻表。

(2) 自动或人工控制车站的发车表示器、道岔,排列列车进路。

(3) 实时显示车站发车表示器、道岔的状态和进路占用情况,自动跟踪列车运行与列车车次号。

(4) 自动或人工进行列车运行调整。

(5) 站台列车到达信息显示。

(6) 绘制实绩列车运行图和生成运营统计报告。

(7) 离线模拟或复示列车的在线运行,用于系统的调试、演示和人员培训。

3. 行车指挥方式

根据采用的调度指挥设备类型,轨道交通行车指挥的方式主要有行车指挥自动化、调度集中、调度监督和电话指挥 4 种。

行车指挥自动化是 20 世纪 80 年代发展起来的先进的行车指挥方式。调度集中是 20 世纪 80 年代以前普遍采用的行车指挥方式。

在新线建成投入运营,但 ATC 系统尚未安装或调试完毕的过渡期,采用区间闭塞设备实行调度监督是经实践检验比较经济实用的行车指挥方式。

1) 行车指挥自动化

采用列车自动监控(ATS)子系统的轨道交通线路,行车指挥实行自动化控制。ATS 子系统由控制中心 ATS 设备、车站 ATS 设备等组成。

控制中心 ATS 是一个实时控制系统,由运行监控和数据传输计算机、系统控制台、工作站、显示盘、数据传输设备、列车运行记录仪等组成。

车站 ATS 设备由数据传输设备、联锁设备、站台发车时间表示器和乘客信息显示系统等组成。

2) 调度集中

采用调度集中设备的轨道交通线路,行车指挥实行调度集中控制。调度集中设备是指挥列车运行的一种远程遥控设备,由控制中心的调度集中总机、进路控制终端、显示盘和列车运行记录仪、闭塞设备、调度集中分机和数据传输设备以及联锁设备等组成。

调度集中的主要功能如下:

(1) 行车调度员可直接控制车站的信号机、道岔,排列列车进路。
(2) 控制中心能实时显示车站信号机、道岔的状态、进路占用情况、列车车次和列车运行状态等。
(3) 绘制实绩列车运行图和生成运营统计报告。

3) 调度监督

采用调度监督设备的轨道交通线路,行车指挥实行调度监督控制。调度监督设备是指挥列车运行的一种远程监控设备,由控制中心的调度监督设备、显示盘、闭塞设备、车站终端和数据传输设备以及联锁设备等组成。调度监督与调度集中的区别是只能监督、间接控制,不能直接控制。

调度监督的主要功能如下:
(1) 控制中心能实时显示车站信号机、道岔的状态、进路占用情况、列车车次和列车运行状态等。
(2) 打印实绩列车时刻表和生成运营统计报告。

4) 电话指挥

当 ATC 系统必须停止使用时,就只能使用电话调度指挥。

电话调度指挥方式是以调度电话作为主要通信工具。调度员通过调度电话呼叫区段内任意一个车站的值班员或者同时呼叫所有的值班员,下达列车运行计划和调度命令,车站值班员也利用调度电话呼叫调度员报告列车到、发和通过车站的时间(报点)及其他有关事宜。

电话调度方式是全人工调度方式,费时费事,调度员的劳动强度大。电话收点不及时和调度人员过度劳累可能造成调度不当,影响行车安全和运输效率。

4. 行车组织指挥层次

轨道交通行车组织实行集中领导、单一指挥,行车组织指挥层次如图10-13所示。

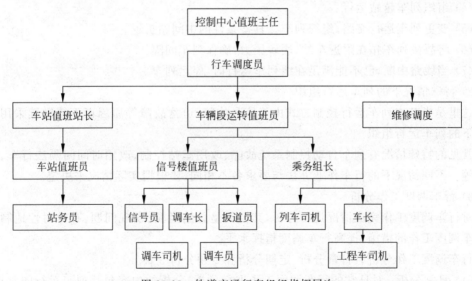

图 10-13　轨道交通行车组织指挥层次

控制中心(OCC)是城市轨道交通企业的运营生产指挥部门,负责所辖各条轨道交通线路行车、电力、消防环控及票务等的运行调度和突发事件处理等工作。控制中心代表运营公司总经理领导、指挥日常运营工作。

控制中心实行分工管理的原则,按业务性质划分,设置不同的调度工种。在控制中心,通常设有行车调度、客运调度、电力调度、环控调度和设备调度等调度工种。其中,行车调度是城市轨道交通系统的核心,其工作好坏直接影响乘客运输任务的完成。

值班主任是调度班组长,负责领导、指挥和协调本班的运营工作。

行车调度员是列车运行的组织、领导和指挥者,所有与列车运行有关的作业人员都必须服从行车调度员指挥、执行行车调度员命令,行车调度员应严格按图指挥行车。

在车站,行车组织工作由值班站长领导、车站值班员指挥;在车辆段,行车组织工作由运转值班员领导,调车进路和列车进路办理由信号楼值班员指挥,调车作业由调车长指挥。

列车在区间时,客运列车由司机指挥,施工列车由车长指挥;列车在车站时,接受行车调度员或车站值班员指挥;行车设备在运营时间内发生故障时,由行车调度员通知维修调度组织抢修。

5. 行车调度组织

1) 正常情况下的列车运行组织

为实现按图行车,行车调度员要努力确保列车正点运行,行车调度员应在列车出场、列车折返方式和客流组织等方面进行组织,确保列车正点始发。

由于途中运缓、设备故障等原因,会造成列车运行晚点,此时,行车调度员应根据列车运行点和行车安全的原则,尽快使晚点列车恢复正点运行。

列车运行调整的方法有:

(1) 始发列车提前或者推迟出发列车。

(2) 在允许范围内,改变列车速度,恢复正点。

(3) 组织车站快速乘降作业,压缩停站时间。

(4) 组织列车越站运行。

(5) 变更列车运行交路,组织列车在具备条件的中间站折返。

(6) 将故障列车扣在附近车站,缓解压力,确保列车间隔。

(7) 当线路中断,已不能满足在线列车运行时,停运列车。

2) 特殊情况下的列车运行组织

这里是指基本列车运行控制方式由于信号故障、道岔故障等原因而不能继续采用时的情况下的列车运行组织。

常见的特殊情况有列车自动控制系统故障、改用车站控制、改用时间间隔法行车、夜间施工等。不同情况下的行车作业办法与要求各不相同,要根据实际情况来决定。

3) 行车调度工作分析

对行车调度工作完成情况进行分析,其目的是总结经验、发现问题,有针对性地制定加强行车调度工作的措施,提高行车调度指挥水平。

行车调度工作分析有日常分析、定期分析和专题分析3种。

(1) 日常分析:对日常的行车调度工作进行分析,分析的内容包括列车运行图兑现率、车辆运用情况、列车晚点原因、列车运行调整、调度命令发布和安全生产情况等。

(2) 定期分析:在日常分析的基础上,对一定时期的运输生产和运营指标完成情况等进行比较全面的分析,包括旬分析和月分析。分析的重点是计划与指标完成情况、安全生产情况、客流变动规律以及行车调度指挥质量。

(3) 专题分析：不定期进行，分析的内容是与列车运行有关的某些重要问题，包括列车正点率下降、正线行车中断 30 min、节假日客流特征等。

10.1.5 车站客运组织

1. 客运作业

1) 客运服务流程

城市轨道交通客运组织流程根据乘客"购票、检票、候车、乘车、验票、离站或换乘"等车站活动，可以分解为如图 10-14 所示具体作业流程。

图 10-14 客运作业流程

2) 客运作业内容

(1) 进站

乘客需求：

① 车站位置合理，方便到达；

② 到城市轨道交通车站的走行距离短；

③ 城市轨道交通出入口容易找到；

④ 城市轨道交通引导系统指示明确。

设施设置原则：

① 出入口以最大限度吸引客流为准则；

② 出入口与公交车站换乘方便；

③ 城市轨道交通标志醒目，指示牌设置合理。

(2) 问询处的设置

乘客需求：

① 位置合理、醒目；

② 引导指示明确，标志醒目；

③ 规模结合乘客特点；

④ 询问人流不干扰其他人流。

设施及服务要求：

① 询问处服务窗口的多少、等候面积；

② 需根据不同车站的乘客特点，设计不同询问处的形式；

③ 服务人员要服饰整洁、热情周到、礼貌待客、服务规范。

(3) 购票

乘客需求：

① 非付费区设有售票机、票务亭；

② 位置合理，处于进站的流线上；

③ 引导指示明确,标志醒目;
④ 最好设有零钞兑换机;
⑤ 售票机、人工售票工作台数量合理,购票等候时间不长。
设施的设置:
① 售票机、票务室设置的数量;
② 根据不同车站的乘客组成特点及乘客舒适的购票时限而设计所需的空间,设计前需分析乘客组成特点。

(4) 检票
乘客需求:
① 迅速找到闸机;
② 能快速通过闸机。
对设施的要求:
① 位置醒目,指示明确;
② 闸机的通过能力与客流量相匹配;
③ 闸机数目、进出的配置需根据不同车站的乘客组成特点。

(5) 候车
乘客需求:
① 方便到达站台,舒适候车;
② 清楚明了现在所处的位置及需搭乘列车的方向和车次。
对设施的要求:
① 站台应设有明显的候车安全线。广播提示乘客在列车未进站停稳、车门未完全打开之前,不要越过安全线,以防发生意外。
② 采用广播系统预报。车站通过广播为乘客预报下次进站列车的方向。
③ 安装屏蔽门。屏蔽门可为乘客提供一个舒适的候车环境,又能保障乘客在站台的候车安全。
④ 舒适的候车环境。空间宽阔、压抑感少,灯光照明配置合理,减少噪声干扰,空调气流组织舒适;引导指示系统醒目清楚;广告位置合理,不干扰引导指示系统。

(6) 列车运行
乘客需求:
① 列车运行平稳;
② 车内整洁舒适;
③ 能随时了解列车的运行情况。
客车要求:
① 客车外部运行方向标示明显;
② 客车内要有列车运行路线图展示,并标示站名;
③ 客车内要有与该线路相交叉的轨道交通网图及相交线路的运行时刻;
④ 客车上的管制标语(如禁止吸烟等)标示清楚;
⑤ 客车符合运行标准,车内灯光配置合理,座位舒适;
⑥ 客车广播信息及时、准确。

(7) 验票

乘客需求：乘客乘坐轨道交通到站后，下车持票到闸机，验票出闸。

对设施的要求：出站闸机的设置应与乘客行走路线一致，并反映乘客的需求。

(8) 补票

乘客需求：乘客补票过程要求手续简单。

对设施的需求：

① 补票厅在付费区内设置；

② 引导指示明确、容易找到；

③ 车票损坏或补车资等情况，在票务室等候时间短。

(9) 出站

乘客需求：

① 方便出入；

② 方便到达目的地。

对设施的要求：

① 车站在不同街区有出入口，出入口兼作过街隧道或天桥；

② 出入口靠近公交车站；

③ 出入口设在人流主要活动区。

(10) 换乘

乘客需求：

① 换乘距离短、快捷；

② 换乘方向明确；

③ 通道照明适度、环境舒适；

④ 地下通道通风良好。

对设置的要求：

① 换乘通道短、直接；

② 引导指示清晰、明了。

3) 客运作业基本要求

车站客运作业包括售票作业、检票作业和站台服务等。车站是轨道交通对乘客服务的窗口，车站客运作业直接面对乘客，客运作业服务的质量，既反映了轨道交通的乘客服务水平，也反映了轨道交通的运营管理水平，关系到市民对轨道交通的满意度。对车站客运作业的基本要求为：

(1) 站容整洁。车站内外应门窗完整、明净；各种设备的设施摆放整齐、有序；站台、站厅、通道及出入口的墙壁光洁，地面无痰迹和废物；厕所清洁卫生。

(2) 导向标识齐全。车站外应有车站出入口、站名等导向标识；车站内应有到达出入口、售票处、检票口、站台和紧急出口等导向标识；站台上应有站名、列车运行方向等导向标识。此外，还应有示警性和服务性导向标识，如指引乘客换乘其他轨道交通线路或常规公交线路的导向标识等。

(3) 优质服务。客运作业人员应遵守职业道德，文明礼貌、规范地为乘客提供服务，对老弱病残孕乘客应重点照顾；耐心、正确地回答乘客提出的询问，帮助乘客解决疑难问题；

经常征询乘客的意见,及时改进工作,提高客运服务水平。

(4) 遵章守纪。客运作业人员应认真执行客运规章制度,服从命令、听从指挥。执行职务时,客运人员要仪表整洁、按规定着装并佩戴标志。

(5) 掌握客流规律。分析客流统计资料,掌握车站客流在时间、空间上的分布与变动,对可能出现的大客流应有预见性。

(6) 搞好联劳协作。客运作业人员与车站值班员、列车司机、公安人员等有关工种作业人员加强联系,密切配合,协同工作,确保列车按图运行,保证行车安全与乘客安全。

2. 站台服务作业

站台服务员作业的主要内容是接送列车、组织乘降和站台管理。

(1) 接送列车。在接送列车时,应精神饱满、思想集中,站在指定位置面向列车,目迎目送,注意列车运行状态。遇有危及行车安全和乘客安全的险情,应立即采取有效措施并及时向车站值班员报告。

在列车到发过程中,提醒乘客在安全线内候车、上车时注意安全,维持站台上的候车秩序。

(2) 组织乘降。列车到达前,应组织乘客尽可能在站台上均匀分布候车,以缩短列车停站时间。列车到达后,提醒乘客先下后上。对通过列车,应及时广播通知候车乘客。列车到达终点站后,要及时做好清客工作,严禁列车带客进入折返线或车辆段。因特殊原因需在中间站清客时,应耐心做好解释工作,迅速清客。

(3) 站台管理。加强站台巡视,防止乘客跳下站台或进入隧道。注意候车乘客动态及其携带物品,发现异常、可疑情况,或闲杂人员在站台上长时间停留,应及时与有关人员取得联系,进行处理。与列车司机密切配合,防止车门夹人、夹物,或车门未关闭、列车启动等现象,保证乘客安全。遇发生伤亡事故,应保护现场,疏导乘客,做好取证,并协助清理现场。

3. 乘客投诉处理

乘客投诉是指乘客对轨道交通运营服务质量提出不满意见,涉及规范服务、乘车环境、票款差错和列车运行等方面。按责任承担,投诉分为有责投诉和无责投诉。在有责投诉中,按事件的严重程度,投诉分为一般有责投诉和严重有责投诉。

严重有责投诉是指乘客通过各种途径对轨道交通运营服务质量进行投诉,经查实确为轨道交通方责任,并且事件的情节与后果严重,给社会造成较大的不良影响。

轨道交通应制订乘客投诉处理规定。对乘客投诉,应认真受理。车站在接到投诉(通知)后,应及时进行调查,并将调查核实情况报告主管部门。对一般投诉,原则上应在3日内处理完毕。处理投诉时应做到态度诚恳、用语文明、依章解释,并且追访乘客对投诉处理是否满意。

4. 考核指标与质量评价

1) 考核指标

根据运营统计数据,可采用下面6个指标对车站客运作业效率和客运服务水平进行考核。

(1) 车站客运量。报告期内车站运送(包括换乘)的乘客人数。

(2) 人均客运量。报告期内客运人员人均完成的客运量,计算公式为

$$人均客运量 = \frac{车站客运量}{车站客运人员}$$

(3) 售票差错率。报告期内票款差错额与票款总额之比,计算公式为

$$售票差错率 = \frac{票款差错额}{票款总额} \times 100\%$$

(4) 乘客投诉表扬率。报告期内乘客表扬件数与有责乘客投诉件数之比,计算公式为

$$乘客投诉表扬率 = \frac{乘客表扬件数}{有责乘客投诉件数} \times 100\%$$

(5) 乘客投诉处理率。报告期内已处理的有责乘客投诉件数与有责乘客投诉件数之比,计算公式为

$$乘客投诉处理率 = \frac{已处理有责乘客投诉件数}{有责乘客投诉件数} \times 100\%$$

(6) 自动扶梯停用率。报告期内自动扶梯停用时间与营业时间总和之比,计算公式为

$$自动扶梯停用率 = \frac{自动扶梯停用时间}{营业时间总和} \times 100\%$$

2) 质量评价

车站客运服务质量可用便捷性、舒适性和安全性等指标来评价。

(1) 便捷性。主要是反映乘客在车站内所需时间和方便程度。对便捷性的评价可以考虑采用导向标志设置、售检票作业、列车信息提供、换乘时间等指标。

(2) 舒适性。主要是反映乘客对车站及候车环境的总体感知。对舒适性的评价可以考虑采用卫生、温度、湿度、新风量、照明、自动扶梯使用、高峰小时拥挤程度、无障碍化、服务态度、有责投诉及其处理等指标。

(3) 安全性。主要是反映乘客在车站内免除危险的程度。对安全性的评价可以考虑采用候车秩序、站台安全、乘客疏导、应急救援措施等指标。

10.1.6 票务管理

1. 售检票方式

按是否设置检票口,车站售检票有开放式售检票和封闭式售检票两种方式。按是否采用自动售检票设备,封闭式售检票又有人工售检票和自动售检票两种方式。

1) 开放式售检票

开放式售检票是指车站不设检票口,乘客在上车前或在列车上付费,车上有随机查票,并进行补票与罚款的售检票方式。这种售检票方式一般为客流量较小的轨道交通线路采用,要求国民素质相对较高,并且通常都有政府的财政补贴。实践中,采用这种售票方式的轨道交通线路还是存在车费收入流失现象。

2) 封闭式售检票

封闭式售检票是指车站设检票口,乘客进出收费区进行检票并完成收费的售检票方式。这种售检票方式能减少或杜绝无票乘车现象,减少或避免车费收入的流失。封闭式售检票又有传统的人工售检票和先进的自动售检票两种方式。

(1) 人工售检票。人工售检票速度慢,存在漏检现象,并且需要配备较多的票务人员。人工售检票方式又分为进站检票、出站检票和进出站均检票三种情形。进站检票和出站检

票适用于单一票价的轨道交通线路。进站检票是指乘客进入收费区时进行检票,出站时不再检票。出站检票是指乘客无须检票自由上车,但出站时进行检票。由于出站客流到达检票口相对集中,出站检票的作业组织难度较大。进出站均检票适用于实行计程票制的轨道交通线路,乘客进出收费区均进行检票,这种售检票方式运营成本较高。

(2) 自动售检票。自动售检票实行全封闭的计程、计时收费,乘客进出收费区均需通过检票机检票后方能通行,可实现售票、检票、收费和运营统计的自动化。自动售检票(AFC)系统的应用,是自动售检票方式取代人工售检票方式的基础。运营实践表明,轨道交通采用AFC 系统具有下列优点:

① 便于推行计程、计时等多种票制,使乘车收费更趋合理,有助于吸引短途客流。
② 高效的 AFC 设备,为乘客提供方便快捷的售检票服务,有助于提高服务水平。
③ 能及时、准确、自动地统计票务、收入和客流数据,有助于提高运营组织水平。
④ 能杜绝无票乘车、越站乘车或超时乘车,减少票务和其他相关人员,有助于确保收入、降低成本。
⑤ 为推行城市公共交通的一卡通和建立智能卡收费管理系统提供了基础。

2. AFC 系统组成与功能

AFC 系统在轨道交通的应用可以追溯到 20 世纪七八十年代,如巴黎地铁在 20 多年前就采用了当时相当先进的磁卡 AFC 系统,东京营团地铁在 1988 年 4 月开始应用磁卡 AFC 系统。随着 IC 卡的出现及 IC 卡技术的发展,一些地铁在 20 世纪 90 年代先后采用磁卡(单程票)与 IC 卡(储值票)兼容的 AFC 的系统。

AFC 系统在我国的发展已有 20 多年历史,上海地铁在 20 世纪 80 年代末率先开始采用 AFC 系统的研究。在 90 年代中期,磁卡 AFC 系统技术已相当成熟,而 IC 卡技术在城市交通收费方面的应用刚刚开始,上海轨道交通 1 号线最初采用的是磁卡与 IC 卡兼容的 AFC 的系统,广州地铁 1 号线最初采用的是预留 IC 卡功能的磁卡 AFC 的系统。近年来,IC 卡技术在轨道交通 AFC 系统的应用规模迅速扩大。

AFC 系统由中央计算机系统、车站计算机系统、车站 AFC 设备和票卡 4 个层次组成,如图 10-15 所示。

中央计算机系统,包括小型机系统、数据库系统、监控工作站、数据传输设备、票卡编码及初始化设备等,其基本功能如下:

(1) 将运营模式、票价表等系统控制与执行参数和黑名单信息等下达给车站计算机系统。

(2) 接收来自车站计算机系统的票务、客流和维修信息,建立 AFC 数据库;分析 AFC 数据并生成各类运营报表。

(3) 实时监控车站 AFC 设备,接受及处理外界侵犯或紧急报警。

(4) 对新车票进行编码等初始化处理,以及自动分拣各类车票、剔除废票等。

(5) 与其他票务清算系统连接,进行数据交换和实现数据共享。

车站计算机系统,包括车站计算机、监控工作站、数据传输设备等,其基本功能如下:

(1) 将来自中央计算机的系统控制与执行参数、黑名单信息等下载给车站的各台 AFC 设备。

(2) 定时收集 AFC 设备的状态信息和运营数据,并经过处理后发送给中央计算机

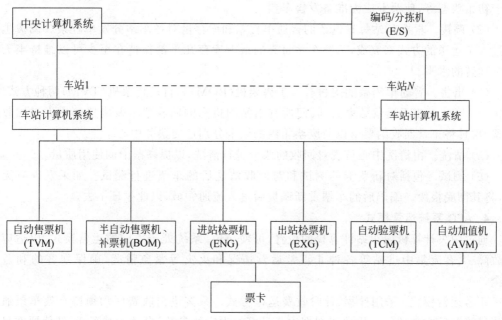

图 10-15 AFC 系统组成

系统。

(3) 实时监控车站 AFC 设备的运行状态。

(4) 紧急情况下,可由车站计算机发出指令或通过紧急开启装置,使检票机处于自由通行状态,便于乘客快速疏散。

车站 AFC 设备,包括检票机、自动售票机、半自动售票机、自动验票机和自动加值机等,是系统直接面向乘客、提供服务功能的前端设备。

票卡是指乘客用以作为乘车凭证和付费手段的介质。

3. 车票管理

车票有 7 种基本类型,即单程票、储值票、员工卡、测试卡、出站票、多程车票、纪念票。

按车票的介质来分,城市轨道交通系统使用的有两种:磁卡车票和非接触式智能卡车票(CSC)。随着收费系统的不断完善,非接触式智能储值卡已发展为具有电子自动转账充值特点的多功能票卡。

图 10-16 给出了票卡在轨道交通系统内的流程。

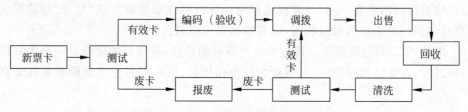

图 10-16 票卡在轨道交通系统内的流程

(1) 票卡的编码(验收)。票务中心的编码分拣机能对制作商提供的每批新卡进行编码,并完成对票卡质量和数量的验收工作。编码后,票卡上赋有车票类型、出售日期、卡号、票卡初始状态等,使票卡成为准备发售车票。

(2) 调拨。根据车站每日返还的普通单程票和库存量对各车站分发单程票。调拨主要通过人工运送的方式来完成,每座车站每天的票卡库存几乎都保持在至少可以维持半天的正常运转的水平。

(3) 出售。普通单程票的出售有人工售票机(BOM)和自动售票机(TVM)两种方式。

(4) 回收。当天运营结束后,收回所有出站闸机内的回收票卡及废票箱中人工回收的车票,次日将正常回收的票卡以及废票箱内的票卡分别送交票务中心。

(5) 清洗。由清洗中心负责对回收的票卡进行清洗,以提高票卡的使用质量。

(6) 测试。包括对新票卡的测试和对回收清洗后的车票进行测试。如果发现有无效的,将其彻底报废。编码后的车票重新调拨后进入流通领域,以此循环下去。

4. AFC 系统运营模式

通过中央计算机或车站计算机的设置,可使 AFC 系统处于不同的运营模式,以适应列车故障、大客流集中进站等各种非正常运营情况和火灾等紧急情况,确保乘客的利益或安全。

正常运营模式:采用计程、计时收费运营方式。乘客进出收费区均须持有效车票通过检票机检票后方能通行。检票机根据中央计算机设定的参数,自动扣减车资,储值票在显示余额后返回给乘客,单程票则进行回收。如车资不足或超过时间,乘客需补票。

特殊运营模式,主要有下列几种:

(1) 列车故障时的运营模式。当列车故障时,部分车站可能处于停运状态,此时通过中央计算机或车站计算机的设置,允许已进入收费区的乘客和从故障列车上下来的乘客不收费通过出站检票机。单程票将不回收,乘客可在一段时间内(一般为 7 天)继续使用。如果乘客不准备继续使用,也可退票。

(2) 超时、超程忽略的运营模式。由于站台拥挤、列车故障和发生事故等原因,使列车跳站停车或运行时间延长,中央计算机或车站计算机可将有关车站设置为"超时忽略"或"超程忽略"运营模式,对乘客车资不足或超过时间不再补票。

(3) 大客流集中进站时的运营模式。在大客流集中进站、而进站检票机能力不足时,车站可发售"应急票",乘客持"应急票"不通过进站检票机进站,此时中央计算机或车站计算机将其他车站设置为"进站检票忽略"运营模式,允许持"应急票"的乘客通过出站检票机正常出站。

(4) 紧急情况下的运营模式。当车站发生火灾、爆炸等危及乘客人身安全的情况时,为及时疏散收费区内的乘客,中央计算机或车站计算机将该车站设置成"紧急"运营模式。此时,检票机的闸门处于自由通过状态,乘客能尽快地撤离。

(5) 高峰/非高峰运营模式。通过中央计算机的设置,将每日的运营时间分为高峰时段和非高峰时段,在非高峰时段内,对票价实行折扣优惠,以吸引客流或鼓励乘客在非高峰时段乘车。

10.1.7 轨道交通运营管理规章简介

1. 行车组织规则

简称《行规》,根据采用的行车技术设备类型和各项行车作业的要求等制定。《行规》是轨道交通行车组织和运营管理的基本法规。所有与列车运行有关的部门都不得违反《行规》的规定,各部门制定的有关行车工作的规则、细则和办法等都必须符合《行规》的规定,轨道交通员工对《行规》必须认真学习、严格执行。

《行规》的主要内容有:行车技术设备、行车组织基本要求、行车闭塞法、列车运行组织规定、调车作业组织规定、检修施工及施工列车开行、行车调度工作规则、附录等。

2. 行车调度工作规则

简称《调规》,根据《行规》的原则和要求,结合控制中心设备与作业的具体情况等编制。

《调规》的主要内容有:控制中心生产组织系统、各调度工种职责与要求、调度工作制度、调度指挥设备、日常调度指挥工作、列车运行调整、调度命令发布、中央控制操作、检修施工作业的受理与组织、调度工作图表、运营指标统计和调度工作分析等。

3. 车站行车工作细则

简称《站细》,根据《行规》的原则和要求,结合车站设备与作业的具体情况等编制。

《站细》的主要内容有:车站概况、车站行车技术设备、车站行车工作制度、接发列车、折返作业组织及程序和办法等、非正常情况下车站行车工作,车站检修施工管理,以及其他有关要求或规定。

4. 车辆段行车工作细则

简称《段细》,是车辆段行车工作的重要技术文件。《段细》的内容包括车辆段行车技术设备及其使用、管理,列车出入段与调车作业的要求、程序、方法和时间标准等。

5. 乘客服务标准

包括地铁系统向乘客的服务承诺、服务规范、车站各个岗位服务要求、岗位服务用语等,此外还包括乘客投诉管理、乘客遗失物品管理和各种乘客工作制度、守则等。

6. 列车操纵规则

又称为《客车司机手册》。其内容包括乘务员出退勤、库内作业、列车运行及操纵和列车故障应急处置等的要求、程序和方法等。

7. 检修施工作业管理办法

为了加强施工与检修过程中的安全管理,保障施工与检修人员的安全,根据国家法律法规和标准,结合运营公司实际制定的管理办法。内容包括施工前的准备、施工现场管理、施工机械和电气设备安全规定、施工完工后处理、设备故障报修程序、检修时的具体安全要求等。

8. 行车事故处理规则

为了及时正确处理轨道交通行车事故,维护轨道交通运输秩序,贯彻"安全第一、预防为主"的方针,使地铁运营更好地为服务于城市经济发展而制定。地铁运营企业的机车,车辆,客、货列车在线路营运时发生的事故按此规则办理。

9. 安全生产管理制度

为了保障安全生产而制定的一系列条文。建立的目的主要是为了控制风险,将危害降到最小。安全生产管理制度也可以依据风险制定。

10. 突发事件应急处理办法

为了确保地铁运营公司的运营安全,规范处置突发事件的流程,明确突发事件处置过程中各部门的责任,加强公司处置突发事件的能力,最大限度地将突发事件给公司带来的影响降到最低,结合地铁运营公司实际,制定的管理办法。

10.2 轨道交通成本效益分析

10.2.1 成本分析

城市轨道交通系统成本是指运输企业为了提供某种运输劳务所消耗的所有成本总额。包括前期初始成本、运营成本以及资金费用(贷款利息)。

初始成本是指在轨道交通运营前期以货币形式的投入;运营成本是指为了完成旅客运输所消耗的以货币形式表现的人力、物力和财力资源。

1. 初始成本

从硬件和软件两个方面来看,初始成本包括建设投资费用、线路运营前期准备费用等。

(1)建设投资费用:①征地及拆迁费用。②土木工程建设费用。③车辆购置费。④机电设备购置费。⑤通信信号设备购置费。⑥追加建设投资费用等。

(2)线路运营前期准备费用:为保证列车安全运营,轨道交通运营企业进行大量前期准备工作,其部分产生的费用称为运营前期准备成本,如员工培训费、考察调研费,等等。

2. 运营成本

运营成本是轨道交通企业在日常运营过程中的所有费用支出,包括基本运营支出和设备大修费用。

(1)基本运营支出。城市轨道交通基本运营支出包含人工费、电费、日常维修费、其他直接费用及运营间接费用等,其中电费与人工费所占比例较大。

从基本运营成本与运量的关系分析,运营成本由固定成本和变动成本两部分组成。固定成本是运营成本中短期内不随运量变化而相对固定的费用支出,如设施维修费、管理费等;变动成本是运营成本中直接随运量变化而变动的费用支出,如牵引电费等。

(2)设备大修费用。在交通运输部门,大修是为了保持固定资产在寿命期能够有效地运转和使用的作业,大修费用的主要组成项目有车辆、线路、车站和牵引供电设备等。

10.2.2 收益分析

城市轨道交通运营系统收益包括直接收益和间接收益。

直接收益指轨道交通运输企业的运输收入和其他经营收入(如广告收入、商业收入等),一般指运营企业的财务收益,容易量化;间接收益指轨道交通系统良好的社会效益,如居民出行时间的节约、沿线房地产的升值、政府税收的增加等。

1. 轨道交通企业的直接收益

(1)票务收入。它是运营企业最主要的收入来源,但由于城市轨道交通运营费用相对较高,而且城市轨道交通等公共运输设施的票价也不宜设置过高,故运营成本一般都高于票务收入。

(2)广告收益。占非车费收入的20%~35%。

(3)商贸收益。如房地产收入、商铺收入等。

(4)其他收益。如通信收益、免费报纸收益等。

2．城市轨道交通系统的间接收益

（1）缓解交通拥挤。

（2）节约土地使用。

（3）减轻环境污染。

（4）降低能源消耗。

（5）促进城市合理布局。

（6）节约乘客出行时间，缓解乘车疲劳，提高劳动生产率。

（7）减少交通事故和经济损失，增加城市的社会效益。

10.2.3 票价制定

1．票价制式

票价制式是指票价的不同组合形式，简称票制。城市轨道交通系统的票制有4种：单一票制、计程票制、分段计费票制、区域计费票制。

2．定价

城市轨道交通系统的服务定价通常有两大类考虑：基于成本的定价模式和基于社会综合效益的定价模式。

以成本为基础的定价模式，其核心是票价必须以成本为基础，在此基础上再加上合理的利润。

基于社会综合效益的定价模式，追求全社会范围内最优的资源配置、最高的经济效益、公平的社会分配和良好的社会福利。它考虑的主要因素有：

（1）轨道交通运营企业的各项收益的总和能否抵平运营成本。

（2）乘客的承受能力。

（3）财政的承受能力。

（4）交通行业的综合比价，同其他公共交通工具的价格竞争问题。

目前，国内已运营的轨道交通系统都普遍采用考虑社会综合效益的方法进行定价。

10.3 轨道交通运营安全与应急处置

城市轨道交通系统的根本任务就是把乘客安全及时地运送到目的地。城市轨道交通系统运营的作用、性质和特点，决定了轨道运输必须把安全生产摆在各项工作的首要位置。通过城市轨道交通系统运营的协调运作和安全管理，要实现运输生产系统运营秩序正常、乘客生命财产平安无险和运输设备完好无损的综合目标。

大城市中的轨道交通，每天运送乘客达数十万甚至数百万人次，乘运环境包含了大量的不安全因素，一旦出险，往往会酿成群死群伤的重大安全事故。因此，城市轨道交通运营安全问题，已成为城市社会公共安全极其重要的部分，引起了社会各界的广泛关注。

在日本地铁发生沙林毒气袭击，英国、西班牙、俄罗斯等国地铁遭到爆炸恐怖袭击造成重大伤亡和损失之后，城市轨道交通系统的公共安全问题已被世界各国纳入国家安全战略研究的范畴。

10.3.1 运营安全影响因素分析

城市轨道交通系统是一个在时间、空间上分布很广的开放的动态系统,轨道运营安全影响因素错综复杂,涉及面很广。从系统论的观点出发,与运营安全有关的因素可以划分为4类:人、机器、环境及管理。从这4个构成生产系统的最基本元素出发,从事故的最根本原因着手,以管理作为控制、协调手段,协调人、机、环境之间的相互关系,并通过反馈作用将系统状态的信息反馈给管理系统,从而改进安全管理方法,最终得到更为安全的系统。城市轨道交通系统运营安全影响因素及其关系如图10-17所示。

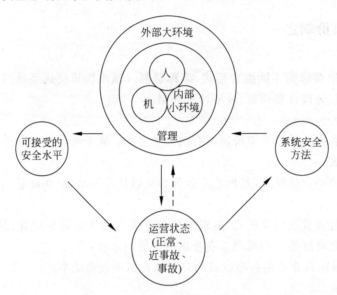

图 10-17　运营安全影响因素及其关系

1. 人员因素影响分析

1)人在安全管理中的主导作用

城市轨道交通安全与许多活动有关,所有各项活动都依赖于高效、安全和可靠的人的行为。在城市轨道交通运营工作的每个环节、每项作业中,都是由人来参与并处于主导地位的,人操纵、控制、监督各项设备,完成各项作业,与环境进行信息交流,与其他作业协调一致。正是由于人在运营管理中的重要地位,使得人的因素在运营安全中起着关键的作用。

人对运营安全的特殊作用可归纳为以下三点:

(1)人的主导性。在人和设备的有机结合体中,人是主导方面。设备必须由人来设计、制造、使用和维护,即使是技术状态良好的安全设备,也只有通过人的正确使用,才能发挥它的保安作用。

(2)人的主观能动性。当情况突然变化时,人能立即采取相应的措施和灵活的方法,排除故障等不安全因素,使系统恢复正常运转。只有人才具有主观能动性,从而具有合理处理意外情况的能力。

(3)人的创造性。人能够通过研究和学习,不断地提高和改进现有系统的安全水平。

2)运营安全对人员的素质要求

影响运营安全的人的因素,是指人的安全素质,包括思想素质、技术业务水平,生理、心理素质,以及群体素质,且对不同人员有不同的素质要求。

对系统内人员的安全素质要求有思想素质,包括职业道德、劳动纪律、安全观念等。

技术业务素质,包括业务知识、文化素养,安全法律知识和安全技能,以及处理各种非正常情况的作业能力等。

生理素质,指影响运营安全的人体生命活动,包括身体条件及生理状况。主要有年龄、性别、记忆力、体力、耐力、血型、视力、视觉、听觉、动作反应时间和疲劳强度等,均与铁路运输安全有十分密切的关系。

心理素质,指影响运营安全的人的心理过程及个性心理特征。主要包括个体的气质、能力、性格、情绪、需要、动机、态度、爱好、兴趣、意志等各个方面。

群体素质,指影响运营安全的群体特征,包括群体目标、群体内聚力、群体的信息沟通、群体的人际关系等。由于轨道运营工作要求多工种协同动作,涉及多个环节,因而它对于运输系统内的部门与部门之间、部门内人员之间以及同一作业的不同操作者之间的协调性要求很高,这就使群体的作用变得十分突出。群体对运输安全的影响,主要表现在群体意志影响其成员的行为,包括社会从众作用、群体助长作用、群体规范作用等。

系统外人员不直接从事运输生产活动,因此,对他们的安全素质要求主要体现在要严格遵守城市轨道交通运营安全法规的有关规定,具备城市轨道交通安全法规知识,具有较强的安全意识和一定的安全技能。运营安全对不同人员的素质要求如图10-18所示。

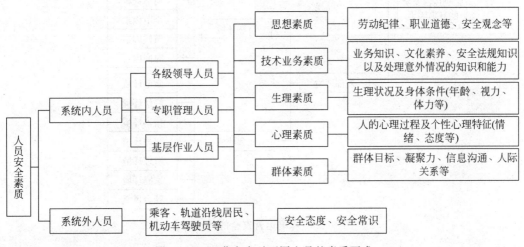

图 10-18 运营安全对不同人员的素质要求

2. 设备因素影响分析

城市轨道运输设备是除人之外,影响运营安全的另一生产物资基础和运营安全的重要保证。

1) 与运营安全有关的设备类型

(1) 运输基础设备,包括固定设备(线路、车站、车辆段、环控系统、指挥控制系统等)和移动设备(动车组、自动停车装置等)。

(2) 运输安全技术设备,主要包括安全监控设备,对员工操作的正确性进行监督;安全监测设备,对各种运输基础设备的技术状态进行监督;自然灾害预报与防治设备,如塌方落石报警装置、地震报警系统等;事故救援设备,如消防、起复、抢修、排障等设备。

此外，城市轨道交通系统为乘客提供出行服务时，与乘客常常接触的是车站内的各种设施（如上下扶梯、自动检票系统、休息座椅等）和车内的各种设施（如座位、各种信息设施、拉手等），这些设施的配置情况和服务水平也会影响运营安全。

2）影响运营安全的设备因素

影响运营安全的设备因素主要指运输基础设备和运输安全技术设备的安全性能，包括设计安全性和使用安全性。

（1）设计安全性。设备的设计安全性是指设备的可靠性、可维修性、可操作性（人—机工程设计）以及先进性等。

（2）使用安全性。设备的使用安全性包括设备的运行时间、维修保养情况等。设备运行时间越短，维修保养得越好，其使用安全性也越好；反之亦然。

3. 环境因素影响分析

影响运营安全的环境条件包括内部环境和外部环境两部分，如图10-19所示。

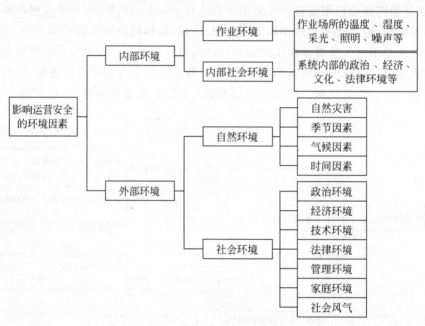

图 10-19　影响运营安全的环境因素

1）内部环境

内部环境通常是指作业环境，即作业场所人为形成的环境条件，包括周围的空间和一切生产设施所构成的人工环境。

2）外部环境

影响运营安全的环境因素包括自然环境和社会环境。

自然环境是指自然界提供的、人类一时难以改变的生产环境。自然环境对运营安全的影响很大。除了地铁的地下线路外，轨道线路暴露在大自然中，可能遭受洪水、暴雨、风沙、泥石流以及地震等自然灾害的威胁。此外，气候因素、季节因素以及时间因素等也是不容忽视的事故致因。

社会环境包括社会的政治环境、经济环境、技术环境、管理环境、法律环境以及社会风气、家庭环境等,它们对轨道运营安全均有不同程度的影响。

4. 管理因素影响分析

轨道系统运营的安全管理是指管理者按照安全生产的客观规律,对运输系统的人、财、物、信息等资源进行危险控制的一切活动。该定义包含五个方面的含义:

(1) 运营安全管理的目的是消灭和减少运营事故及其损失。

(2) 运营安全管理的主体是城市轨道交通系统的各级管理人员。

(3) 运营安全管理的对象是人(基层作业人员)、财(安全技术措施经费等)、物(运输基础设备和运输安全技术设备等)、信息(安全信息)等。

(4) 运营安全管理的方法是计划、组织、指挥、协调和控制。

(5) 运营安全管理的本质是充分发挥人的积极性和创造性,调动一切积极因素,促使各种矛盾向有利于运营安全方面转化。

影响运营安全的管理因素较多,主要有安全组织、安全法制、安全信息、安全技术、安全教育和安全资金等,如图 10-20 所示。

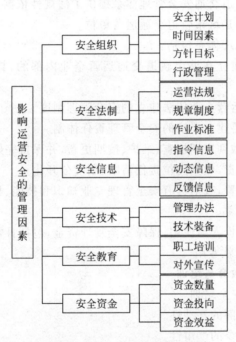

图 10-20　影响运营安全的管理因素

10.3.2　运营前期安全控制的主要工作

运营前期安全控制工作,主要是指在轨道交通工程建设完成之后,正式运行之前,运营单位在项目验收、移交过程中必须进行的涉及安全保障问题的工作。

运营单位应当充分重视运营前期的安全控制工作,最大限度地将安全隐患消除在运营开展之前,以防止在运营过程中引发安全事故,造成不该发生的损失。

1. 项目验收、移交阶段的安全性检查与验收

在项目进入试运营之前,运营单位必须对从设计阶段开始,一直到竣工验收各个阶段的安全性资料进行严格的复查,确认项目的设计与施工资料在安全性方面是齐全与合格的。

如果有的检查是敷衍了事,甚至有的项目缺失安全性资料,运营单位在接收时又忽略了检查而没有发现,那么,因工程失误留下的隐患所造成的在运营过程中发生的安全事故,其直接责任属于运营单位。

对项目实施各阶段的安全保障资料与实物进行逐项检查,确认项目实施各阶段的安全控制设计、工程施工的安全设施、设备的选购、安装的安全控制指标均符合有关规范的规定,安全控制参数齐全、操作执行有效。

运营单位在接收建设项目时,必须对移交使用的各种设备进行严格的安全性检查,包括设备技术参数的检测、安全性测试和确认等。

2. 建立、健全轨道交通的安全管理体系

相对于我国城市轨道交通突飞猛进的发展,城市轨道交通的规范管理和法制建设明显落后。2005年6月28日,我国建设部发布了《城市轨道交通运营管理办法》,为全国各地城市轨道交通建立和完善轨道交通安全管理体系提供了法规性依据。办法中明确规定:依法承担运营安全责任的主体是城市轨道交通运营单位。

城市轨道交通安全管理体系包括:

(1) 安全管理机构,建立在城市轨道交通运营企业内部的、具有安全管理职权的管理机构。

(2) 安全管理制度,运营企业依法建立的安全管理制度。

(3) 安全管理责任,要建立严格的安全管理责任体制。

(4) 安全管理设施,做到定期检查、维护、按期更新,并保持完好。

(5) 安全管理岗位职责,做到岗位责任清晰、制度公开化。

(6) 安全管理人员配置,吸纳具有安全管理专业知识和技能、具备一定安全管理经验的专业人才进入安全管理体系。

(7) 安全管理资金的投入与使用,保障安全管理资金,包括日常开支和突发性安全事件处置的预备金等,实行"专款专用"。

3. 从业人员的安全教育与培训

1) 专业技术人员的安全培训

(1) 充分认识系统内部的互动性。

(2) 充分认识系统指令的严肃性。

(3) 充分认识严格按操作规范、规程作业的重要性。

(4) 培养专业技术人员岗位安全的责任意识。

2) 运营单位管理人员的安全培训

(1) 熟悉并监督自己岗位管辖范围内各个工作岗位的安全职责。

(2) 熟悉并检查自己工作范围内安全设施。

(3) 组织安全事故的处置、抢险、救援的演练。

10.3.3 运营过程的安全防范

运营单位必须确立"防控第一"的安全战略,视防范和控制为第一要务,力求把灾难性事件消除在萌芽状态。

此外,运营单位还需要针对不同的突发性事件,预先做好应急处置预案,一旦事发,就可以通过科学、合理、有效和及时的处置措施,使事发后的人员伤亡程度降到最低。

1. 城市轨道交通公共场所的保安防范

运营公共场所的人员具有高度的集散性和异质性,因而人群流动性大,安全隐患的初始痕迹和过程痕迹难以保存。

一般采取聘用安保企业的保安人员来实施轨道交通公共场所的安全工作。其工作原则如下:

(1) 依照保安服务合同,严格执行契约职责;
(2) 遵照国家法律、法规,制止违法犯罪和违规违章行为;
(3) 遵照社会文明要求,积极维护社会公德。

2. 轨道交通重点单位、重要部位和安全防范

所谓"重点单位"和"重要部位"是指轨道交通系统中,关系到系统的全局、一旦出事会造成重大伤亡或重大经济损失的单位和部位,即直接、间接参与指挥、操作轨道交通系统运行的单位是安全防范的重点单位。

1) 重要部位的人员管理
(1) 坚持"先审后用、严格挑选"的原则。
(2) 掌握重要部位的动态情况。
(3) 加强安全教育。

2) 建立安全防范制度
(1) 门卫制度。
(2) 值班巡逻制度。
(3) 财物保管制度。
(4) 保密制度。
(5) 重要部位人员和教育培训制度。
(6) 危险品管理制度。
(7) 消防管理制度。
(8) 岗位责任制度。
(9) 安全检查制度。

3) 安全防范措施
(1) 人力防范,如值班、守卫、巡逻和检查等防范行为。
(2) 实物防范,如防盗栅栏、防盗门等。
(3) 技术防范,如入侵报警系统、电视监控系统、出入口控制系统、其他子系统等。

10.3.4 突发应急事件处置

公共安全危机对每个人或组织的侵害和打击的概率是均等的。其造成的危害往往非常严重,不仅会造成群死群伤,而且还会给国家和人民的财产造成重大损失。

对各类突发事件,认真做好应急处置预案,各个相关部门在现场紧密配合、协同作战,发挥整体效应就显得非常重要。其中,突发事件的现场指挥是突发事件处置工作的核心。

1. 突发事件的处置主体

公安机关承担处置现场的组织和实施,特别是先期组织和实施工作。

运营单位依法承担城市轨道交通运营安全责任,其能否迅速采取正确的应急措施是处置成败的关键。

公众在遭遇突发事件时的应对反应在某种程度上对事件的发展起着决定性作用。

2. 突发事件的处置

1) 客流拥挤突发事件的处置

(1) 加强监控系统的监视。密切监视客流增长的情况并严密观察有无异常情况,一旦发现异常情况的苗头,应立即通知现场保安人员进行排解。

(2) 适当加强出入口、售票口、检票口和站厅层的值岗人员,必要时便于采取应急强制措施。

(3) 利用车站广播系统反复宣传文明乘车、有序上下车的规定,增强公共场所文明乘车的氛围。

(4) 一旦发生乘客纠纷、个别人员挑头肇事等突发情况,应立即采取阻止围观、带走纠纷人员或肇事人员的应急措施,努力防止人员拥挤和踩踏事件的发生。

(5) 科学地制定应急预案、细化并落实应急措施、妥善安排人力,是确保大客流拥挤事件安全的重要前提。

2) 阻碍运营的突发事件的处置

阻碍运营的突发事件,本身已属于违法性质,因此,公安机关、运营部门应依法采取果断措施及时制止违法行为,同时,调用备用列车尽快恢复正常运营是最正确的选择。

3) 可疑遗留物品的处置

从近年来轨道交通面临的安全形势变化和加强公众安全保障的角度出发,对难以找到失主的箱包必须引起高度警觉,这类箱包不排除作为蓄意制造恐怖袭击和暴力破坏工具的可能性。

4) 道床伤亡事故的处置

道床伤亡事故是指非轨道交通从业人员违章擅自进入轨道区间,被正常行驶的列车撞击致伤、致亡,同时造成轨道交通停运的事故。

道床伤亡事故将产生拥挤隐患、造成经济损失、引发乘客心理恐慌等不利影响。

道床伤亡事件的现场处置,必须遵循"属地管辖、各负其责,优先抢救伤员,尽快恢复运营"的原则。现场处置工作的主要职责是迅速抢救伤员,及时排除道床障碍物,尽快恢复运营。事故处置时间不得超过 15 min。

5) 化学毒气事件的处置

当受到化学毒物等突发事件的袭击,在实施救援时,既要为中毒人员脱离毒区提供个人防护,又要为救援人员执行任务提供合适的防护器材,若暂时难以提供正规的防护器材,也要告知人们,利用简单方法或随身携带的可用于防护的物品,尽快离开毒区。

在救援和疏散乘客时,应采取专业技术防护与群众性自我防护相结合、正规防护器材与简易防护器材相结合的办法。

10.3.5 城市轨道交通消防

1. 轨道交通火灾的分类

火灾是城市轨道交通系统危害最大的灾难性事件。按照失火原因,城市轨道交通系统火灾可分为:

(1) 电气设备故障引起的火灾。
(2) 列车故障引起的火灾。
(3) 乘客违章引起的火灾。
(4) 人为纵火引起的火灾。
(5) 自然原因引起的火灾。

在隧道区间内发生的火灾,由于隧道空间狭小,又无处进行紧急疏散,极易造成火灾事件中人员的恐慌和重大伤亡。

2. 火灾事故的特点

由于城市轨道交通结构的特殊性,与地面或其他地下建筑相比,城市轨道交通火灾有如下特点:

(1) 浓烟积聚不散,地下车站、隧道与外界相连的通道少,缺氧燃烧将产生大量烟气以及一氧化碳等有害气体。
(2) 火势蔓延快,由于隧道空间狭小,受隧道净空限制,火焰向水平方向延伸,加速了火势沿列车方向蔓延。
(3) 温度上升快,地下车站密封性好,火灾发生后,热量不易散发,火势猛烈阶段,温度可达1000℃以上。
(4) 救援和疏散困难。由于地下空间限制,浓烟、高温、缺氧、有毒、视线不清和通信中断等原因,指挥人员很难了解现场情况,给现场指挥带来极大的困难。

3. 火灾事故的危害

(1) 人员伤亡。通风不良,氧气不足,车厢内和隧道中积聚了大量热量、烟气和有毒气体,造成人员伤亡。
(2) 设施损坏。火灾将造成列车和隧道设施的严重损坏,降低隧道的使用率,甚至危及结构的安全和稳定。
(3) 环境污染。火灾事故现场产生的有毒物质,除危及人们的生命外,车辆、零部件的聚合材料燃烧后还会污染大气、地下水和土壤,严重破坏火灾现场附近的生态环境。
(4) 社会影响。由于火灾事故造成巨大的伤亡,加上恐怖分子进行的纵火、爆炸等袭击,容易引发公众恐惧,对国民形成极大的心理打击,产生强烈的社会影响,严重危及社会安全和稳定。

4. 城市轨道交通防火的一般要求

(1) 树立和提高消防意识;
(2) 对火灾危险(隐患)应有清晰的了解;
(3) 学习、遵守消防法规、规程和规章制度;
(4) 学习掌握消防安全知识。

5．消防设施的检查
（1）火灾自动报警系统的检查。
（2）室内消火栓系统的检查。
（3）自动喷水灭火系统的检查。
（4）气体自动灭火系统的检查。
（5）防排烟系统的检查。
（6）应急照明和疏散指示系统的检查。

6．火灾事件的处置
1）常见火灾的处置
（1）立即报警。
（2）移走可燃物。
（3）加强冷却。
（4）窒息灭火。
（5）切断电源。

2）列车火灾的处置

若火势较小，司机应迅速将列车开到下一站，同时通知车站工作人员准备消防器材，在相应位置等待协助灭火。同时，乘客应取出车厢座位下的列车备用灭火器进行灭火。

若发生重大火灾，司机应立即切断外部高压电源，启动列车应急电源，同时向控制中心报告灾情，承担事故前期处理责任。司机根据列车所在区间的位置、火势、烟气扩散方向，选择疏散方向并迅速打开列车疏散门，广播通知乘客进行疏散。乘客通过疏散门进入隧道，下车步行前往车站。

3）火灾事故的安全疏散

列车运行过程中如在区间隧道内发生火灾，应尽量驶入前方车站，利用前方车站来疏散乘客；如果列车不能驶入前方车站，停在区间隧道内，必须紧急疏散乘客。列车在车站内发生火灾，应在第一时间利用车站楼梯、出入口迅速安全疏散乘客。同时，关闭车站空调系统，并将车站通风空调系统转入火灾工况模式。图10-21给出了列车发生火灾时的处置流程。

（1）列车在行驶过程中发生火灾，应尽可能驶向前方车站，利用车站站台疏散乘客，利用车站隧道防排烟系统排除烟气；如果列车停在区间，隧道通风系统应根据多数车可疏散的相反方向送风，送风强度和时间应根据实际情况严格掌握。

（2）当同一区间的其中一条隧道发生火灾，另一条隧道也应立即停止正常行车。

（3）防排烟系统的火灾运行模式应经过多次实地试验，确定最佳组合。

（4）定期进行火灾安全疏散程序的模拟演练，不断检查各部门及各工种相互配合协调，以及快速反应能力，提高安全疏散能力和综合救援能力。

10.3.6　城市轨道交通防恐、反恐事件简介

城市轨道交通作为公共交通的重要工具，乘客日流量达数十万甚至上百万人次。如此高度密集的人群，自然成了恐怖分子袭击的目标。

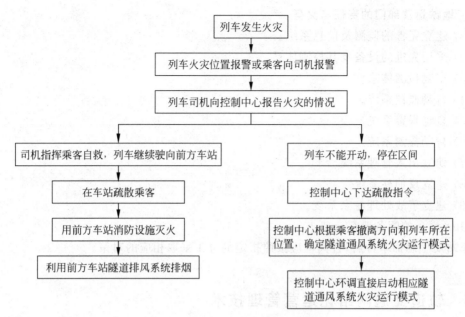

图 10-21　列车发生火灾时的处置流程

西班牙马德里、俄罗斯莫斯科、英国伦敦等城市的城市轨道交通系统曾相继遭到恐怖袭击，人员伤亡和经济损失严重。

轨道交通人为灾害主要有爆炸、投毒等，大多数的爆炸、投毒事件与故意破坏或恐怖活动有关。这些突发事件对乘客安全和运营安全带来极大威胁，同时也对社会、心理和经济带来严重冲击。

对爆炸事件的预防重点是炸药爆炸，关键是加强危险源的日常管理与控制。对爆炸事件应编制应急救援预案，在爆炸发生后迅速控制其发展，最大限度缩小爆炸事件造成的损失。对炸药爆炸现场，应着重勘察爆炸点、抛出物、残留物、破坏与伤亡情况，寻找收集爆炸物种类与数量、引爆方式、破坏程度的痕迹物证，判明爆炸事件的性质。

在一定条件下，较小剂量即可引起机体急性或慢性病理变化，甚至危及生命的化学物质称为毒物。对投毒事件的预防，应建立预警机制、编制应急预案。应急预案的内容重点是化学中毒事件的报警、中毒伤员急救、排除可疑危险源、布控嫌疑分子和现场组织指挥等的程序和措施。投毒事件发生后，控制现场局面、紧急疏散、稳定情绪、搜寻排除可疑危险源最为关键。除了书面的应急预案，在技术上、物资上也应有相应的准备，如配备防护服、防毒面具等防化设备。在平时，应组织相关的演习、对储备物质妥善管理。

目前，轨道交通防范恐怖袭击已经引起轨道交通运营单位、政府公安监管部门的高度重视。采取以下几点措施进行防范：

1. 完善政府职能，健全相关法规和政策

轨道交通反恐，要求调整和强化政府职能，做到集中与分级管理并重，层次分明，职责明晰，以提高应对能力；重视并完善政府职能的同时，应弥补法律法规上的不足，加强和健全相关法规体系，组织开展并完善相应立法工作。

2. 反恐评估指标和设计中的要求

建立反恐评估指标；规划和设计车站时要考虑防范恐怖袭击的要求。

3．地铁运营部门的责任与义务

(1) 建立完善的监测及信息系统。

(2) 采用先进的设备及其检测体系。

(3) 车辆检测体系。

(4) 自动监视系统。

(5) 自动报警系统。

(6) 自动探测系统。

(7) 建立出入管理系统。

(8) 建立反侦察系统。

(9) 建立事故处理专家系统。

(10) 设备的配备要符合要求。

车站发生恐怖事件后，各岗位应按照指定的分工采取相应的对策。

10.4　轨道交通网络化运营管理技术

10.4.1　网络化运营特征

随着城市轨道交通新线的不断建设和投入使用，网络客流的快速增长，上海、北京、广州等城市网络规模已经形成，运营组织管理也随之从单线相对独立运营逐步向多线综合运营的方向转变，形成轨道交通网络化运营的新局面。城市轨道交通的网络化运营是指针对轨道交通形成网络后产生的运行组织多样化，设备制式多样化的特征，通过建立安全、高效、系统的轨道交通网络运营管理体系，统筹安排既有资源，统一协调线、网间关系，实现线、网运营的有效性、安全性和可靠性，实现网络运营的社会效益、经济效益最大化。

城市轨道交通网络化运营通过车站与线路的有效衔接，形成了规模大、功能强的客运网络，线路之间和车站之间实现互联、互通、互动、资源共享，从而很好地满足了城市公共交通和乘客出行的需求。但网络化运营的以下几个方面的特征给列车运行管理带来了新的挑战。

1．运营管理主体多元化

城市轨道交通的经营管理具有相对集中性，主要采用由一家独立经营，或以多家组合经营的模式。运营管理主体多元化必然带来票务清分、协调管理和联动组织等难度的增加。

2．网络线路形式、功能和制式多样性

由于线路功能定位、制式选择等的差异化，我国大多数城市轨道交通线路形式、功能和制式呈多样化特征，如车辆制式和信号制式的多样化、维修保养方式的多样化等。多样化特征增加了运输组织、资源共享的难度。

3．网络结构和规模复杂化

由于城市空间布局结构、客流特点的不同，城市轨道交通系统网络结构形式也都并非采取单一形式，而是多种基本形式的组合，如多线共线、Y形线、环线、快慢车线路等，也出现了越来越多的多线换乘枢纽。网络结构和规模的复杂化既导致列车运行组织方式复杂多样，客流组织更加复杂，又因为网络连通度的提高，使得OD间出行路径也呈现明显的多样性,乘客出行行为更加复杂。

4. 列车运行组织方式多样化

在网络化运营阶段,网络拓扑结构的复杂性和客流时空分布的不均衡决定了列车运行必然要采取复杂多样的形式。网络拓扑结构特征产生的共线交路通常包括单Y形交路、双Y形交路、环线交路和环线+直线交路等形式,例如,上海轨道交通3号线、4号线,采用"大小交路+环线交路共线"的交路方式。此外,列车停站方式、编组方式、车底运用方式都呈现出多样化的特点。通过采用不同的列车运行组织方式,可以充分利用城市轨道交通系统的资源,提高运输能力,满足客流时空分布不均衡的需求,但同时也对行车组织和列车调整运行提出了考验。

5. 与其他交通方式衔接需求的多重性

城市轨道交通已经成为公共交通的主干,但受运营时间、运营服务水平的差异性的限制,与其他交通方式(如火车站、高铁站、机场、大型交通枢纽等)的衔接需求日趋重要,如何在满足系统正常检修维护作业要求的前提下,适当延长运营时间,做好与高铁、飞机航班的时刻衔接也是提升轨道交通服务水平的关键。

6. 客运需求的高增长和波动性

随着轨道交通网络规模的扩大,线路的服务对象不再仅仅是本线吸引范围的客流,还包括经换乘站由其他线路进入的客流,客流量呈现不规则的波动,因此线路之间的相互关联度大大增强。轨道交通网络化运营带来了出行吸引力的不断提升,客流量明显增大,网络客流呈现高密度、高强度、阶段性的特点,部分车站还不得不采取常态的限流措施。另外,一些大型活动(如体育比赛、展览会、演唱会、重大节假日活动等)都会给轨道交通网络带来计划大客流,同时系统的设备故障、重大灾害等也会给轨道交通网络带来突发大客流的冲击。在单线运营阶段,突发事件的影响仅局限于单条线路范围;进入网络化运营阶段后,不同线路间通过接轨站或换乘站相互关联,运营秩序的调整难度较大,突发事件的影响有可能在更广的范围内传播,影响局部线网甚至波及整个轨道交通网络。

10.4.2 资源共享

网络资源运营共享是指在城市轨道交通网络的两条、多条或全网共享各类资源,以便优化资源配置,提高资源利用率,降低网络运营成本,更好地发挥轨道交通网络的整体效益。城市轨道交通系统的资源共享作为一种先进理念,有利于实现城市轨道交通资源的优化配置和管理的集约化、社会化,也有利于控制建设规模和投资规模,对轨道交通网络建设具有十分重要的意义,日益受到轨道交通规划、建设、管理部门的普遍重视并付诸实施。

一方面,从轨道交通网络整个发展阶段来看,建设初期,因线路规模小,运营的线路相对分散,资源共享程度较低;随着网络的拓建,线网不断加密,各线相互联络功能增强,资源共享条件逐渐成熟,资源共享可能性越来越高。另一方面,从时间和空间角度实现轨道交通资源的共享,可有效减少轨道交通的投资和运营成本。如某车辆厂建成后,当本线检修任务未饱和时,检修设施可为其他轨道交通线路提供服务。

1. 人力资源共享

(1) 运营管理人员。轨道交通运营管理人力资源共享,有利于精简运营管理机构;每一位管理人员充分发挥作用,有利于轨道交通运营管理效率的提高,并可减少运营开支。

国内外大部分城市的轨道交通网络运营均采用了集中化的综合管理模式或体制。这种管理模式或体制尽管与引进竞争机制有一定矛盾,但非常有利于运营管理人力资源的综合利用。因此,从资源共享角度考虑,运营管理机构不宜分散,而应相对集中。同时,轨道交通规划建设与管理机构应尽可能方便运营管理人力资源的综合利用。

(2) 培训人员。轨道交通是现代化的企业,技术含量高,专业性强,协同配合十分重要。因此,有必要对首次上岗人员进行培训,开展继续教育。从更高层次考虑,实施"人才强企"战略,提高员工的基本素质是任何现代化企业的迫切需求。因此,应在整个城市轨道交通网络设置一个共用的培训中心,培训设施(包括建筑、办公、后勤等)可以得到综合利用。如果每条轨道交通线路车辆及机电设备制式统一,这种人力资源共享和综合利用程度会更高。

为提高效益,应充分利用社会培训机构力量来进行一般培训,培训中心围绕城市轨道交通的专业培训添置设备,还可以充分利用轨道交通既有线路的不同类型设备和先进技术装备开展现场培训工作。

(3) 维修人员。轨道交通维修人员在运营主体中占有很大的比例。对于一个拥有大型轨道交通网络的城市,如果每条线都分别设立运营公司,各自为政,将会形成一个庞大的维修人员队伍,不但会增加运营成本,而且会造成极大的人力资源浪费。

因此,轨道交通规划和建设,应尽可能将两条或多条线路的车辆基地(包括综合维修基地、材料总库)集中设置,以实现维修人力资源的共享。

2. 设施设备资源共享

1) 车辆段、停车场资源共享

轨道交通的车辆基地由车辆运用检修、综合维修、物资仓库、培训中心和其他生产、生活、办公等系统构成。根据功能和规模,可将车辆基地划分为车辆段、定修段和停车场三类。

停车场是城市轨道交通车辆停放的场所,承担城市轨道交通车辆的停放、清洁、列检、维护和乘务工作。定修段除了具有停车场功能外,一般承担本线轨道交通车辆定修、临修和月检任务。车辆段是轨道交通车辆进行较大修程的场所,在定修段的基础上增加车辆架修、大修设施。车辆基地选址应符合城市国土空间总体规划,尽量选址在市郊,并靠近线路两端。

车辆基地资源共享的内容多,涉及面广,具体包括架修及大修资源共享、定修资源共享、段场合建资源共享、专用设备资源共享、突发大客流配属列车资源共享等方面。

(1) 车辆架修、大修资源共享。车辆架修、大修资源共享是从整个网络出发,将各条线路所配属的列车按照车型进行分类,同类型车归口到网络中的某几个车辆段进行架修、大修,从而减小车辆段的架修、大修列位,减小整个网络车辆段的设置数量,实现节省用地和投资,提高车辆架修、大修设施设备利用率的目标。

(2) 定修资源共享。定修资源共享是针对长距离线路,需要设置几个车辆基地时,力求将定修规模集中设置在一个或两个车辆基地内,以减少定修段的设置数量,节省定修要求配备的试车线、静调库、清扫库等设施,减少用地、节省投资。有条件时,力求将不同线路的定修规模也集中设置。

(3) 不同线路的段场合建资源共享。段场合建资源共享指的是在规划网络车辆基地的布局时,力求将不同线路的车辆基地(车辆段、停车场)规划布局在一起,以实现段场合建资源共享和实现城市规划的整体性。实现不同线路的段场合建以后,段场之间的车辆通道,通过在地面上的段场之间设置联络线或渡线就能解决,比在运行线路间设地下联络线可大大节省投资。段场合建以后,车辆基地的检修、运用设施,如列车转向设施(灯泡线、三角线)、试车线、洗车线、镟轮线、临修线、救援、供电、信号楼、上下水等都可以共用。同时,车辆基地的食堂、浴室等生活设施和办公设施也能做到共用。

(4) 专用设备资源共享。专用设备资源共享是指从整个网络出发,统一配备专用设备,并将专用设备在整个线网中统一调度使用。可以统一配备的专用设备有网轨检测车、钢轨打磨车、隧道清洗车、救援设备等,它们的特点是投资高、利用率低,但又是必须配备的设备。这些专用设备的制造,必须按照小型车限界的要求进行制造,以满足整个网络的所有大、小型车线路都可以使用该专业设备。另外,各线路配备的救援设施在事故救援中也应能统一调度使用。

(5) 车辆资源共享。车辆是城市轨道交通的主要设备。实现车辆共享的前提是车辆类型相同、信号制式相同、供电方式相同。突发大客流时的列车资源共享,是指在举行大型比赛、大型集会时突发大客流的情况下,提前将网络中相同车型、相同信号制式的列车调度到突发大客流的线路上,以应对运输需求。

(6) 综合维修基地资源共享。综合维修中心分别由机电、通信信号、工务三个子系统组成,各自承担系统的运行、检修任务。机电子系统包括供电、接触网、牵引供电控制、环境控制、给排水、电梯等;通信信号子系统包括通信、信号、自动售检票系统、车站屏蔽门等;工务子系统包括建筑、隧道、桥梁、线路、轨道等。综合维修的部分业务可以实现社会化,由社会专业队伍承包,专业性强的由维修中心自行承担。通常一条线路设置一个综合维修中心,包括机电段、通信信号段、工务段,线路的其他基地只配备相应的工区。对于线路长度较短的综合维修工作可以由相近线路的综合维修中心兼管,也可以几条短线合并设置一个综合维修中心。备品总库的设置,通常分为车辆和综合维修两个子系统,按子系统分别设置备品库。

2) 主变电站资源共享

轨道交通供电系统是列车运行的动力源,由电力源、供电线路、主变电站、牵引(降压)变电所、接触网、电力监控系统、车站及区间动力照明系统、杂散电流防护系统、防雷设施和接地系统等部分组成。主变电站负责将国家电网的高压($110\sim 220$ kV)降为中压($10\sim 35$ kV),并通过牵引供电网络将电能分配到每一个牵引变电所和降压变电所。轨道交通系统作为供电一级负荷、特大供电用户,其受电点的确定必须考虑供电的可靠性、负荷分配的经济合理性。当负荷中心位置与供电网络规划中受电点位置相差比较悬殊时,将会造成巨大的资源浪费。

主变电站的站址选择主要涉及供电半径和征地方便两个方面。从供电设计的角度,其理想的主变电站位置应该是整个供电范围的负荷中心,这样,既有利于保证供电质量,也有利于降低设备投资和运行损耗。但是,轨道交通线路的电力负荷中心往往处于城市繁华地段,征地十分困难,费用也异常昂贵。如何合理地选择站址,有效利用珍贵的土地资源必须引起足够重视。如果能够根据城市轨道交通线路网络的布局规划和建设进程,结合城市电网的发展规划和建设周期,及早对轨道交通线路的供电系统做出规划,对交汇线路考虑主变电站共享,则可以缓解这一矛盾。

建设资源共享主变电站应注意如下问题:

(1) 资源共享的主变电站,除了采用双电源供电,还可以考虑两路电源的高压电缆通道的独立架设,防止城建施工挖断电缆后造成全所停电。

(2) 在建设共享主变电站时必须考虑变电站的建设与线路建设的配合。如果共享线路的建设进度比较接近,可以考虑由先建线路一次建成,后续线路分摊费用的方式。如果建设进度相差比较大,一次建成的模式会因为设备轻载而造成大量的浪费,共享主变电站的容量可以按照先建线路的规模建设,按照多线共享的模式预留土建和扩容条件。

(3) 主变电站多线共享后,电力调度管理可以按照"先建为主"的基本原则,主变电站共享部分的电力调度通过先建线路的电力调度系统完成。

主变电站资源共享是综合利用电力系统网络资源,减少由电力系统外部电源的引入和整个轨道交通网络主变电站的建设数量,从而更加有效地利用电力系统资源,节省工程投资,减少轨道交通主变电站的占地面积。

3) 信号系统资源共享

轨道交通信号系统是列车运行的指挥和控制系统,由正线列车运行自动控制系统(ATC)、车辆检修基地的计算机联锁系统两大部分组成,在保证行车安全、提高列车通过能力及改善运营人员的劳动条件等方面起着至关重要的作用。

实现轨道交通信号系统资源共享具有三个优点:①有利于车辆的运营组织;②有利于车辆在线路间备用;③有利于线路改造和延长。要实现全网络或线路群内的信号系统资源共享,最为关键的是信号车载设备必须能够与列车所经过线路的地面信号设备间彼此交换、识别及处理控制信号,以实现安全运行。首先,要保证信号系统资源共享的线路群内信号制式基本一致,即要求安全控制方式、地车信息传输、列车定位、驾驶模式等影响资源共享的关键方式基本兼容和统一。其次,统一信号制式,根据不同的实现方式,找出这些不同实现方式的兼容与统一接口,达到统一信号制式的信号系统资源共享。因此,建议在进行建设规划时,尽量采用比较少的信号系统制式,并且在一种信号制式内统一具体的实现方式,这样能够保证一个信号制式内的资源共享。

4) 控制中心资源共享

控制中心(OCC)是对轨道交通列车运行、电力供应、车站管理、防灾报警和票务管理实行统一调度指挥的机构;在非常情况下,它还是事件处理、协调各线路运行的指挥机构,同时又是轨道交通整个线网所有信息的集散地和交换枢纽。控制中心的规划应以城市轨道交通网络为基础,充分考虑到其他后建线路的接口条件,做到近期、远期结合,尽量位于轨道交通相交线路的换乘车站附近。

控制中心的资源共享可以在两个方面进行规划:①基于整体的网络规划,将控制中心按一定模式规划到相对集中的几个点上,实现土地、人员等资源的共享;②将线路机电系统进行系统整合,实现以控制中心为单元的设备资源、管理资源的共享。

5) 其他设施设备资源共享

在网络换乘站,不同线路车站的 FAS(防灾报警系统)、BAS(设备监控系统)和 SCADA(数据采集电力监控系统)等采用综合监控系统,不仅便于高效地运营管理,而且可以实现计算机等设备资源的共享,有利于节省设备投资,降低工程造价。

线路设施中的车站配线(存车线和折返线)在运营时间之外,夜间可以用于存放列车,也可实现设施综合利用,并可减少车辆基地用地面积和停车库的规模。

10.4.3 轨道交通线网指挥中心

网络调度指挥中心(NCC)设置管理岗包括 NCC 主任、NCC 副主任、总值班调度长、线网调度员、安全质量工程师、调度工程师等。网络指挥中心的建立是各城市轨道交通网络化运营深入发展后的必然选择,但中心的职能各城市稍有差异,总体定位为"层级分明,平战结合"。

网络调度指挥管理模式一般采用三层立体式,分别是网络协调层、线路控制层、现场执行(站点)层。其中,网络协调层的指挥中心充分发挥统筹作用,负责协调各线路开展日常生产、应急处置和对外联系工作。线路控制层主要负责组织本线路的日常行车指挥和客运调度,在突发事件时执行网络运营监控中心和应急指挥中心的指令,并负责本线路票务数据管理、安全管理、数据统计、参数管理、模式管理、设备状态监控等。现场执行(站点)层按照统一的站务服务标准,负责车站日常服务、客运组织、售检票等,同时落实工区、信号楼等属地管理工作,在面临突发事件时,按照线路控制中心指令进行应急处置、故障维修等。

在日常常态管理中,NCC的职能为协调管理、计划管理及预案的拟定、宣传及演练。常态运营条件下,线网指挥中心只监不控,强调综合信息监视、网络层面协调、与外部协调、网络信息互通等职能,日常工作中重点对各线路的运营组织方案进行必要的协调审查、实时监控、运营信息汇总及网络内有关问题迅速处理。

在应急状态时,NCC将负责运营突发事件的管理、监督、协调、应急处置与联动等工作。应急运营条件下,各线路指挥权上移,线网指挥中心成为应急联动和对外协调的枢纽,启动网络层面的应急预案,同时对网络列车运行组织进行统一调度指挥,及时调动各种资源迅速处置突发事件,必要时可以与市有关部门进行联动。

NCC的功能定位主要有线网运营生产监督与协调、线网运营信息收集与发布、线网运营应急指挥及对外联络协调等。

1. 线网运营生产监督与协调

(1) 运营前负责检查各OCC(线路调度指挥中心)运营前准备情况,根据需要部署当天运营生产计划及重要安排。

(2) 运营期间负责监视线网运营线路列车运行、客流信息、设备系统状态等线网运营情况,通过行车、客流、施工、客运服务、设备故障、能耗等关键指标现状及变化趋势监视各运营分公司及各线路运营生产状况。

(3) 运营结束后负责对当天运营生产情况进行检查核实。

(4) 收集、汇总各OCC上报的运营协调需求,负责协调跨区域控制中心的运营生产。

(5) 监视线网列车满载率、车站乘降量、换乘量报警预警情况,根据报警级别指挥各OCC启动大客流管控措施。

(6) 负责根据外单位(交通运输局、轨道治安分局、市应急办、市春运办等)的要求或领导指示,向各OCC下达紧急生产运输指令并监督其执行。

2. 线网运营信息收集与发布

(1) 负责收集汇总线网各类运营指标、信息等数据,编写和发布"线网运营日报"。

(2) 负责建立线网运营信息收发规则,每日通报线网运营概况、公共交通客流情况等数据信息。

(3) 负责根据主管部门要求报送运输计划、客流等信息。

(4) 通过广播、PIS(乘客信息系统)等途径发布运营调整提醒信息,为微博、微信、官网等提供运输调整等信息。

(5) 接收政府气象、卫生、应急等部门发布的各类预报预警信息,及时通报和下达调度指令。

(6) 负责 110 联动平台的监视,按照集团制度要求做好响应、通报、反馈和记录。

3. 线网运营应急指挥及对外联络协调

(1) 作为运营突发事件应急处置指挥部的执行机构,负责较大级线网突发事件及灾情的协调指挥和处置,控制突发事件的影响范围,降低社会影响,减少对运营秩序影响。

(2) 根据线网突发事件影响程度,及时做出响应并启动相关预案,下达应急救援抢险指令,调动各单位应急抢险力量进行处置。

(3) 根据线网突发事件的影响程度及响应等级,利用应急指挥平台向 OCC 发布应急指令及处置指引。

(4) 根据突发事件事态的需要、影响程度,联系外部单位支援,并指示相应 OCC 做好接应和配合工作。

(5) 跟进突发事件处置进程,做好应急处置过程相关信息收集和资料整理,视情况进行书面报告。

(6) 根据 OCC 请求,组织启动和终止应急公交接驳工作。

(7) 负责与其他公共交通方式之间的应急联动响应和指挥。

(8) 负责根据运营信息发布规则,对运营险性事件及其他对线网运营影响较大事件信息的即时发布、通报,根据规定进行重要紧急信息报告。

(9) 通过广播、PIS 发布应急影响信息,为微博、微信、官网等提供应急影响及运输调整等应急信息。

(10) 持续跟进和收集故障及应急处置信息,为应急指挥部决策提供支撑。

(11) 掌握线网应急抢险队伍、设备、资源分布情况,区域划分情况,根据事件影响范围和现场应急抢险需求,协调指挥 OCC 进行联动响应和应急支援。

(12) 负责线网应急事件处置的监督、分析评估、报告等工作,提出整改及考核意见,不断提高线网应急处置能力。

10.4.4 线网指挥中心辅助决策系统及主要功能

网络指挥中心的软件系统应当充分满足网络综合运营协调和应急处置功能的实现,同时注重未来专业转型升级、做实数据深度应用,在采用可靠、成熟的操作系统、数据库系统以及实现网络通信、视频监控、指令发布等所需专用软件系统的基础上,应包括主要软件子系统,如表 10-4 所示。

表 10-4 各软件子系统名称及主要功能

主要方面	系统名称	主 要 功 能
多源数据感知与融合挖掘	设施设备实时状态监测与预测系统	针对设施设备的实时工作状态进行监控,同时嵌入预测算法,达到设备故障状态的提前感知
	乘客个体出行轨迹采集与预测系统	利用手机信令、WiFi、视频等多源数据采集方式,掌握乘客个体的轨迹,并且进行有效的客流预测,防范大客流风险
	网络乘客出行行为与规律挖掘	结合多源数据进行网络客流出行规律的有效挖掘,比如周期性、相关性、对称性、偏好性等

续表

主要方面	系统名称	主要功能
运营辅助决策	网络客流异常的智能化识别系统	在掌握客流规律的基础上,设计相关异常识别算法,检测网络客流的异常情况
	网络客流实时趋势预判系统	结合短时及超短时预测相关模型,对网络客流得演变趋势进行合理预判
	列车延误影响时空范围预判系统	利用乘客出行规律,构建乘客-行车的交互模型,预判列车延误状态下的城市轨道交通网络时空范围影响趋势
	网络行车调整智能辅助决策系统	满足乘客全链条服务出行的调度理念,甄别行车调整的关键要素,智能生成较优的调整策略,构建智能化调度系统
大客流处置	指令发布系统	打通所有参与调度指挥的人员,实现指令快速、精确、高可靠下达、执行的快速反馈系统
	大客流的实时预警与预测系统	结合机器学习等高效算法,建立大客流预测预警模型,实现大客流的短时提前辨识
	常态高峰大客流管理方案优化决策系统	关注到常态化高峰时段客流的动态、静态特征,设计高效的大客流管控机制及处置方案
	突发事件条件下的大客流处置方案优化系统	关注突发事件条件下客流的动态、静态特征,设计高效的大客流管控机制及处置方案
	限流与列车运行调整的协同优化决策系统	建立客流管控和列车调度的协同优化模型,基于客流实时特征动态调整列车开行方案,达到精准客流控制的效果
应急处置	突发事件的快速识别与预判系统	利用视频识别等高效的技术手段,对于网络运营中产生的突发事件进行快速识别和预判
	多角色多岗位参与的应急联动支撑系统	关注到未来存在一岗多职能的发展趋势,实现多岗位联动工作的高效支撑,构建联动工作方案和有效机制
	应急指令与信息的发布系统	与应急办、TOCC(交通运行监测调度中心)、轨道治安分局等部门进行关键信息的共享,应急指令统一协调发布,增加应急现场展示的可视化效果
	应急桌面推演仿真系统	对重点预案建立桌面推演模型进行仿真,为预案优化与提升应急处置能力提供支撑
	应急处置培训系统	对一些重要的应急预案进行培训或考核,并对相应的处置方案进行评价

10.4.5 基于数据驱动的大客流管控方法

目前城市轨道交通车站客流的管理主要以人工和视频监测为主,并根据运营经验判断客流态势并采取相关控制措施,在对客流趋势的准确判断和及时处置上存在较大局限。对车站客流组织的优化主要通过建模仿真的手段探究车站的客流特征及规律,也有一些通过AFC数据挖掘车站客流特征的新方法,但以上方法在准确度和精确度上存在不足。随着互联网和移动终端的发展和普及,智能车站的建设,相关客流采集技术和特征挖掘手段如WiFi嗅探、手机信令、智能视频分析、人工智能和聚类等为车站客流数据的精确获取和实时监测提供了有效的途径,使基于多源数据驱动的车站客流处置数据驱动模式的实现成为可能。

1. 多源客流感知数据的融合

车站客流数据的实时精准感知是城市轨道交通车站进行客流处置决策的基础。对于城市轨道交通车站这一复杂封闭环境,客流信息类型复杂多样,包括车站各区域的行人流量、密度、速度以及个体的走行轨迹。传统模式对车站客流信息采集主要以 AFC 数据为主,对区域客流的感知主要以历史经验和视频监测为主,客流感知的精细化和精确度不足。数据驱动模式下对客流感知的实时性和精细化程度提出了更高的要求,需要从中观甚至微观个体角度捕捉乘客出行轨迹,实时精确地采集各区域客流数据,并从个体轨迹入手把握车站客流变化趋势,为客流的精细化分析提供有力支持(见图 10-22)。

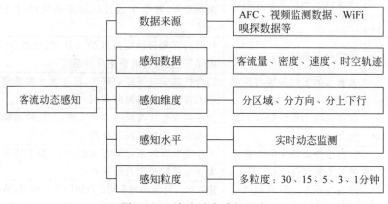

图 10-22 客流动态感知要求

为实现对车站客流数据的精准感知,需要对多源数据进行融合。不同空间区域的客流特点各有不同,对客流感知的时空粒度和精度要求也存在差异,不同类型的数据在挖掘客流特点上适用于不同的场景。为实现客流的精准感知,需要分析应用潜力较大的多种技术手段,并发掘其最大的应用价值。视频自动监测、手机信令、WiFi 嗅探等技术为客流信息的采集提供了多种有效途径,但不同技术的优缺点以及适用场景存在差异。视频数据在获取区域客流数据上优势较大,WiFi 数据可追踪乘客的轨迹信息,而 AFC 数据可以准确地获取车站的进出站客流数据,能够对视频数据和 WiFi 数据进行有效验证。因此融合以上多种技术手段,可精确地对连续时段内车站各个区域如出入口、站台、换乘通道分时段分方向的客流进行分析与可视化展示,也可对客流速度及密度进行实时的监测及统计(见图 10-23)。

2. 客流分析及风险预判

城市轨道交通车站内部组成部分相互作用关系复杂,大客流的形成原因和传播规律难以把握。客流分析及风险预判其核心技术在于基于多源数据的实时感知信息,搭建大客流风险预警及智能辅助决策平台,为及时采取大客流处置决策提供依据。可基于实时获取的车站客流数据,结合大数据可视化技术和 BIM 技术等,搭建车站的客流信息展示平台,对车站的客流数据进行场景展示,直观监测车站各区域的客流分布状态。通过多维度、多类型的客流预测及组合模型和算法,根据实时客流数据对下一时间粒度下的客流状态进行预测并根据相关指标进行预警,对于及时发现车站潜在客流风险、及时采取客流控制措施、降低车站大客流风险具有重要的意义。

3. 客流处置的智能化决策

有效利用客流精准感知结果和客流分布的精准预测及风险辨识等技术支持,对车站大

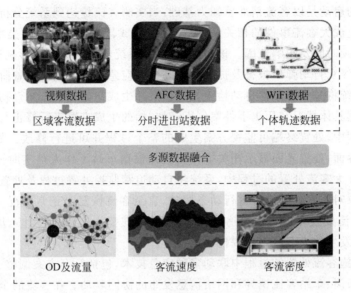

图 10-23　车站客流数据融合分析流程

客流实现有效的组织和诱导是城市轨道交通大客流处置的数据驱动模式探索的最终目标。目前的客流处置决策依据主要以经验为主，并在站长的指挥下实施客流控制措施，因此主观性较强，缺乏一定的科学性且难以保障客流处置的效率。

大客流处置的数据驱动模式是在客流感知和风险辨识的基础上，针对客流监测系统中识别出的客流风险，智能启动客流管控决策和应急联动的处置模式。该处置流程包含了"客流全貌感知—融合客流检测—客流检测预警—智能决策启动—多方应急联动—决策过程追踪—处置决策调整—处置效果评估"等处置阶段，技术框架如图 10-24 所示。

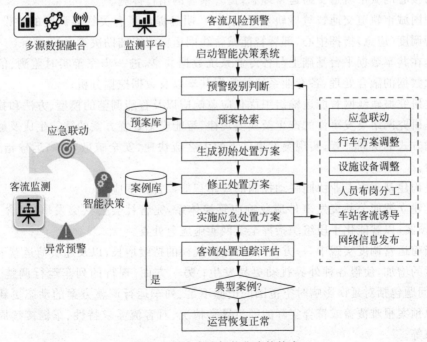

图 10-24　大客流智能化决策技术

智能决策的启动是以客流精准感知为基础,当实测客流量达到系统分析阈值后,自动开启预警并分析生成大客流事件的相关信息,如发生区域、发生时间、事件类型、事件特征、事件影响、预计持续时间及影响范围。该信息生成后,系统依据对运营的影响程度对预警级别进行判断,根据级别自动弹出报警及提示信息并进入应急处置阶段。处置阶段中,根据事件类型与特征,系统将基于预案库自动检索相关预案并生成初始处置方案。初始方案生成后,系统终端将根据具体情况和历史事件案例库,对初始的生成方案进行修正与完善,在方案的修改与完善过程中,处置终端可监视方案生成的整个过程并可进行修改。处置方案生成后进入事件处置界面,处置界面显示相关操作流程并根据车站工作人员实时分布状况自动分配处置任务。在大客流处置的过程中,系统将自动追踪监控处置过程及处置效果,并实时根据客流处置效果对客流处置措施进行动态调整,直至客流恢复至正常情况。客流处置结束后,系统将对客流处置全过程进行追踪和评价,并将典型大客流事件计入历史案例数据库中,为后续可能发生的大客流事件提供决策参考。

同时,在实施客流处置的过程中联动多种应急技术,包括行车方案调整、设施设备优化、人员分工自动布岗、车站客流诱导和网络信息发布的协同联动。在客流的全程诱导中,常态大客流情况下可以根据车站 PIS 发布换乘建议,引导乘客选择多种可替代的交通方式。异常状态下根据推算大客流的影响范围,对出行中直接受到影响的乘客推送建议替换路径,同时向间接受到影响的乘客推送换乘路径进行绕行引导,以减缓大延误对网络的影响。

10.4.6 轨道交通智能调度

智能调度是"智慧城市轨道交通"的组成部分,是新一代城市轨道交通全自动运行系统的核心建设部分。智能调度的关键是将城市轨道交通运行系统平台与数据监测、采集、大数据分析、数据共享、人工智能技术等融合为一体,实现运能与运量的精确匹配,体现以乘客出行服务为核心的城市轨道交通运营理念,提升乘客的出行体验。

在中国城市轨道交通智慧城轨发展纲要中,明确提出了有关智能调度的建设重点:在线网运营调度(应急)指挥中心,部署智能城轨线网运输组织辅助决策系统。

一是在共享数据平台基础上与各专业系统数据共享,进一步完善实时监测、信息采集,实现多源数据的融合处理、各专业系统的数据共享以及数据挖掘分析;

二是研究城轨线网智能运输组织优化应急响应以及智能调整的模型、方法和技术体系;

三是研究网络突发事件的产生及演变规律、智能应急处置方案的智能生成及触发、多种交通运输方式的协同处置,实现突发事件下的大客流快速、安全疏散,提高运输指挥和应急反应能力;

四是构建基于多专业协同联动控制的线路智能综合调度应用;

五是建立智能公共突发事件应急响应管控体系,完善社会公共突发事件(含卫生安全等)应急预案,以智能化手段组织指挥全线网实施应急处置。

在当前运营调度实践中,一方面,随着路网规模的持续增长,以及超负荷运营下,相关不确定因素的增加,使得各种外界扰动更易发生;另一方面,现行的列车运行调整工作不完善,主要问题包括对延误影响时空范围的把握不足、列车运行调整方案的动态更新不够、既定的应急预案很难覆盖或符合实际的随机异常情况、对客流需求特性、车辆接续周转、运力资源约束等。

思考题

1. 轨道交通客流的时空分布特征有哪些？对轨道交通的运营组织有何影响？
2. 全日行车计划的概念是什么？如何编制全日行车计划？
3. 列车交路的种类有哪些？各类交路有何优缺点？
4. 什么是列车运行图？它有哪些作用？
5. 什么是行车闭塞法？保持列车间隔距离的方法有哪几类？各自在什么情况下采用？
6. 轨道交通行车组织指挥的层次结构是什么？各岗位的职责是什么？
7. 车站客运服务的流程有哪些？车站客运作业的基本要求是什么？
8. 轨道交通采用 AFC 系统有何优点？
9. AFC 系统由哪几层次组成？各层次都包含哪些设施设备？
10. AFC 系统的运营模式有哪些？各模式适用情况如何？
11. 轨道交通系统成本有哪些？轨道交通收益有哪些？
12. 轨道交通常见的突发事件主要有哪些？如何进行处置？
13. 轨道交通网络化运营有哪些特征？
14. 轨道交通网络化运营后有哪些资源可以共享？
15. 轨道交通网络调度指挥中心的功能定位是什么？

参 考 文 献

[1] 姚林泉,汪一鸣.城市轨道交通概论[M].北京:国防工业出版社,2012.
[2] 姚林泉,汪一鸣.城市轨道交通概论[M].2版.北京:清华大学出版社,2019.
[3] 谭复兴,丘微华,方宇.城市轨道交通概论[M].北京:中国铁道出版社,2013.
[4] 张凡,等.城市轨道交通概论[M].4版.成都:西南交通大学出版社,2021.
[5] 阎国强.城市轨道交通概论[M].3版.北京:人民交通出版社,2021.
[6] 蒲琪.城市轨道交通概论[M].2版.北京:人民交通出版社,2021.
[7] 罗钦,陈菁菁.城市轨道交通概论[M].2版.成都:西南交通大学出版社,2021.
[8] 颜景林,孙景冬.城市轨道交通设备与系统[M].北京:科学出版社,2020.
[9] 毛保华.城市轨道交通规划与设计[M].3版.北京:人民交通出版社,2020.
[10] 叶霞飞,顾保南.城市轨道交通工程[M].3版.武汉:华中科技大学出版社,2015.
[11] 中国城市规划设计研究院.城市轨道交通线网规划标准:GB/T 50546—2018 [S].北京:中国建筑工业出版社,2018.
[12] 陈秀方,娄平.轨道工程[M].2版.北京:中国建筑工业出版社,2017.
[13] 北京城建设计研究总院.地铁设计规范:GB 50157—2013 [S].北京:中国计划出版社,2013.
[14] 北京建工京精大房工程建设监理公司.城市轨道交通工程土建监理工作手册[M].北京:中国建筑工业出版社,2011.
[15] 陈馈,洪开荣,焦胜军.盾构施工技术[M].2版.北京:人民交通出版社,2016.
[16] 赵洪伦.轨道车辆结构与设计[M].北京:中国铁道出版社,2009.
[17] 严隽耄,傅茂海.车辆工程[M].3版.北京:中国铁道出版社,2011.
[18] 曾青中,韩增盛.城市轨道交通车辆[M].3版.成都:西南交通大学出版社,2016.
[19] 王伯铭.城市轨道交通车辆总体及转向架[M].北京:科学出版社,2013.
[20] 丁荣军,黄济荣.现代变流技术与电气传动[M].北京:科学出版社,2009.
[21] 冯江华.轨道交通永磁同步牵引系统研究[J].机车电传动,2010(5):15-21.
[22] 唐介,刘娆.电机与拖动[M].4版.北京:高等教育出版社,2019.
[23] 于松伟,杨兴山,韩连祥,张巍.城市轨道交通供电系统设计原理与应用[M].成都:西南交通大学出版社,2008.
[24] 黄德胜,张巍.地下铁道供电[M].北京:中国电力出版社,2010.
[25] 铁道第四勘察设计院.苏州地铁一号线供电系统初步设计文件[Z].2010.
[26] 邱腾飞,程建华,李水昌,等.轨道交通牵引系统新技术应用综述[J].中国铁路,2019(6):83-91.
[27] 建设部标准定额研究所.城市轨道交通直流牵引供电系统:GB/T 10411—2005 [S].北京:中国标准出版社,2005.
[28] 建设部标准定额研究所.城市轨道交通信号系统通用技术条件:GB/T 12758—2004 [S].北京:中国标准出版社,2004.
[29] 北京全路通信信号研究设计院.铁路信号设计规范:TB 10007—2006 [S].北京:中国铁道出版社,2006.
[30] 林瑜筠.城市轨道交通信号基础[M].北京:中国铁道出版社,2019.
[31] 宋鸿昇,张晴,杨世华,等.LTE-M在城市轨道交通车地无线通信中的应用[J].城市轨道交通研究,2016,19(z2):71-73.
[32] 陈赛印.LTE-M综合承载和互联互通测试方法的研究[D].北京:北京交通大学,2017.

[33] 翟国锐,刘宏伟,师秀霞.下一代地铁车辆全自动无人驾驶信号系统关键技术[J].都市快轨交通,2017,30(3):78-82.

[34] 王伟东,刘熙,张东阳.区间闭塞与列车运行控制技术[M].北京:中国铁道出版社,2016.

[35] Zhang Jin,Wu Cheng,Wang Yiming. Human fall detection based on body posture spatio-temporal evolution[J]. Sensors,2020,20(3):946.

[36] 中国轨道交通协会.城市轨道交通车地综合通信系统(LTE-M)规范:T/CAMET04009.1—2018[S].北京:中国铁道出版社,2018.

[37] 全国通信标准化技术委员会.基于LTE技术的宽带集群通信(B-TrunC)规范:GB/T 37289—2019[S].北京:中国标准出版社,2019.

[38] 毛保华,李夏苗,牛惠民.城市轨道交通系统运营管理[M].2版.北京:人民交通出版社,2017.

[39] 毛保华,刘明君,黄荣,等.轨道交通网络化运营组织理论与关键技术[M].北京:科学技术出版社,2011.

[40] 王志强.城市轨道交通运营管理[M].北京:清华大学出版社,2019.